教育的温度丛书

乡村振兴战略中的乡村教师新乡贤角色研究

肖正德 卢尚建 谷 亚 等◎著

华东师范大学出版社
·上海·

图书在版编目(CIP)数据

乡村振兴战略中的乡村教师新乡贤角色研究/肖正德等著. —上海:华东师范大学出版社,2022
(教育的温度丛书)
ISBN 978 - 7 - 5760 - 2436 - 4

Ⅰ.①乡… Ⅱ.①肖… Ⅲ.①农村学校-师资培养-研究-中国 Ⅳ.①G451.2

中国版本图书馆 CIP 数据核字(2022)第 029575 号

教育的温度丛书
乡村振兴战略中的乡村教师新乡贤角色研究

著　　者	肖正德　卢尚建　谷　亚　等
责任编辑	朱小钗
特约审读	潘家琳
责任校对	邱红穗　时东明
装帧设计	卢晓红

出版发行　华东师范大学出版社
社　　址　上海市中山北路 3663 号　邮编 200062
网　　址　www.ecnupress.com.cn
电　　话　021 - 60821666　行政传真 021 - 62572105
客服电话　021 - 62865537　门市(邮购)电话 021 - 62869887
地　　址　上海市中山北路 3663 号华东师范大学校内先锋路口
网　　店　http://hdsdcbs.tmall.com

印 刷 者　浙江临安曙光印务有限公司
开　　本　787×1092　16 开
印　　张　18.25
字　　数　268 千字
版　　次　2022 年 6 月第 1 版
印　　次　2022 年 6 月第 1 次
书　　号　ISBN 978 - 7 - 5760 - 2436 - 4
定　　价　56.00 元

出 版 人　王　焰

(如发现本版图书有印订质量问题,请寄回本社客服中心调换或电话 021 - 62865537 联系)

国家社会科学基金(教育学类)
国家一般课题(BHA180122)的最终成果

序：理论逻辑、历史逻辑与实践逻辑相统一
——乡村振兴战略中乡村教师新乡贤角色的整体性研究

全面推进乡村振兴战略,加快发展乡村产业,加强乡风文明和乡村生态文明建设,深化乡村治理改革,改善乡民生活,这是新时代一场伟大的乡村社会变革。在这场伟大的社会变革浪潮中,乡村教师理应担当何种角色呢?学界大致有两种声音:一种是本职论,认为乡村教师在本质上就是教师,教师的本质角色和任务就是教书育人、立德树人,除此之外的任何任务安排和角色赋予都是对教师本职角色的干扰,甚至是对教师角色的亵渎。另一种是乡贤论,认为乡村教师不只是小先生,更是大先生,乡村教师不能把自己仅仅封闭在乡村学校的孤岛之上,而应融入当地社会,通过教育学生来改造社会,通过改进社会来教育学生,推进学校教育与社会教育的融合,承担起联结家校社协同育人桥梁的角色。由肖正德教授等撰写的专著《乡村振兴战略中的乡村教师新乡贤角色研究》是后一种观点的杰出代表,而且这一观点与陶行知先生的"乡村教师必须有农夫的身手,科学的头脑,改造社会的精神"的思想一脉相承。

不仅如此,2020年7月教育部等六部门印发的《关于加强新时代乡村教师队伍建设的意见》中明确指出:"注重发挥乡村教师新乡贤示范引领作用,塑造新时代文明乡风,促进乡村文化振兴。"新时代乡村振兴战略期待乡村教师担当新乡贤角色,积极发挥新乡贤示范引领作用。所以,肖正德教授抓住了乡村振兴战略中乡村教师新乡贤角色这一热点话题,成功申报全国教育科学规划国家一般课题"乡村振兴战略中乡村教师的角色转型研究",研究成果已交付华东师范大学出版社最近出版。作者邀我作序,对我而言是难得的先睹为快的机会。该著视野开阔,材料翔实,分析透彻,全面深入地研究了乡村振兴战略中乡村教师的新乡贤角色,体现了理论逻辑、历史逻辑与实践逻辑的统一。

从理论逻辑看,作者在概述社会角色理论的基础上,深刻阐释了乡村振兴战略中乡村教师新乡贤角色的涵义、特征与担当,把乡村振兴战略中乡村教师新乡贤角色界定为在新时代乡村振兴战略背景下,乡村教师作为乡村知识分子群体,按照党与国家的"积极承担国家使命和公共教育服务职责"的期望,参与乡村社会文化建设、服务乡

村振兴战略而表现出来的行为规范和行为模式的总和,并阐释了乡村教师新乡贤角色之服务乡里意愿、承担国家使命、彰显乡土属性、掌握现代知识、引领先进文化等新时代特征,明确提出了乡村振兴战略中乡村教师在完成乡村学校教书育人任务之余,理应担当乡村产业人才培育者、乡村生态文明传播者、乡风文明守护者、乡村治理协助者和乡民生活改造领导者等重要社会角色,为乡村振兴战略中的乡村教师新乡贤角色研究搭建了一个系统的理论分析框架。

从历史逻辑看,作者坚持历史与逻辑相结合,深入分析了我国传统社会、清末至民国、新中国成立至社会主义建设时期、改革开放以来四个历史时期的社会文化背景、乡村教师来源构成及乡贤角色担当,并指出在各个历史时期乡村教师始终将传承知识文化、教化乡民和乡村治理作为其乡贤角色的基本内核。同时,伴随社会历史的演进,不同时期的乡村教师既守正创新,又对时代变化做出自身特有的回应,延展与丰富乡贤角色的意涵。

从实践逻辑看,作者坚持量化研究与质性研究相结合,展开了乡村振兴战略背景下乡村教师新乡贤角色的全貌。在量化研究方面,该研究分别在我国东部(浙江省)、中部(河北省)、西部(甘肃省)抽取15个县,对10190名乡村教师进行了网络问卷调查,全面考察了乡村振兴战略中乡村教师新乡贤角色的当下情状及面临的服务乡村振兴的意愿不强、知识不足、能力不济等突出问题。在质性研究方面,该研究采用目的性抽样,分别选择浙江省永嘉县20名乡村教师和河北省井陉县10名乡村教师作为个案进行田野考察。以田野工作所得的资料为基础,按全景描述法对乡村振兴战略中乡村教师新乡贤角色认同问题作立体化白描式的叙述与分析,并对其动因进行了文化社会学诠释。同时,在经验性典型研究的基础上,进一步开展综合类型研究,对行之有效的策略进行了系统的提炼,并找到了乡村振兴战略中乡村教师新乡贤角色建设在角色规范制定、角色意识强化、角色形象形塑、角色机制构建等方面的有效策略。

总之,该著聚焦乡村振兴战略中的乡村教师新乡贤角色这一重要的时代课题,一方面基于理论阐释和历史研究对之进行宏大叙事,另一方面基于问卷调查和个案考察对之进行微观描述,实现了理论逻辑、历史逻辑与实践逻辑的辩证统一,是难得一见的乡村振兴战略中乡村教师新乡贤角色的整体性研究。该书的出版,必将产生重要的影响。

借此机会,我向广大对乡村教师角色课题感兴趣的读者正式推荐,希望该著的出版能对深化该课题的认识,对加强乡村教师与乡村社会互动,重塑新时代乡村教师的文化使命,促进乡村教师担当乡村振兴战略中的新乡贤角色起到积极的学术引领作用。

谨序!

邬志辉

教育部人文社会科学重点研究基地东北师范大学中国农村教育发展研究院

2022 年 2 月 23 日

于长春

目录

第一章 乡村振兴战略中的乡村教师新乡贤角色之研究述评 / 1

一、乡村振兴战略中乡村教师新乡贤角色研究的背景分析 / 3
  （一）乡村振兴战略对乡村教师角色内涵创新的时代诉求 / 3
  （二）乡村振兴战略对乡村教师新乡贤角色担当的深切期待 / 4

二、乡村振兴战略中乡村教师新乡贤角色研究的内容回顾 / 6
  （一）关于乡村振兴战略中乡村教师新乡贤角色担当的境遇研究 / 7
  （二）关于乡村振兴战略中乡村教师新乡贤角色担当的路向研究 / 9
  （三）关于乡村振兴战略中乡村教师新乡贤角色担当的策略研究 / 12

三、乡村振兴战略中乡村教师新乡贤角色研究的未来展望 / 15
  （一）聚焦研究主题，抓住乡村教师新乡贤角色研究重心 / 15
  （二）提升理论水平，丰富乡村教师新乡贤角色研究内涵 / 16
  （三）拓宽研究视角，把握乡村教师新乡贤角色研究实质 / 16
  （四）整合研究方法，展开乡村教师新乡贤角色研究全景 / 17

第二章 我国乡村教师乡贤角色之历史演进 / 19

一、传统社会时期乡村塾师的乡贤角色考察 / 21
  （一）传统乡村塾师发展嬗变的脉络 / 22
  （二）传统乡村塾师乡贤角色的担当 / 26

（三）传统乡村塾师乡贤角色的形塑 / 30

二、清末至民国时期乡村教师的乡贤角色考察 / 35

　　（一）清末至民国时期乡村教师的来源 / 36

　　（二）清末至民国时期乡村教师乡贤角色的担当 / 41

　　（三）清末至民国时期乡村教师乡贤角色的特征 / 47

三、新中国成立至社会主义建设时期乡村教师的乡贤角色考察 / 52

　　（一）新中国成立至社会主义建设时期乡村教师的来源 / 52

　　（二）新中国成立至社会主义建设时期乡村教师乡贤角色的担当 / 57

　　（三）新中国成立至社会主义建设时期乡村教师乡贤角色的评价 / 60

四、改革开放以来乡村教师的乡贤角色考察 / 61

　　（一）改革开放初期乡村教师乡贤角色的复苏 / 62

　　（二）城市化进程中乡村教师乡贤角色的式微 / 66

　　（三）新农村建设中乡村教师乡贤角色的再兴 / 69

　　（四）乡村振兴战略中乡村教师乡贤角色的重塑 / 72

第三章　乡村振兴战略中的乡村教师新乡贤角色之理论概述 / 77

一、角色理论的概述 / 79

　　（一）角色 / 79

　　（二）角色担当 / 86

　　（三）角色认同 / 91

　　（四）角色建设 / 95

二、乡村振兴战略中乡村教师新乡贤角色的涵义 / 102

　　（一）乡贤 / 102

（二）新乡贤角色 / 107

（三）乡村教师新乡贤角色 / 110

三、乡村振兴战略中乡村教师新乡贤角色的特征 / 111

（一）服务乡里意愿 / 112

（二）承担国家使命 / 113

（三）彰显乡土属性 / 114

（四）掌握现代知识 / 116

（五）引领先进文化 / 117

四、乡村振兴战略中乡村教师新乡贤角色的担当 / 119

（一）乡村产业人才的培育者 / 119

（二）乡村生态文明的传播者 / 120

（三）乡风文明的守护者 / 121

（四）乡村治理的协助者 / 122

（五）乡民生活改造的领导者 / 123

第四章 乡村振兴战略中的乡村教师新乡贤角色担当之调查分析 / 125

一、调查研究设计 / 127

（一）调查指标 / 127

（二）调查对象 / 128

（三）调查与分析工具 / 129

二、乡村振兴战略中乡村教师新乡贤角色担当的现状考察 / 130

（一）乡村产业人才培育者角色担当的现状考察 / 130

（二）乡村生态文明传播者角色担当的现状考察 / 134

（三）乡风文明守护者角色担当的现状考察 / 138

（四）乡村治理协助者角色担当的现状考察 / 142

（五）乡民生活改造领导者角色担当的现状考察 / 146

三、乡村振兴战略中乡村教师新乡贤角色担当的问题透视 / 150

（一）服务乡村振兴的意愿不强 / 150

（二）服务乡村振兴的知识不足 / 164

（三）服务乡村振兴的能力不济 / 169

（四）融入乡村社会的程度不深 / 190

（五）角色担当的支持条件不利 / 200

第五章　乡村振兴战略中的乡村教师新乡贤角色认同之个案研究 / 207

一、个案研究设计 / 209

（一）研究个案的选取 / 209

（二）研究的实施过程 / 210

（三）资料的收集、整理与分析 / 212

二、乡村振兴战略中乡村教师新乡贤角色认同的表现与动因 / 213

（一）乡村振兴战略中乡村教师新乡贤角色认同的具体表现 / 213

（二）乡村振兴战略中乡村教师新乡贤角色认同的动力因素 / 222

三、乡村振兴战略中乡村教师新乡贤角色认同问题的表现与成因 / 226

（一）乡村振兴战略中乡村教师新乡贤角色认同问题的具体表现 / 226

（二）乡村振兴战略中乡村教师新乡贤角色认同问题的成因分析 / 229

第六章　乡村振兴战略中的乡村教师新乡贤角色之建设策略　/ 243

一、制定乡村振兴战略中乡村教师新乡贤角色规范　/ 245
　　（一）制订支持政策，提供乡村教师新乡贤角色担当的强硬后台　/ 245
　　（二）规定行为规范，确保乡村教师新乡贤角色担当的正确方向　/ 246

二、强化乡村振兴战略中乡村教师新乡贤角色意识　/ 247
　　（一）强化公共意识，提升乡村教师新乡贤角色担当的主观意愿　/ 247
　　（二）强化情怀意识，促进乡村教师新乡贤角色担当的社会融入　/ 248
　　（三）强化服务意识，保障乡村教师新乡贤角色担当的质量水平　/ 249

三、形塑乡村振兴战略中乡村教师新乡贤角色形象　/ 249
　　（一）坚持立德树人，彰显乡村教师新乡贤角色担当的自我认同　/ 250
　　（二）守望职业信念，赢取乡村教师新乡贤角色担当的社会认同　/ 251
　　（三）立足乡土实际，累积乡村教师新乡贤角色担当的地方知识　/ 251
　　（四）掌握现代科技，培养乡村教师新乡贤角色担当的现代能力　/ 252

四、构建乡村振兴战略中乡村教师新乡贤角色机制　/ 253
　　（一）树立文化自觉，构建乡村教师新乡贤角色担当的认同机制　/ 253
　　（二）增进地方联动，构建乡村教师新乡贤角色担当的协同机制　/ 254
　　（三）推进改革创新，构建乡村教师新乡贤角色担当的长效机制　/ 256

参考文献　/ 259
后记　/ 276

第一章

乡村振兴战略中的乡村教师新乡贤角色之研究述评

乡村振兴战略实施以来,国家鼓励乡村教师积极投身乡村建设,服务乡村振兴事业,其公共身份日益受到注重。于是,找回公共身份,担当新乡贤角色,成了乡村振兴战略中乡村教师角色转型研究的新领域。本部分首先回顾与梳理如下三个基本问题:乡村振兴战略中的乡村教师新乡贤角色研究处于何种时代背景?乡村振兴战略中乡村教师的新乡贤角色已有相关研究主要涉及哪些方面?乡村振兴战略中乡村教师的新乡贤角色研究的未来方向在何方?

一 乡村振兴战略中乡村教师新乡贤角色研究的背景分析

乡村振兴战略中乡村教师新乡贤角色研究,具有深刻的时代背景和重要的实践价值。它既是乡村振兴战略对乡村教师角色内涵创新的时代诉求,又是新时代乡村振兴战略对乡村教师新乡贤角色担当的深切期待。

(一)乡村振兴战略对乡村教师角色内涵创新的时代诉求

乡村是具有自然、社会、经济特征的地域综合体,兼具生产、生活、生态、文化等多重功能,与城镇互促互进、共生共存,共同构成人类活动的主要空间。乡村兴则国家兴,乡村衰则国家衰。新时代我国社会主要矛盾——人民日益增长的美好生活需要和不平衡不充分的发展之间的矛盾在乡村最为突出,我国仍处于并将长期处于社会主义初级阶段的特征很大程度上表现在乡村。全面建成小康社会和全面建设社会主义现代化强国,最艰巨最繁重的任务在乡村,最广泛最深厚的基础在乡村,最大的潜力和后劲也在乡村。实施乡村振兴战略,是解决新时代我国社会主要矛盾、实现"两个一百年"奋斗目标和中华民族伟大复兴中国梦的必然要求,具有重大现实价值和深远历史意义。党的十九大报告中指出,实施乡村振兴战略,培育新型农业经营主体,培养造就一支懂农业、爱乡村、爱乡民的"三农"工作队伍。2018年1月,中共中央、国务院颁布的《关于实施乡村振兴战略的意见》中指出,汇聚全社会力量,强化乡村振兴人才支撑。[1] 同年1月,中共中央、国务院颁布的《关于全面深化新时代教师队伍建设改革的意见》中强调,凸显教师职业的公共属性,强化教师承担的国家使命和公共教育服务的职责。[2] 2020年7月,中华人民共和国教育部等六部门在《关于加强新时代乡村教师队伍建设的意见》中又强调,"注重发挥乡村教师新乡贤示范引领作用,塑造新时代文明乡风,促进乡村文化振兴"[3]。乡村振兴战略赋予乡村教师角色以崭新的涵义和鲜明的新时代特征,他们不再是传统教书匠的角色,而是具有专业性和公共性的双重角色。乡村振兴战略诉求乡村教师在完成乡村学校教育教学工作任务之余,还要承担国家使命和公共教育服务的职责,在乡村振兴战略中积极发挥新乡贤的示范引领作用。

(二) 乡村振兴战略对乡村教师新乡贤角色担当的深切期待

乡村振兴战略中,乡村教师作为乡村社会的知识分子群体,在促进乡民整体文化素质的提高和新型乡民的培养,推进乡村生态文明建设和乡风文明建设,协助乡村社会的有效治理和乡民生活的改造等方面具有不可替代的作用。乡村振兴战略深切期待乡村教师的角色向新乡贤转型。首先,乡村振兴所需人才需要乡村教师助力培育。乡村振兴战略首在人才振兴。乡村振兴战略"产业兴旺、生态宜居、乡风文明、治理有效、生活富裕"的总要求,涉及乡村经济、政治、文化、社会和生态文明等多个方面,每一个方面都离不开人才的重要支撑作用。为适应实施乡村振兴战略的总要求,需要培养

---

[1] 中华人民共和国中央人民政府. 中共中央 国务院关于实施乡村振兴战略的意见[EB/OL]. (2018 – 02 – 04)[2020 – 02 – 18]http://www.gov.cn/zhengce/2018-02/04/content_5263807.htm.
[2] 中华人民共和国中央人民政府. 中共中央 国务院关于全面深化新时代教师队伍建设改革的意见[EB/OL]. (2018 – 01 – 31)[2020 – 02 – 18]http://www.gov.cn/zhengce/2018-01/31/content_5262659.htm.
[3] 中华人民共和国教育部. 教育部等六部门关于加强新时代乡村教师队伍建设的意见[EB/OL]. (2020 – 07 – 31)[2021 – 02 – 18]http://www.moe.gov.cn/srcsite/A10/s3735/202009/t20200903_484941.html.

造就多种类、多层次的乡村建设与管理人才。具体而言,既需要带领乡村产业发展的产业人才,也需要掌握先进农业技术的科技人才,还需要参与乡村文明建设的文化人才,同时需要懂得现代乡村治理的管理人才、指引乡民走向幸福生活的创业人才和服务人才。[①] 无论是实现乡村产业兴旺、乡民生活富裕,抑或是乡村生态宜居、乡风文明、治理有效,最终可持续的源泉还是来自人力资本的积累与创新。[②] 但由于我国长期城乡二元结构导致乡村知识精英涌向城市,城镇化进程加剧了乡村人才流失,乡村发展的现实环境又难以吸引乡村人才回流。这种严峻的现状严重困扰与阻滞了乡村社会的长远发展,影响与制约乡村振兴战略的实施步伐。面临实施乡村振兴战略的人才瓶颈,当下亟需寻找切实有效的路径进行人才培育。而作为乡村知识分子群体的乡村教师,乡村振兴战略需要他们担当乡村人才培育的重任。其次,乡村文化振兴需要乡村教师示范引领。文化发展水平是衡量社会幸福指数的重要标志,满足人民过上美好生活的新期待,必须提供丰富的精神食粮。乡村文化振兴是乡村振兴战略的重要组成部分,只有加快乡村文化振兴战略速度,才能满足人民群众日益增长的文化和精神需求。在乡村文化振兴战略中,乡村教师理应是一支主力军。其原因有三:一是乡村优秀传统文化的传承与创新需要乡村教师的正确示范。乡村传统文化是乡村文明演化而汇集成的一种反映乡村社会特质和风貌的文化,是乡村社会发展历史上各种思想文化、观念形态的总体表现。乡村传统文化是一个博大精深的体系,对于乡村传统文化不应是一味地摒弃、也非盲目地崇拜,而是要有所取、有所弃、有所变。乡村教师作为知识的传递者,要对乡村传统文化有深入的认识,对乡村文化的未来发展有长远的思考,从而担当起乡村优秀传统文化传承与创新的责任。二是乡民社会主义核心价值培育需要乡村教师的先进文化引领。在新时代乡村振兴战略中,引导与帮助广大乡民培育适应社会文化变革需求的、崭新的现代化品质和内涵的核心价值观念体系,进而从根本上转变乡民传统的价值观念、生产方式、生活方式和交往方式,使其在走向富

---

① 肖正德. 乡村振兴所需人才培养与大农村教育体系构建[J]. 新华文摘,2021(13).
② 温涛,何茜. 新时代中国乡村振兴战略实施的农村人力资本改造研究[J]. 农村经济,2018(12).

裕、迈向文明进程中真正成为这场伟大变革的价值主体和创造主体,这是乡村振兴战略必须确立的基本思路。因而,在乡村振兴战略中要注重乡村教师先进文化的引领作用,积极探索乡民社会主义核心价值观培育的有效路径,使得广大乡民摆脱价值观错位与迷失的文化困境,又是乡村振兴战略赋予乡村教师的一项重要文化使命。三是广大乡民精神文化生活的多元需求需要乡村教师以有效满足。随着我国经济社会快速发展和乡村生产生活方式深刻变革,乡民的文化水平、欣赏水平、生活水平也在不断提高,对精神文化生活的追求更是水涨船高。开展丰富多彩的乡村文化活动,振兴乡村文化,以满足广大乡民精神文化生活的多元需求,又是乡村振兴战略赋予乡村教师的一项重要文化使命。再次,乡村振兴需要乡村教师扮演社区的熟人角色。乡村教师欲成功担当乡村振兴战略中的新乡贤角色,便必须真正地把根扎在乡村,熟悉当地的社区文化,熟悉乡民身处的环境,维持与村落中的乡民及其文化之间的和谐关系。只有当乡村教师能够正视自己所处的环境,认识到乡村文化在中国传统社会和现代化进程中所具有的独特价值,并对该文化产生强烈的理解、尊重与认同时,他们才能与乡民保持更为亲密的关系,对乡土文化拥有更为深刻的认识,才能担当好乡村振兴战略中的新乡贤角色。缘此,乡村振兴战略需要乡村教师在工作领域之外的交往活动中完成由陌生人到熟人的转变,担当社区的熟人角色。①

二 乡村振兴战略中乡村教师新乡贤角色研究的内容回顾

乡村振兴战略中乡村教师新乡贤角色研究起步较晚,已有相关研究内容主要聚焦乡村教师新乡贤角色担当的境遇、乡村教师新乡贤角色担当的路向和乡村教师新乡贤角色担当的策略三个方面。下面对以往乡村振兴战略中乡村教师新乡贤角色相关研究的这三方面内容做一番简单的总结与梳理。

---

① 魏峰.从熟人到陌生人:农村小学教师的角色转变[J].南京师大学报(社会科学版),2010(5).

(一) 关于乡村振兴战略中乡村教师新乡贤角色担当的境遇研究

乡村教师的角色,随着社会变迁和文化转型而转型。新时代乡村振兴背景下,乡村教师新乡贤角色担当遭遇尴尬的境遇。关于乡村振兴战略中乡村教师新乡贤角色担当的境遇研究,国内学者大致有以下几种发现:

一是乡村社会疏离。当前,我国乡村教育缺乏与当地的联系,基本上孤立于当地的经济发展与文化氛围之外。同样,失去了乡土滋养的乡村教师,身在乡村却背离乡村。乡村学校有它看得见与看不见的围墙,乡村教师则局限于围墙之内,只是通过乡民的子弟才同乡村社区发生关系。[1] 他们在客观上日渐疏离于乡村社会,极少参与乡村公共事务。[2] 于是,乡村教师作为地方社会最广大的知识群体,逐渐蜕变为单纯"教书匠"或"孩子王"的角色,缺乏与乡村经济社会更广泛的互动与联系;他们在拥有国家体制内关怀的同时,却逐渐失去了与乡土社会文化的内在联系,成为乡村社区生活的"陌生人"。[3] 以致其与乡土社会的天然纽带断裂,与乡村社会分裂,社会功能不断弱化,成为村庄里的"边缘人"。[4] 沦为乡土文化"边缘人"的乡村教师,势必难以承担链接乡村少年与乡土纽带的重任。[5]

二是乡土情怀缺失。城镇化背景下的乡村教师与乡村社会在社会距离上的疏离,致使他们普遍对乡村情感淡漠,很少关心乡村社会的发展。[6] 他们一味地将教育问题专业化,一心只读圣贤书,不愿参与乡村事物,也不愿意跟乡村人交流,对乡土人情缺乏了解,对乡土文化选择漠视。[7] 他们与乡村社区、学生、家庭的关系发生转变,对乡村社区的归属感和认同感不断降低,与学生之间的教育关系转变为教育消费关系,由

---

[1] 李书磊.村落中的"国家"——文化变迁中的乡村学校[M].杭州:浙江人民出版社,1999:12.
[2] 沈晓燕.城镇化背景下乡村教师知识分子身份的式微与重构[J].教育发展研究,2018(20).
[3] 张济洲.乡村教师的文化冲突与乡村教育改革[J].河北师范大学学报(教育科学版),2008(9).
[4] 张济洲.乡村教师的文化冲突与乡村教育改革[J].河北师范大学学报(教育科学版),2008(9).
[5] 汪明帅,郑秋香.从"边缘人"走向"传承者"——回归乡土的乡村教师发展研究[J].教育发展研究,2016(8).
[6] 沈晓燕.城镇化背景下乡村教师知识分子身份的式微与重构[J].教育发展研究,2018(20).
[7] 王勇.当代乡村教师的社会角色困境与公共性的建构[J].当代教育科学,2013(7).

乡民的"自己人"转变为来自乡村之外的"陌生人"。① 这使得他们开始从乡野走向庙堂,逐渐从乡土社会和乡土文化中游离出来,乡土性色彩渐趋淡薄,与乡民生活的隔膜越来越深,②与乡土情怀认同渐行渐远。③

三是公共精神旁落。乡村教师的公共性,其本质是知识分子的公共性。其性质是共享、联系与责任,它与专业性是一个统一体,这是乡村教师发展的理论根基。目前的问题是,我们把乡村教师的专业性与公共性对立,一直重视其专业性而忽视其公共性。④ 乡村教师公共精神正面临着公共理性生发受阻、公共参与空间萎缩、公共关怀缺场的多重困境。⑤ 他们在村落事务处理、民间纠纷、科技普及等活动上的功能和公共责任不断弱化,其话语权日渐降低、乡村文化代言人角色优势不复存在,文化权威和文化引领者的角色与功能逐渐消失,"精英分子"地位逐渐被瓦解,政治影响力逐渐式微。⑥

四是自我身份迷失。乡村教师在接受城市化教育的过程中具备了城市人的基本素质,但他们的工作环境和生活环境仍是被乡土文化所包围着的乡村学校,在城市化和乡土文化之间非此即彼的选择无法解决他们的文化困惑。⑦ 他们既不愿意融入乡村,也很难被乡村完全接纳,成为城市和乡村的"双重边缘人"⑧。他们向往城市,却不被城市接纳;他们以"城市人"自居,却不得不工作在乡村。社会角色期待与现实角色表现之间长期存在较大差距,使得乡村教师成为自我社会身份的"迷失者"。⑨ 他们传统的价值体系遭到了破坏,文化自信逐渐丧失。⑩ 他们的文化价值观走向混乱,⑪以致

---

① 魏峰. 从熟人到陌生人:农村小学教师的角色转变[J]. 南京师大学报(社会科学版),2010(5).
② 闫闯. 走向"新乡贤":乡村教师公共身份的困境突破与角色重塑[J]. 教育科学,2019(4).
③ 马宽斌. 新时代乡村教师乡土情怀认同的失落与回归[J]. 内蒙古社会科学,2020(5).
④ 唐松林. 公共性:乡村教师的一个重要属性[J]. 大学教育科学,2008(5).
⑤ 冯璇坤,刘春雷. 失落与纾解:论乡村教师的公共精神[J]. 教育理论与实践,2019(4).
⑥ 曹二磊,张立昌. 新时期乡村教师"文化使命"的式微及重塑[J]. 新疆社会科学,2019(3).
⑦ 高小强. 乡村教师的文化困境与出路[J]. 教育发展研究,2009(7).
⑧ 张玉林. 关于当代中国乡村教师的边缘化问题[J]. 华南师范大学学报(社会科学版),2006(1).
⑨ 陈华仔,黄双柳. "磨盘"中的乡村教师自我的丢失[J]. 上海教育科研,2013(11).
⑩ 申卫革. 乡村教师文化自觉的缺失与建构[J]. 教育发展研究,2016(22).
⑪ 张济洲. 乡村教师的文化冲突与乡村教育改革[J]. 河北师范大学学报(教育科学版),2008(9).

陷入了城市人与农村人、知识人与理念人的角色迷失。

(二) 关于乡村振兴战略中乡村教师新乡贤角色担当的路向研究

乡村教师作为有思想觉悟、有文明素养的文化人,在乡村振兴战略中起着启迪民智、激浊扬清、革故鼎新、示范带路的文化功能。① 具体而言,关于乡村振兴战略中乡村新乡贤角色担当的路向研究分为如下几个方面。

一是在乡村振兴人才培养中,乡村教师要做乡村孩子的导师。乡村教师是促进乡村孩子启蒙开智、立德树人的先生,是引导乡村孩子认识社会、规划人生的导师,是教授乡村孩子掌握知识、练就技能的表率,是教育乡村孩子把握命运、成就人生的榜样。② 乡村教师应成为乡村振兴人才的培育者、乡村学生成长的引导者。他们不仅承担着提升乡村青少年综合素质,为他们升入高等院校学习打下广泛的知识、能力和素质基础的责任,而且更重要的是肩负着训练乡村青少年的生产劳动和职业技术技能,为他们毕业后参加乡村社会文化建设提供有关的知识、技能准备的任务。③ 乡村教师应提供各种优质高效的职业技能培训,使青少年成为乡村建设的主力军,拥有一技之长。概言之,作为"新乡贤"的乡村教师承担教化乡民的社会使命,向乡民传播知识和技能,育民智、启民心,最终教育每个乡民发展成为一个合格的现代公民。④

二是在生态文明建设中,乡村教师是生态文明教育工作的主力军,关系到整个生态文明教育工作的成败。在课堂教学中,乡村教师通览全套教材,努力挖掘课文中有关生态文明教育的素材,以确定渗透教育的总体目标;然后再根据总目标设计好单元课文中的生态文明教育的渗透点,使每个单元的渗透点连接成串,再连串成片,分层次地逐渐推进。⑤ 在设计教学方案时,深入钻研教材,挖掘课文中蕴藏的生态环保素材,

---

① 肖正德.新农村建设中农村学校的文化使命及其变革[J].国家教育行政学院学报,2008(3).
② 唐智松,高娅妮,王丽娟.乡村教师如何助力乡村振兴——基于职业作用的调查与思考[J].现代远程教育研究,2020(3).
③ 肖正德.美国多元文化教学及对我国乡村学校教学的启示[J].当代教育与文化,2011(1).
④ 闫闯.走向"新乡贤":乡村教师公共身份的困境突破与角色重塑[J].教育科学,2019(4).
⑤ 朱永芳.语文教学中的生态伦理道德教育[J].内蒙古师范大学学报(教育科学版),2007(7).

围绕教学要求,根据教学目标和学生实际,设定生态文明教育的要求、方法和步骤,把生态文明教育有机渗透到德识才学的教学过程中,以丰富的生态文明教育内容,产生潜移默化的教育效果。① 乡村教师将保护环境、热爱自然的理念贯穿在教学过程中,引领孩子参加实践,运用实践、比较、尝试等教育方法,让学生积极参与,激发他们对美好环境的渴求,对日益严重的环境污染深恶痛绝,将保护生态文明变成自觉主动意识,提高保护环境的自觉性和主人翁意识。② 在课外,基于在地化教育视角,开展生态教育。乡村教师要同乡村的自然与文化、生产与生活、生态与社会相联系,探索一种既现代又田园的乡村教育,要在乡村儿童心中种下一方水土的希望种子。开展小公民、小乡贤、小科学家的教育,让知识成为改变乡村学校和乡村社会的一种无形力量。同时树立起基于"家校社共育+天地人和谐"的生态教育理念,改变乡村教育疏离生态环境的视野状态,关心乡村社会的生态环境。如何对待与改善我们的环境、如何改善我们的生活等议题,让教育者变成一种兼具教育者身份的社会公民,并深入到当地的生产生活实际中,让乡村学校与文化知识真正成为滋养乡村社会振兴的源泉。③

三是在乡风文明建设中,乡村教师在坚守乡村学校的过程中,不仅是教育者,还是乡村社会中的文化人、局内人、城市人和文化传播人。④ 乡村教师要做乡村文明的灯塔。一方面,是做乡村优秀传统文化的传承者和践行者,大力宣传、实践乡村优秀传统文化,使乡村发展不至于失去文化传统根基。另一方面,是做当代乡村文化的探索者和示范者,大力弘扬、践行社会主义核心价值观,使乡村发展不至于迷失方向。⑤ 乡村教师通过加强与当地乡村的文化对话,可以在传统文化的保存、传递与创新以及现代文化的引入传播与融合等方面发挥重要的示范引领作用。乡村教师要培育参与精神、实践精神和批判精神,践行知识分子的文化使命,成为乡村优秀传统文化的保存者和

---

① 朱永芳.语文教学中的生态伦理道德教育[J].内蒙古师范大学学报(教育科学版),2007(7).
② 徐琪忠.如何在语文教学中渗透生态文明教育[J].写作与阅读教学研究,2017(1).
③ 丁学森,邬志辉,薛春燕.论我国乡村教育的潜藏性危机及其消解——基于在地化教育视角[J].教育研究与实验,2019(6).
④ 顾玉军.乡村振兴中乡村教师助力乡村文化传承路径探析[J].教育理论与实践,2019(13).
⑤ 唐松林,罗仲,尤彭兰.农村教师:新农村建设必须依靠的知识力量[N].光明日报,2006-7-19.

传播者,^①深入整合传统乡村民俗地域文化和现代文化,突出乡村纯朴、真切、野性的独有魅力,继承与发扬丰富的民间文化,并引导群众摒弃落后的思想观念,如生育观、环境观、法制观、休闲观等,引导乡村文化朝着健康向上的方向发展。[2] 乡村教师可以秉承乡村文化的精神和价值,以身作则、言行雅正、示范乡里,以自身的精深学问和高尚品德做乡村社会和乡村民众的道德榜样,成为乡风文明的引领者。[3] 总之,乡村教师要以主动的姿态和由衷的态度全方位参与乡风文明建设,奏响乡风文明建设的主旋律。

四是在乡村治理中,乡村教师理应成为价值的引导者、规范的守护者。首先,在价值的引导上,维系民主、自由、平等、公正等社会主导价值;在规范的守护上,能够指出乡村现存规范的不合理之处,参与规范的制定与修正,对乡民不认同的规范进行合理化解释,从而使规范成为习惯并得以传递。[4] 其次,乡村教师能够提高法制意识,创新本土文化,及时表达政府意愿和党的方针政策,开创先进文明之风气,为加快改变乡村经济社会发展的滞后局面,扎实稳步地推进新乡村文化建设。[5] 再次,乡村教师可以活跃于乡村公共事务和公共活动之中,维系乡村社会的稳定秩序,对乡村治理和乡村政事建言献策,为乡村建设想法子、出点子、找路子。[6] 乡村教师做乡村建设的参谋,参与乡村社区治理,发挥参政、议政的作用,协助政府创造良好的社区公共治理空间。[7]

五是在乡民生活改造中,乡村教师是乡村文化传播与创新的主导力量,动员与发

---

[1] 吴惠青,王丽燕. 新农村文化建设中农村学校的使命[J]. 教育发展研究,2011(19).
[2] 马连奇,唐智松. 农村学校与新农村建设[J]. 江西教育科研,2007(7).
[3] 闫闯. 走向"新乡贤":乡村教师公共身份的困境突破与角色重塑[J]. 教育科学,2019(4).
[4] 李长吉. 农村教师:改造农村生活的灵魂——兼论农村教师的知识分子身份[J]. 教师教育研究,2011(1).
[5] 娄立志,张济洲. 乡村教师疏远乡村的历史社会学解释[J]. 当代教育科学,2009(21).
[6] 唐智松,高娅妮,王丽娟. 乡村教师如何助力乡村振兴——基于职业作用的调查与思考[J]. 现代远程教育研究,2020(3).
[7] 唐智松,高娅妮,王丽娟. 乡村教师如何助力乡村振兴——基于职业作用的调查与思考[J]. 现代远程教育研究,2020(3).

动乡民,组织建设与塑造新的乡村精神。乡村教师不仅对中国乡村教育起着决定性的作用,而且从某种意义上说,它一直是中国乡村建设的根基。[①] 进而言之,乡村教师在乡村振兴战略中能够传达先进的生产力,动员与发动乡民,组织与塑造全新的乡村精神,传播、理解和发扬人类与民族文化,增强民族自信心和凝聚力,改变人的价值观念。[②] 乡村教师要具有为乡村培养新人,并与他们一道传承乡土历史文化的积淀,将新文化合理地融入乡村生活,创造现代乡村生活和现代农业文明的文化责任。从而促进乡民和乡村经济社会和谐发展,最终从根本上体现乡村教师之于乡村的现代化意义和文化价值。[③] 乡村教师要做乡民科学生产、健康生活的指导者和引领者,大力宣传现代社会与公民思想,使乡民的生活不至于走向迷途。[④] 另外,乡村教师能够在乡村生活实际中为乡民提供帮助,有效改造乡民的生活。[⑤]

(三) 关于乡村振兴战略中乡村教师新乡贤角色担当的策略研究

实施乡村振兴,乡村教师责无旁贷。关于乡村振兴战略中乡村教师新乡贤角色担当的实践策略,以往相关研究论及如下几个方面:

一是明确职业定位,提升责任意识。乡村教师不仅是知识的传播者,更是乡村建设的引导者。乡村教师不但需要专业学科知识和教育教学知识,还需要有对乡土的热爱、对乡村的感情,对改造乡土社会的责任感。一方面,在特岗教师考试中,要增加这一部分的考核内容,使考生在择业时,明确乡村教师的职业特殊性,理性进行选择;另一方面,在建设现有的乡村教师队伍时,学校要在教师培训课程中增加这一部分内容,时刻提醒乡村教师明确自己的职业定位,明确自己身上所负的责任。并且组织全体乡

---

① 唐松林,罗仲,尤彭兰.农村教师:新农村建设必须依靠的知识力量[N].光明日报,2006-7-19.
② 彭赟.基于新农村建设的农村教师队伍建设[J].安徽农业科学,2007(28).
③ 冯君莲,唐松林.现代农村教师的责任和追求[J].教师教育研究,2011(2).
④ 唐智松,高娅妮,王丽娟.乡村教师如何助力乡村振兴——基于职业作用的调查与思考[J].现代远程教育研究,2020(3).
⑤ 李长吉.农村教师:改造乡村生活的灵魂——兼论农村教师的知识分子身份[J].教师教育研究,2011(1).

村教师系统地学习乡村振兴战略,让其意识到自身在战略中的角色,从而积极参与政治活动,推动战略实施。①

二是树立大教育观,倡导全方位履职。处在系统中的乡村学校客观上与周围形成了多种联系,必须立足现代大教育观来审视、调整乡村学校与周围社区的关系,才能全面而恰当地把握乡村教师在乡村振兴战略中的可做可为。亦即,一方面需要教育社会化——乡村学校要适应、服务乡村社区需要;另一方面需要社会教育化——乡村社区要尊重、支持乡村学校工作。同时,按照产业兴旺、生态宜居、乡风文明、治理有效、生活富裕的乡村振兴总要求,走"农——科——教"一体化道路。乡村教师在此乡村大教育体系中具有不可或缺的多种职业作用,如在乡村学校中具有指导学生发展、推动学校发展,在乡村社区中具有弘扬社区文化、参与经济建设、参加社区治理等作用。②

三是明确在乡村的绝对精英地位,立法赋予责权关系。乡村振兴战略必须依靠本土群众中的精英阶层——乡村教师,必须明确他们在乡村的绝对精英地位。为此,一方面要赋实权。强调所有乡村教师是乡村社会的一员,是乡村的知识分子,应该享有主导乡村发展的主导地位,并保证他们有足够的闲暇,以保证他们自由思考、想象与创造,使他们在领导乡村振兴战略中诸事项中具有权威,这是乡村政治修明的必要条件。如果没有对乡村教师政治权力的赋予与保障,他们就难凭一己之力扭转乡村社会落后的面貌。另一方面,要明责任。通过法律明确乡村教师是乡村振兴战略中一个不可忽视的重要阶层,他们"近似于官而异于官,近似于民又是新民"的特性,可以领导与管理乡村社会,理应担当乡村领导者、决策者和执行者的角色。③

四是深入乡村社区,充分发挥之于乡村知识分子的作用。乡村教师要深入乡村社区,举行乡民喜闻乐见的活动,参与指导乡村群众文化活动,鼓励乡民兴办文化产业,促进乡风文明和村容整洁,使乡村学校成为乡村社会学习的中心组织;还应该积极参

---

① 涂乐春,李秋丽,颜玄洲.乡村教师在乡村振兴中发挥作用的困境与对策分析[J].现代农村科技,2019(9).
② 唐智松,高娅妮,王丽娟.乡村教师如何助力乡村振兴——基于职业作用的调查与思考[J].现代远程教育研究,2020(3).
③ 唐松林,姚尧.乡村振兴战略中教师的使命、挑战与选择[J].湖南师范大学教育科学学报,2018(4).

与乡村社区决策,预警乡村社区问题,预先制定相应的预防性措施,对乡村社区提供有价值的建议。① 借此将乡村教育与乡村社区建设结合起来,充分发挥作为"知识分子"的乡村教师作用,为乡民提供充分的教育资源,促进乡村优秀文化的传播与传承。

五是回归本土,重拾对乡土社会的归属感。回归乡土的乡村教师发展之路是:发挥本土教师的力量,夯实回归乡土的乡村教师发展的基石;重视乡村教师发展的特质,聚焦回归乡土的乡村教师发展的核心;养成"转化型知识分子",树立回归乡土的乡村教师发展的文化形象。② 回归乡土的乡村教师队伍建设强调对乡土情怀的重视,强调对优秀乡村教师的关注,重视对本土经验的弘扬,强调对乡村教师工作条件的改善,以及关注乡村教育文化价值观的重建。③ 职前职后一体乡村教师本土化培养的措施有:实施定向培养,建设乡村教师队伍后备资源;培养专业化,增强职前教师教育的乡村情感;实现文化认同,提高乡村教师的职业认同感;确立价值追求,生成乡村教师扎根动力;建立荣誉制度,留住乡村教师。④ 重塑乡村教师乡土情怀认同需要回归生活世界,需要政府、乡村社会以及乡村教师形成交往互动的共生对话机制,强化乡村教师的乡土存在感、依恋感和责任感。深化政府服务保障职能,增强乡村教师的乡土存在感;凝聚乡村社会人文关怀能量,重塑乡村教师的乡土依恋感;强化教师的职业修养,内化乡村教师的乡土责任感。⑤

此外,也有学者将乡村教师服务于乡村振兴战略的策略概括为三种基本方式:阵地式、社区式、辐射式。⑥ 乡村学校是乡村精神文明建设的基础工程,乡村教师要充分利用学校这块阵地,充分履行教师职责,有目的、有计划地对学生实施全面发展的教育;乡村社区是传播优良文化的重要场域,乡村教师应参与指导开展丰富多彩的群众

---

① 杨运鑫.平民精神:乡村教师公共性回归之所[J].大学教育科学,2008(5).
② 汪明帅,郑秋香.从"边缘人"走向"传承者"——回归乡土的乡村教师发展研究[J].教育发展研究,2016(8).
③ 王艳玲,陈向明.回归乡土:我国乡村教师队伍建设的路径选择[J].教育发展研究,2019(20).
④ 孔养涛.乡村振兴战略中乡村教师队伍的本土化建设[J].教学与管理,2020(12).
⑤ 马宽斌.新时代乡村教师乡土情怀认同的失落与回归[J].内蒙古社会科学,2020(5).
⑥ 王灿明.农村教师与农村精神文明建设[J].江苏教育学院学报(社会科学版),1996(1).

文化活动,协助办好图书馆、文化站、俱乐部等文化场所;学生是教师联系社区的桥梁,他们能够把自己在学校学到的思想、知识传播到乡村社区的各个角落,因此乡村教师可以以学生为中介来为乡村振兴战略服务。

三 乡村振兴战略中乡村教师新乡贤角色研究的未来展望

虽然以往相关研究对乡村振兴战略中乡村教师新乡贤角色研究做了一些积极的探索,取得较为丰硕的成果,但尚存研究主题宽泛、研究深度不够、研究视野狭窄等不足。因此,今后相关研究应聚焦乡村振兴战略中乡村教师新乡贤角色担当这一主题,深化研究内容,拓展研究视角,使之系统化、深入化,从而形成尽可能完备的理论来指导实践,以促进乡村振兴战略中乡村教师新乡贤角色建设及其示范引领作用的充分发挥。

(一)聚焦研究主题,抓住乡村教师新乡贤角色研究重心

由于乡村振兴战略中乡村教师角色担当研究涉及的概念较多,难以把握,因而以往相关研究基本处于零散状态,并没有对某一主题进行集中、深入和系统的研究,所以只是零星分布在乡村教师服务于乡村振兴战略的相关研究之中。譬如,以往的研究中往往只单纯地研究乡村教师的教育责任而不是攻关研究其承担的文化责任,研究乡村学校、乡村教育的文化使命而不是把乡村教师作为独立的研究对象,等等。乡村教师新乡贤角色相关研究的主题由于缺乏系统深入的探讨,常常零星散落在其他研究当中,所以无助于理论的深化,无助于我们对问题实质的把握与解决。缘此,在今后的相关研究中应该集中研究主题,积聚力量,各个击破,使每一个问题系统化、深入化,抓住乡村振兴战略中乡村教师新乡贤角色研究重心,注重乡村教师新乡贤角色的示范引领作用,对乡村振兴战略中乡村教师的新乡贤角色进行协同攻关研究,从而形成尽可能完备的理论来指导实践,以明确乡村教师在乡村振兴战略中的新乡贤角色定位,全面促进乡村振兴战略中乡村教师的角色内涵创新。

(二) 提升理论水平,丰富乡村教师新乡贤角色研究内涵

从近年来相关研究来看,国内学者往往以经验总结性的研究为主,主要介绍乡村教师服务于乡村振兴战略的一些具体做法和路径,仅从经验上分析了乡村教师在乡村振兴战略中应起到的作用,缺少理论提炼。事实上,乡村振兴战略中乡村教师新乡贤角色研究本身是复杂综合的,是一个宏大的研究课题,它涉及了系列概念及其界定,例如对角色、角色担当、角色认同、角色建设、新乡贤、乡村振兴战略中乡村教师的角色转型、乡村振兴战略中乡村教师的新乡贤角色担当等核心概念的界定。缘此,该研究并不是单纯地列举出乡村教师服务于乡村振兴战略的表层做法,也不是简单地进行经验性总结,而是需要理论的提炼,广泛吸收各相关领域,如教育学、社会学、文化学、人类学的理论研究成果,并将多种理论进行有机融通,提升理论水平,站在一定的理论高度来分析问题直至解决问题。正是在进行理论提炼的基础上,在不同理论相互渗透的前提下,才能使该研究得以广泛吸收多门学科研究成果,乡村振兴战略中乡村教师新乡贤角色担当问题才能在理论上得以树立,从而不断丰富与发展该研究的内涵。

(三) 拓宽研究视角,把握乡村教师新乡贤角色研究实质

从近年来已有研究来看,国内学者大多只从单一的教育学视角来分析乡村教师在乡村振兴战略中的作用,少有从社会学、文化学、人类学等学科视角来探讨乡村教师在乡村振兴战略中的新乡贤角色担当。当今学科综合与学科界限的模糊已经成为一种趋势,"跨越学科或专业的边界,是顺应知识生产和传播的重要举措。这一概念的提出,有助于突破过去学科或专业之间森严的壁垒,促进学科或专业之间的沟通与融合;有助于从跨学科或多学科的视角透视教育问题,获得这些问题的全面认识。"[①]而乡村

---

① 郑金洲,程亮.中国教育学研究的发展趋势[J].教育研究,2005(11).

振兴战略中乡村教师新乡贤角色问题既是一个复杂的教育学问题,同时更是一个复杂的社会学、文化学问题。譬如,试图探究乡村教师在乡村振兴战略中的角色担当,就必需紧密结合乡村振兴战略中乡村角色转型的社会背景,了解社会角色的相关理论,熟识社会角色理论中涉及的角色期望、角色担当、角色规范、角色行为、角色认同、角色建设等相关知识。又如,试图探究乡村教师在乡村振兴战略中的文化责任,就必须紧密结合乡村社会文化变迁,了解乡村振兴战略的相关理论背景,理解乡村文化的内涵和特征,熟识文化学中涉及的文化变迁、文化责任、文化自觉、文化传承与创新等相关知识。因此,仅从一种学科视角对此进行研究,视野未免过于狭隘。对于乡村振兴战略中乡村教师新乡贤角色研究,我们应拓宽研究视角,吸纳其他多门学科,如社会学、文化学、人类学的理论方法,进行多学科协同研究,鼓励打破学科的界限,组成跨学科联合研究团队,对收集到的数据和资料进行全方位、多层次、高质量的深入分析,加强多维视野下的乡村教师新乡贤角色研究,才能把握乡村振兴战略中乡村教师新乡贤角色问题的实质。①

(四) 整合研究方法,展开乡村教师新乡贤角色研究全景

对于乡村振兴战略中乡村教师新乡贤角色担当这一实践性较强的领域,如何处理实践研究与理论研究的关系十分重要。纵观我国学者的研究模式,较为倾向于通过实证的方法解决乡村教师服务于乡村振兴战略的现实问题,问卷、访谈、调查等研究方法较为常见。然而反观国外学者们的研究模式,虽然实证研究方法也较为常见,但他们更倾向于在实证分析的基础上构建基础性的理论,为更高层面的实践改革而服务。② 遵循理论与实践相结合的方法论原则,今后相关研究要进行多种研究方法相结合,灵活运用多元的研究方法来支撑乡村振兴战略中的乡村教师新乡贤角色研究,注

---

① 杜志强,陈怡帆. 中国乡村教师研究的可视化分析——基于 2000—2018 年 CSSCI 刊载文献计量研究[J]. 教育学术月刊,2019(8).
② 周琴,赵丹,李娜. 基于知识图谱分析的国内外乡村教师研究热点及知识基础比较[J]. 当代教育科学,2018(9).

意各种研究方法的整合与互补,深入有效地探讨乡村振兴战略中乡村教师新乡贤角色的内涵和特征,揭示乡村振兴战略中乡村教师新乡贤角色本身的复杂性,不断完善乡村振兴战略中乡村教师新乡贤角色研究领域,进一步开阔乡村振兴战略中乡村教师新乡贤角色研究视野,展开全新的乡村教师新乡贤角色研究图景。

第二章

我国乡村教师乡贤角色之历史演进

乡村教师担当乡贤角色,服务于乡村建设,作为一种独特的文化现象,由来已久。乡村教师的称谓,就其渊源来说,首推西周时期的"父师"或"少师",通称为"乡先生"。嗣后历经"乡村塾师""乡村教员""乡村教师"等的流变。① 在中国漫长的乡村社会发展史上,乡村教师蛰伏乡里,在教书育人的同时,以兼济天下的乡贤精神,维系乡土中国的存续。他们是乡土社会少有的文化精英,日夜在乡里村外播撒知识文化的星火;他们以捍卫礼俗秩序和道德规范为天职,主动承担乡民礼治教化的重任;他们以社会和谐安顺为己任,在皇权触手之外的底层乡村主持正义。依照乡村教师在漫长的乡村社会治理史中发挥的社会功能,我国乡村教师的乡贤角色之嬗变,大体历经传统社会、清末至民国、新中国成立至社会主义建设时期、改革开放四个时期。在各个历史时期,乡村教师始终将承传知识文化、教化乡民和乡村治理作为其乡贤角色的基本内核。同时,伴随社会历史的演进,不同时期的乡村教师既守正创新,又对时代变化做出了自身特有的回应,延展与丰富乡贤角色的意涵。回望与梳理我国乡村教师乡贤角色的历史演进,有利于更好地把握乡村教师角色的乡贤内涵和乡贤精神,以古鉴今,为在新时代创新乡贤文化,弘扬乡贤精神,正确认识乡村振兴战略中乡村教师的新乡贤角色,积极发挥乡村教师在乡村振兴中的新乡贤示范引领作用,提供有益参考与借鉴。②

一 传统社会时期乡村塾师的乡贤角色考察

乡村既是璀璨的古代文明的发展渊源,也是流变的现代文化的发展根基。③ 在传

---

① 本专著在叙述过程中会以历史的演进交替使用各种称谓。
② 谷亚,肖正德.我国乡村教师乡贤角色的百年嬗变[J].教育研究与实验,2021(3).
③ 徐继存,等.中国乡村教化百年嬗变[M].北京:中国社会科学出版社,2019:25.

统中国,几乎每个乡村均有自己的乡土文化,孕育了自己的乡贤。作为中国古代一个职业群体,乡村塾师扮演乡贤角色,有着悠久的历史和特定的文化背景。乡村塾师是"乡曲之导师,地方之柱石,一方文家之重镇。"①在我国漫长的乡村社会历史上发挥重要的社会功能,他们凭借其所拥有的文化资本和社会资本,在乡间传授知识,教化乡民,热心于公益事业,造福一方。他们是负有文化传播、道德教化、社会治理的责任且望重于本乡乡贤的主要构成人员。②

(一) 传统乡村塾师发展嬗变的脉络

在对传统乡村塾师的嬗演历程进行梳理时,有必要先对其核心概念"塾师"和"传统乡村塾师"的基本概念进行阐释。所谓"塾师",是指传统私塾中从事启蒙教育的教师,又称"蒙师""经师""馆师""社师",别称"私塾先生""门馆先生"。根据塾师讲授内容或受教育者的年龄差异,可以分为蒙馆和经馆两种。蒙馆即训蒙,专教蒙童记诵;经馆则治经学,专教学生治科举之业。前者之师称童蒙师,或称训蒙师,简称蒙师;后者称举业师。因治科举者多专治一经,故又称此类塾师为经师。理解了"塾师"的基本概念之后,就不难理解"传统乡村塾师"的概念了。所谓传统乡村塾师,是指古代乡塾中的施教者,是古代从事乡村子弟启蒙教育的群体。传统乡村塾师的嬗变历经发轫、产生、发展和兴盛四个阶段。③

1. 传统乡村塾师的发轫

乡村塾师源远流长。但限于史料,夏商两代难以稽考。就其渊源来说,首推西周时期的"父师"或"少师"。由于西周时期教育制度是政教不分、官师合一的。学校的教师都由官吏兼任,官即是师,师即是官,师者必为官或退仕。根据《学记》对西周学制的记载:"古之教者,家有塾、党有庠、术有序、国有学。""塾"是当时属于蒙学性质的乡学,施教者多是致仕回乡的大夫和士。《尚书大传》卷二有云:"大夫七十而致

---

① 王尔敏. 明清社会文化生态[M]. 桂林:广西师范大学出版社,2009:58.
② 邓辉,陈伟. 乡贤文化的前世今生[M]. 湘潭:湘潭大学出版社,2016:15.
③ 肖正德. 传统乡村塾师的乡贤角色及当代启示[J]. 社会科学战线,2020(11).

仕，老于乡里，名曰父师；士曰少师，以教乡人子弟于门塾之基，而教之学也。"此处已正式称塾中施教者为"师"，且根据年龄大小有"父师""少师"之分。① "父师""少师"通称为"乡先生"。《仪礼·士冠礼》载："遂以挚见于乡大夫、乡先生。"郑玄注曰："乡先生，乡中老人为卿大夫致仕者。"又《乡学礼》："以告于乡先生君子可也。"贾公彦疏："先生，谓老人教学者。"② "乡先生"是辞官居乡或在乡任教的老人，是中国乡村塾师的滥觞。

2. 传统乡村塾师的产生

春秋时期是我国奴隶制崩溃而向封建制转变的社会大变革阶段。那时统一的奴隶制国家西周日趋衰落，礼崩乐坏，社会动荡。在文化教育方面，官学衰废，私学兴起。于是，一批原本在宫廷专门掌管典籍、身通"六艺"的士人纷纷流落出走，其中一部分人成了诸侯的学官，但也有一部分人流落民间，这些人中的有识之士就以个人的身份授徒讲学，这就是中国历史上最初出现的私学。各家各派从不同角度阐释自己的治世主张，从而在思想意识和社会文化领域形成了百家争鸣的繁荣局面。正所谓"周室衰而王道废，儒、墨乃始列道而议，分徒而讼"③。正是这些有识之士创办的私学，冲破了"学在官府"的枷锁，将学术文化"下移"到民间。在他们兴办的私学教育中，一些平民因有条件接触到学术文化而上升为士，与他们一道构成为一个影响很大的社会阶层。他们是中国历史上的第一代以教书育人为谋生之道的专业化教师。他们充实了民间师资队伍，使教育的社会基础更为广阔，在民间也有了对儿童进行启蒙教育的机构。④ 自此之后，蒙学阶段的教育就主要由私人操办，私塾成为中国古代蒙学的主要教育机构，承担起对整个社会儿童进行启蒙教育的主要职责。当时私学任教者多曰夫子（先生），虽不以塾师名，其实就是后来的塾师。私学产生，"学在官府"变为"学在四夷"，乡村塾师群体也因此正式产生。

---

① 蒋纯焦.一个阶层的消失——晚清以降塾师研究[M].上海：上海世纪出版集团，2007：24.
② 夏征农，等.辞海（第六版缩印本）[Z].上海：上海辞书出版社，2010：2070.
③ 刘安.淮南子[M].陈静，译注.郑州：中州古籍出版社，2010：45.
④ 滕志妍.明清塾师研究[D].兰州：西北师范大学硕士学位论文，2006：6—7.

3. 传统乡村塾师的发展

到了战国时期,私学更加盛行。"从师"之风盛极一时,于是乡村塾师开始发展壮大。但秦始皇统一六国后,出于加强中央集权的君主专制政治的需要,对私学采取了严厉禁止的文教政策,秦朝蒙学教育发生倒退,塾师发展严重受挫。但从汉代起,私学开始复苏与发展。汉初实行无为而治,与民休养生息,文化环境变得较为宽松,私学逐渐回复元气。① 加之汉初缺乏官学设置,私人讲学承担了传播文化、发展学术、培养人才的责任,对两汉私学的发展起了先导作用。自汉武帝以降,采纳董仲舒的建议,实行"罢黜百家、独尊儒术"的文教政策,儒家思想被封建帝王定为一尊,变成了重要的社会统治资源。士人必读儒家经典,在政治上才有出路,才能有出仕做官的机会,而太学路途遥远,招收名额又少(汉武帝初建太学时只招太学生50员),进入地方官学也受一定条件的限制,不得不求助于私人传授。② 至此之后,私学成了教授儒家经典、传播儒家经义的重要场所。私学的发展,促成了塾师群体数量的扩大。③

魏晋南北朝时期政权频繁更迭,社会动乱不定,统治者无暇顾及学校教育,官学教育时兴时废,这恰给私学发展提供更大的空间。在这一时期,蒙学的教育主要在民间较为常见的"乡塾"和"家学(启蒙性教育)"中进行。④ 尤其是一些隐逸之士,远离尘嚣,筑室于山野郊外,创辟"乡塾"聚徒讲学。如《三国志·魏书》记载:"(邴)原到辽东,一年中原往归居者数百家,游学之士、教授之声不绝。"《晋书·儒林传》记载:"(杜)夷少而淡泊,操尚洁素,居甚贫窭,不营产业,博览经籍百家之书,算历图纬靡不毕究。寓居汝颍之间,十载足不出门。年四十余,始还乡里,闭门教授,生徒千人。"《南齐书·高逸传》记载:"(顾欢)隐遁不仕,于剡天台山开馆聚徒,守业者常近百人。"这一时期的"乡塾"得到长足的发展,诚如《北史·儒林传上序》所载:"横经授业之侣,遍于乡邑;负笈从宦之徒不远千里。"乡村塾师责无旁贷地挑起了传承文化、发展教育的历

---

① 滕志妍. 明清塾师研究[D]. 兰州:西北师范大学硕士学位论文,2006:7.
② 孙培青,杜成宪. 中国教育史(第3版)[M]. 上海:华东师范大学出版社,2009:112.
③ 禹平. 两汉儒生的社会角色[M]. 北京:社会科学文献出版社,2012:58.
④ 滕志妍. 明清塾师研究[D]. 兰州:西北师范大学硕士学位论文,2006:8.

史重任。

隋唐时期,私学得到蓬勃发展。一方面,隋唐都有政治较为稳定的阶段,和平时期有利于农业经济的发展与繁荣,为教育的发展奠定了基础,也促进了民间教育的发展。另一方面,政府政策的倡导。隋文帝实行德治,重视教化民众,强调劝学行礼,对私学发展起了重要的推动作用。唐初对私学也采取鼓励政策。① 唐高祖武德七年(624年)下诏:"州县及乡里,并令置学。"从此,乡村学校在全国范围内开始设置。至唐玄宗开元二十六年(738年),政府再度下诏:"古者乡有序,党有塾,将以宏长儒教,诱进学徒,化民成俗,率由于是。其天下州县每乡之内,各里置一学,仍择师资,令其教授。"(《唐会要》卷三十五《学校》)由于乡学对社会风气有潜移默化的作用,以至天宝三年(744年),又下令:"每乡之内,倍增教授,郡县官长,明申劝课。"(《全唐文》卷三百一十《天宝三载亲祭九宫坛大赦天下制》)可见唐中央政府对乡村学校的重视,促使各地乡村学校普遍设置。与此同时,与乡学同实而异名的童蒙阶段的私学还有乡校、村学、乡塾、家塾等都有所发展。② 兴办教育,必须具有"传道、授业、解惑"的教师,随着乡学、村学、乡塾、家塾等的发展,唐代乡村塾师群体也相伴发展。

经历了汉唐时期的发展过程,到宋元时期民间蒙学已相当发达,无论在种类上还是在数量上都达到了前所未有的程度。宋代除了政府在地方设置庶民学校外,出现了在乡村设置专为农家子弟利用东闲时节读书的"冬学",遍布于城镇巷间和山野村落。③ 元代还于至元二十三年(1286年)下令全国各地,农村每50家组成一社,每社设立学校一所,"择通晓经书者为学师,农隙使子弟入学"(《新元史·食物志二》)。此外,还有前代所具有的乡学、村学、乡塾以及富有人家的家塾等童蒙阶段的私学。宋元时期民间蒙学的兴盛,促成了乡村塾师群体的进一步发展与壮大。

4. 传统乡村塾师的兴盛

明清时期,随着私塾在全国各地遍设,造就了一支数目庞大的塾师队伍,形成一个

---

① 孙培青,杜成宪.中国教育史(第3版)[M].上海:华东师范大学出版社,2009:169.
② 滕志妍.明清塾师研究[D].兰州:西北师范大学硕士学位论文,2006:8.
③ 滕志妍.明清塾师研究[D].兰州:西北师范大学硕士学位论文,2006:8.

庞大的社会阶层。明清政府对基础教育的重视程度进一步提高,要求地方各级官吏积极兴办蒙学。明朝开国皇帝朱元璋在洪武二年(1369年)下诏:"宜令郡县皆立学,礼延师儒,教授生徒,讲论圣道,使人日渐月化,以复先王之旧。"(《明史·选举志一》)洪武八年(1375年),又因"京师及郡县皆有学,而乡社之民未睹教化",下诏设立社学,"延师儒以教民间子弟"。清康熙九年(1670年)下令各直省设置社学、社师,明确规定:"凡府、州、县每乡置社学一,选择文艺通晓,行谊谨厚者考充社师。免其差役,给饩廪优膳。"(《清朝文献通考·学校考七》)明清政府在乡村广设社学外,还允许民间广泛自立学塾,这使蒙学的设置具有较大的自由度。因此,明清蒙学在数量上发展迅速,社学、义学、私塾、冬学普遍设立,遍布全国城乡,乃至"普及"的程度,①出现了"盖无地而不设学,无人而不纳之教,库声序音,重规叠矩,无间于下邑荒墩,山限海涯"(《明史》卷六九《选举志一》)的兴旺景象。由于蒙学的广泛普及,从而塾师的从业人数较前代大为增加。据估算,在明洪武年间全国就有各类塾师约15万人,而且之后私塾和社学的规模还在不断扩大。② 清人周石藩有云:"大凡乡鄙都邑,皆有塾师。"③明清两代乡村塾师臻于兴盛,足迹已达乡村各个角落。

(二) 传统乡村塾师乡贤角色的担当

传统乡村塾师作为官学外乡间教育的主要承载者,在传统乡村社会中占据一定的社会位置。传统乡村社会对他们形成一定的角色期待,并提出一定的规范要求。传统乡村塾师在这个位置上,根据乡村社会对他们的角色期待和规范要求进行一种或多种角色行为,这就是传统乡村塾师的社会角色担当。传统乡村塾师承担学校教育的本职工作之外,其中"品端学粹"的还在乡村社会担当着重要的乡贤角色。具体而言,传统乡村塾师的乡贤角色主要从如下三个方面来理解。④

---

① 滕志妍. 明清塾师研究[D]. 兰州:西北师范大学硕士学位论文,2006:9.
② 刘晓东. 明代的塾师与基层社会[M]. 北京:商务印书馆,2010:62.
③ 周石藩. 海陵从政录·与诸生讲学随笔[A]. 官箴书集成(第6册)[C]. 合肥:黄山书社,1997:293.
④ 肖正德. 传统乡村塾师的乡贤角色及当代启示[J]. 社会科学战线,2020(11).

1. 乡村文化的代言者

乡村塾师作为中国传统乡村社会的知识分子,其文化背景和思想观念与乡土中国的宗族伦理观念相契合。与新式学校的教师相比,乡村私塾表现出更多的"乡土情怀",参与乡村公共事务,传承传统乡村文化是他们的重要社会职能,"乡村文化的代言人"则是他们重要的社会角色。① 他们作为传统乡村社会中稀有的文化识字人,积极承担着乡村文化和社会事务的"参长""顾问官"角色。② "像给小孩子起个高雅显达的名字,给在外头混事的丈夫年终写封信。说句平安、抱个喜,立张契约,检读由单(内写完粮的数目),填张借单,订张合同,起篇卜文,看个好日子,合合婚,择个时辰,写张表文",③这些需要依赖于文字的乡间事务就成为乡村塾师的分内之事:④一是帮看文字。在传统乡村,一般乡民多不识字,塾师帮看文字就成为常有之事。如清代中期著名的学者钱大昕的祖父钱王炯,一辈子以教书为业,"士大夫有难字疑义,从府君取决,皆得其意以去"。⑤ 二是命名起字。传统乡村,一般不识字之乡民,常常以乳名唤子弟,只等子弟上学才求蒙师起名字。如清末山西塾师刘大鹏在光绪二十年(1894 年)的日记中写道:"二月十八日(3 月 24 日)申刻,东家油店内二掌柜名王玉典者,求为其子命一名,大排行皆从廷字。余于是从廷字择数个字书写纸上,令其自己采择。王乃告谢,欣然而退。"⑥三是写对联。乡村塾师练就了写对联的基本技能,乡村社会所贴之对联多出于他们之手。如清人顾禄在《清嘉录》中载:"居人更换春帖曰'春联'。先除夕一二十日,塾师与学书儿书写以卖榜于门,曰'春联处'。多写'千金百顺''宜春迪吉''一财二喜'及'家声世泽'等语为门联。或集范经吉语,唐宋人诗句为楹帖。"⑦四是写契约文书。乡村塾师常充当契约文书的代笔。清人何梦雷有《村学究咏》诗云:

---

① 张霞英,车丽娜. 民国时期乡村教师的社会角色研究[J]. 当代教育科学,2016(11).
② 申国昌. 明清塾师的日常生活与教学活动[J]. 教育研究,2012(6).
③ 廖泰初. 动变中的中国农村教育——山东省汶上县教育研究[M]. 北平:燕京大学社会学系,1936:68.
④ 蒋威. 论清代的塾师与乡村杂事[J]. 历史教学(下半月刊),2011(7).
⑤ 钱大昕. 潜研堂集(卷 50)[M]. 上海:上海古籍出版社,2009:868.
⑥ 九容楼主人松云氏. 英云梦传(卷 8)[A]. 古代中篇小说三种[M]. 杭州:浙江古籍出版社,1986:436.
⑦ 顾禄. 清嘉录[A]. 续修四库全书(卷 12)[M]. 上海:上海古籍出版社,2002:817.

"黄梅日子最为长,绝妙先生住落乡。通口三杯新做酒,栖身一榻旧穿廊。教书毕后糊金锭,把笔玩时点线香。只恐忙多闲变少,契单借券有人央。"①"契单借券有人央"就点明乡人央求塾师代笔书写契约文书的情形。五是写碑文。传统乡村社会随处可见的碑文也多出于乡村塾师之手。如清代吴县塾师蔡家驹,"晚年专事古文,熟掌故而深于经学,文体近曾王,郡中碑版之文,半出其手"。② 六是修纂族谱。以一己之笔墨为他族修谱献力献策,既褒扬宗法,又加强了与宗族的联谊。清嘉庆二十五年(1820年),湖北大冶的《南阳堂邓氏族谱》编修过程中,塾师刘光宇出力不少。他在"谱序"中记载了邓氏尊长请他修谱,"欲借吾子言以为家乘光"。③ 此外,乡村塾师还帮人替人写招贴、写寿文、写讼词等。他们在历史上一度与乡土社会有着良好互动,成为乡村文化的代言人,具有乡村文化的符号特征。④

2. 乡村礼教的承担者

早期的儒是长于相礼司仪的专门人才,"在儒者作为一种职业人群出现之时,对祭祀活动、礼乐知识的掌握和实践的过程也就是其群体特征形成和发展的过程"。⑤ 即使儒家学派形成之后,一般的儒者仍有以相礼为生计者。⑥ 乡村塾师作为儒家思想的传承者,更多地以"小人儒"的身份延续了在民间的相礼活动⑦,他们不仅熟练掌握乡村礼俗文化的规则和程序,而且乐于以自己的智识积极服务于当地乡民,积极主持冠、婚、丧、祭"四礼"活动,在乡村社会礼仪文化生活中扮演一定的社会角色。费孝通先生认为,中国的乡村社会是一个熟人社会,同时也是一个"礼治"社会。封建礼教在乡村社会的维系主要依靠宗族体系和封建教育实现,而传统乡村熟师是这一礼治教化的具体承担者。明代黄佐在《泰泉乡礼》中,虽未明确规定社师(乡村塾师)于乡民礼仪生活

---

① 姚裕廉,范炳垣. 重辑张堰志[A]. 中国地方志集成·乡镇志专辑[M]. 上海:上海书店,1992:413.
② 曹允源. 吴县志[A]. 中国方志丛书·华中地方(18号)[M]. 台北:成文出版社有限公司,1970:1192.
③ 大冶《南阳堂邓氏族谱》之"谱序",民国六年石印本.
④ 唐松林,丁璐. 论乡村教师作为乡村知识分子身份的式微[J]. 湖南师范大学教育科学学报,2013(1).
⑤ 禹平. 两汉儒生的社会角色[M]. 北京:社会科学文献出版社,2012:3.
⑥ 禹平. 两汉儒生的社会角色[M]. 北京:社会科学文献出版社,2012:5.
⑦ 王鸿生. 中国的王官文化与儒学的起源[J]. 文史哲,2008(5).

中的地位与角色,但对其所承担之礼仪文化活动的内容,还是多有记述。大概说来,主要包含这样几项内容:一是主持、参与乡民子弟成人之"冠礼",及祭、祝、会、誓等礼仪活动;二是省喻婚娶不时,制戒词,晓谕乡民;三是祭、祝、祷、告、誓等礼仪文字的撰写;四是讲解诸礼仪式、灾患消攘、乡约等内容,解答乡民疑问。① 而其核心乃是对"礼仪"的讲解,与对乡民不合乎礼仪行为的监督、劝戒。亦即,乡村塾师在基层社会的礼仪文化生活中,在一定程度上拥有了对"礼仪"的阐释权。可见,乡村塾师于民间礼仪文化生活中,所扮演的绝非普通参与者的角色,而是上层组织者中的一员。应该说,其通过自身"礼仪"阐释权力的发挥,成为民间基层社会中乡民礼仪文化生活的指导者。这既是其发挥自身社会教化功能的一个渠道,也是对民间礼仪文化需求的一种满足与回应。② 乡村塾师与乡村社会融为一体,在乡间礼仪生活中起着如此重要的指导作用,进而成就了其文化精英的社会地位。③

3. 乡村治理的协助者

在中国传统的政治结构中,国家与地方的关系相对来说是比较疏离的。费孝通先生认为:"中国传统的农业经济所生产的,不足于提供横暴型政治所需要的大量资源,因此封建帝王通常采用'无为而治'来平天下,让乡土社会自己用社区的契约和教化进行社会平衡,从而造成农村社会'长老统治'局面。"④ 而乡村社会中的"长老"一职,则通常是由乡村社会中少数的文化精英充当。由于"学而优则仕"的儒家传统观念深入人心,乡村塾师在传授知识的同时,自觉地参与乡村的政治活动,对政府的有关政策发表个人的意见。由于他们的眼界相对宽阔,人们也理所当然地认为其拥有担当起领导职责的足够能力。因此,国家在以学识和资财为主要标准选拔乡村政治精英时,乡村塾师也就成了不二人选。在古代的家塾时代,"有以塾师、塾址为中心而形成一个近乎参议院雏形的说法,并不是言过其实,一个私塾或许不是直接干预地方行政,间接活动

---

① 丘浚. 大学衍义补(卷49)[M]. 台北:台湾商务印书馆,1986:586.
② 刘晓东. "君师治教"与明代塾师的社会角色——兼及中国近世士人职业群体整合的内在障碍[J]. 社会科学辑刊,2010(2).
③ 吴锦. 乡村教师精英地位的瓦解及其重塑[J]. 当代教育科学,2015(20).
④ 张济洲. 乡村教师的文化冲突与乡村教育改革[J]. 河北师范大学学报(教育科学版),2008(9).

的力量确是值得惊异的。"① 另外,乡村塾师以道德取重乡里,并以其相对较高的智识,而为乡民所倚重。因而,乡民社会生活中的一些疑难杂事,是非曲直,亦时常就正于塾师,并成为基层社会中调停、化解乡村社会矛盾,解决日常纠纷的一条渠道。② 诸如元末明初诸暨人陈大伦,以雄文奥学声名远播,"远近歆艳之,交聘为家塾师,留富春山中者最久"。富春之右族,多"负气善斗"陈大伦就常常周旋于其间,"每以讼终凶为戒,言辞捆幅无华,闻者皆心醉,俗为不变"。③ 江宁塾师萧廷璧,也因"材高识卓,通达当世之务,长于料事。每论成败得失,后皆如所言。故人有疑不能决,室不能行者,多就质焉。先生为之剖析开明,圈不切当,退皆信服,敬慕之"。④ 又如清代中叶著名学者赵翼的祖父赵福臻,"生理益窘,去为童子师……乡里有争端,多就公质成,数十年来未有搆讼者"。⑤ 可见,乡村塾师作为乡村治理的协助者,在传统乡村社会治理中发挥了重要的作用。

(三) 传统乡村塾师乡贤角色的形塑

乡村塾师乡贤角色的形塑,是指乡村塾师成为乡贤要经由自我形成和环境塑造两个并行的发展过程。亦即,乡村塾师成为乡贤,发挥乡贤的社会功能,内受制于乡村塾师自身的品行和学识二个基本要素,外受特定时代的政治、社会、文化诸因素的影响,并在内外两维因素的相互影响、相互作用下交互产生。⑥

1. 传统乡村塾师乡贤角色形成的内制因素

乡村塾师担当乡贤角色,发挥乡贤的社会功能,首先要求乡村塾师必"贤",由"克端师范,实心训课"或"品端学粹"之人充任。⑦ 亦即,要求乡村塾师道德与学问兼修:

---

① 廖泰初. 动变中的中国农村教育——山东省汶上县教育研究[M]. 个人刊印,1936:68.
② 刘晓东."君师治教"与明代塾师的社会角色——兼及中国近世士人职业群体整合的内在障碍[J]. 社会科学辑刊,2010(2).
③ 宋濂. 文宪集(卷23)[M]. 台北:台湾商务印书馆,1986:277.
④ 倪谦. 倪文僖集(卷29)[M]. 台北:台湾商务印书馆,1986:562.
⑤ 赵翼. 赵翼全集(附录四)[M]. 南京:凤凰出版社,2009:63.
⑥ 肖正德. 传统乡村塾师的乡贤角色及当代启示[J]. 社会科学战线,2020(11).
⑦ 徐栋. 牧令书·教化[A]. 官箴书集成(第7册)[C]. 合肥:黄山书社,1997:366—368.

在品行方面,"立品端正""行谊谨厚";在学识方面,"经书熟习""文义通晓"。

一是在品行方面,要求乡村塾师"立品端正""行谊谨厚"。在传统私塾中,不仅是传授知识,识字读书,了解初步的文化知识,更重要的是要养成蒙童良好的行为习惯。朱熹强调指出,"小学"教育应以"教事"为主,"古者小学,教人以洒扫、应对、进退之节,爱亲、敬长、隆师、亲友之道"(《小学书题》)。对于塾师而言,"小学"阶段的主要任务就是熏陶学生的气质,娇柔蒙童的性情,辅成学生的材品,教蒙童学会做人。基于教会做人比教给知识更重要的教学目的,塾师的"德行"就被排在最为显要的位置。一位称职的塾师,首先必须是学生行事的榜样,视听言动的模范。孔子有云:"其身正,不令而行;其身不正,虽令不从","不能正其身,如正人何?"(《论语·子路》)墨子则言:"言必行,行必果,使言行之合,犹合符节也。"(《墨子·兼爱下》)董仲舒主张:"善为师者,既美其道,有慎于行。"(《春秋繁露·玉杯第二》)杨雄断言:"师者,人之模范也。"(《法言·学行》)塾师在教育过程中起表率作用,塾师的德行直接影响蒙童的发展,"其师方正严毅,则子弟必多谨伤;其师轻扬佻达,则子弟必多狂诞"(《训蒙辑要》卷一)。塾师只有自己具有了良好的品格和风范,才有可能将蒙童塑造成"圣贤的坯璞",完成启蒙教育的使命。因此,塾师的品行是比学识必须优先考虑的要素。[①] "学师宜秉公议聘,以冀得人也。学者先德行而后文艺,训读之人,立品不端,纵才华擅长,其本已失。"(《定颖记事》卷一)品行是一个人的根本,只有立品端正、行谊谨厚的人,方能有资格配做为人师表的塾师,方能称"贤"并为民众服膺,方有可能成为肩负乡村教化使命的乡贤。

二是在学识方面,要求乡村塾师"经书熟习""文义通晓"。保证了德行和操守,塾师的学识就是最重要的。一位塾师,没有好的品行不行,有好的品行而没有一定的学养也不行。实际上,古人在强调"行谊谨厚"时,也强调"文义通晓";在突出"立品端正""行谊谨厚"的同时,也指出"经书熟习""学问通彻"的绝对必要;在强调塾师必须"以身率人,正心术,修孝弟,重廉耻,崇礼节,整威仪,以立教人之本"的同时,也强调"守教

[①] 徐梓.传统学塾中塾师的任职资格[J].教师教育研究,2006(4).

法,正学业,分句读,明训解,考功课,以尽教人之事"(《庄渠遗书》卷九)。归结到一点,就是要经明行修,品端学粹,品学并称,文行并美。塾师从事的是传授知识的工作,一个基本的条件是要有一定的学识。[①] 王夫之在论述师道时指出:"夫欲使人能悉知之,能绝信之,能率行之,必昭昭然知其当然,知其所以然。由来不昧而条理不迷。贤者于此,必先穷理格物以致其知,本末精粗晓然具著于心目,然后垂之为教。"(《四书训义》卷三十八)此处王夫之十分强调"欲明人者先自明",只有具备渊博的知识,深刻理会了道理,方能胜任塾师的工作。相反,一个"授经且句读不明,问难则汗颜莫对"(《今言》卷三)的人,是不配也不能充任塾师的,更不可能成为乡贤的。学识是塾师最主要的文化资本,渊博的学识是他们教学的基础,也是确立其社会声望的重要基础。饱学之士多能教学有成,获得较高的声望。如明初新余人梁寅就"结庐石门山,四方士多从学"(《明史》卷二八二(儒林一)》),名声大噪。安府人张文礼"居乡训徒,名士皆出其门"。(刘文徵:天启《滇志·人物志》卷十四)江西人黄良卿,博学能诗,嘉靖间游宜云南,乡人延为师,一时士大夫多出其门(刘文徵:天启《滇志·人物志》卷十四)。在传统乡土社会,"愈是有学问的人愈有威信做出决定"[②],愈是学问渊博的塾师,愈会在乡间获得较高的声望,愈能发挥乡贤的作用。故此,在学识方面,"经书熟习""文义通晓"的塾师才有可能成为乡贤。

2. 传统乡村塾师乡贤角色塑造的外塑条件

乡村塾师的乡贤角色,其形成机制包括内外兼修两个方面的因素。亦即,乡村塾师之于乡贤角色,除了受制于自身品行和学识两方面的内部因素外,还外塑于特定时代的政治、社会、文化等外部条件,在特定时代的政治、社会、文化环境中扮演乡贤角色,发挥乡贤功能。

其一,政治的同构性促进乡村塾师成为乡贤。费孝通先生在《中国绅士》一书中指出:"中国传统政治的结构是国家——士绅——农民的三层结构,其运作过程则是自中

[①] 徐梓.传统学塾中塾师的任职资格[J].教师教育研究,2006(4).
[②] 费孝通.中国绅士[M].北京:中国社会科学出版社,2006:50.

央、地方政府到士绅的政策执行的'一轨'与自农民到士绅并通过各种非正式关系向上延伸到政府的另外'一轨'的交互作用。"①在此交互作用过程中,乡绅阶层的存在使得上通下达的"双轨制"得以有效运行,在政治上起举足轻重的作用:其一,成为官僚政令在乡村社会贯通并领头执行的角色。封建统治集团的政令、法令,无论采取何种传播方式,欲使之传遍乡村社会,都必须经由乡绅阶层晓知于民。当权者只需将政策、法令告之乡绅,余下对乡民的宣传并使其执行的过程便由乡绅负责。此种相当于统治阶级最基层的政治地位,除乡绅阶层之外,其他阶层很难承担。其二,充当乡村社会的政治首领或政治代言人。在相对稳定的封建统治秩序下,乡民对朝廷政令及各种赋税的服从或抗争,首先反馈到乡绅那里,并听从乡绅的建议,争取乡绅的认同,再经乡绅向官府反映民意。在这个由下而上传递乡村民情民意的过程中,乡绅刻意塑造自己作为一方民众政治首领的形象,有时甚至与乡民团结一体,充当乡民利益的保护人。② 作为乡村文化人的乡村塾师,与乡绅交往甚密。乡绅为地方统治力量,与之修好可提高乡村塾师的身份地位和在地方事务中的发言权。③ 又因乡村塾师在乡村社会事务中也发挥着较大的作用,乡绅在处理乡村事务时也多须依赖乡村塾师,如拟贺谢表、建桥、修庙、树碑等事,多请乡村塾师拟稿撰文。④ 又如调停息讼、兴修水利、维持治安等地方事务,多由乡村塾师经理。事实上,许多乡村塾师兼有乡绅的角色。⑤ 概言之,在"皇权止于县政"的传统中国社会,乡村塾师与乡绅并行不悖,他们在政治上的同构性,保障中国传统政治"双轨制"上通下达的有效运行。亦即,中国传统政治"双轨制"诉求乡村塾师充当封建统治者与乡民之间的桥梁,积极发挥乡贤角色的政治功能。

其二,社会的互动性促进乡村塾师成为乡贤。乡村塾师与乡土中国社会是相互滋养的,两者有着千丝万缕的关系:一是乡村塾师之教切合中国乡村社会的传统特性,符合乡民的实际需要。传统中国社会是个以小农经济为主体的社会,乡民送孩子入私

---

① 费孝通.中国绅士[M].北京:中国社会科学出版社,2006:278—293.
② 沈葵.近代中国乡绅阶层及其社会地位[N].光明日报,2001-11-13.
③ 蒋纯焦.一个阶层的消失——晚清以降塾师研究[M].上海:上海世纪出版集团,2007:52—53.
④ 滕志妍.明清塾师研究[D].西北师范大学,2006:50.
⑤ 蒋纯焦.一个阶层的消失——晚清以降塾师研究[M].上海:上海世纪出版集团,2007:53.

塾,其目的在于"习字,习算,会记账,会看、写田契、牛契,以免受骗"。[①] 乡村塾师能迎合乡民的要求,课余教些杂字杂文,亦能为乡民书写应用文字,这些都合乎乡民的实际需要,因此乡村塾师赢得了乡民们的尊敬与拥护。乡民对于传统私学的习惯认同以及传统私塾在民间的牢固根基和广阔的辐射面,使其对乡村塾师有着一种割不断的情结。二是乡村塾师执教一地,与乡民自然交往密切。乡村塾师一般非常注意搞好群众关系,尽力融入地方社会,主要方式有:①为乡民提供文字方面的服务,如立契约、拟讼词、写对联、作祭文等。②深入乡里人家,广泛结交。塾师赵延庆曰:"余馆宜仁殆有年矣,里中人成熟识焉。"[②]③热心地方公共事务,参与地方慈善活动,如解决纠纷、捐资设学、修桥筑路、贩灾济贫等。[③] 通过与乡民们的密切交往,使得乡村塾师获得公众的认可(即口碑),树立了自我形象。三是乡村塾师与乡民有着相同的价值观。乡村塾师不仅在"时间""空间"上扎根于乡土社会,而且连价值观、心态与思想状态也受制于乡土社会,遵循着熟人社会的运作逻辑。[④] 私塾在乡土社会的扎根不仅表现在将作为形式的学校校舍置于乡村之中,而且在生活空间上,与乡村也是较少隔阂的。除了适合乡村的时间节律外,私塾的教师出自本村,他们的生活扎根于乡村,事实上就是能识文断字的乡民,他们是乡村社会的一分子,有着与乡民相同的价值观。[⑤] 这些充分保障了乡村塾师的"乡土"特性,也使得传统乡土社会的秩序得以延续与再生产。亦即,乡村塾师在与乡村社会的相互滋养中,积极发挥乡贤角色的社会功能。

其三,文化的同源性促进乡村塾师成为乡贤。中国传统乡村社会的生活方式,是一种以宗法制度和封建礼教为特征的传统生活方式,而宗族正是这一传统生活方式的传承者。宗族是人类基于生物性基础而建立的重要社会联系方式,是中国传统乡村社会存在和统治的基础。宗族组织赖以建立的一整套观念制度都直接来源于儒家文化。

[①] 福建省教育史志编写办公室.福建省教育史志资料集(9)[C].福建省教育史志编写办公室,1992:53.
[②] 韩凝春.明清塾师初探[J].中国社会经济史研究,1997(3).
[③] 蒋纯焦.一个阶层的消失——晚清以降塾师研究[M].上海:上海世纪出版集团,2007:52.
[④] 姚荣.从"嵌入"到"悬浮":国家与社会视角下我国乡村教育变迁研究[J].清华大学教育研究,2014(4).
[⑤] 高水红.乡村学校教育变迁与时空意识的变革[J].北京大学教育评论,2012(4).

儒学文化对于建立健全与稳固发展宗族社会发挥着不可替代的作用。诸如孝悌贞顺、睦族息争、男尊女卑等血缘亲族观念都是儒家文化的重要内容。私塾作为中国乡村存在数量最多、分布最广的儒学教育机构，是儒家文化传承的重要场所。作为同源文化纽带的儒家学说便将私塾教育与宗族社会紧密地联接在一起，使得私塾在传播儒家学说的同时，为宗族发展、稳定提供了教化力量。私塾教材多为《三字经》《百家姓》《千字文》《弟子规》《孝经》等维护封建礼制、族亲手足、乡亲邻里关系的儒学书籍。作为传统乡村社会知识分子的乡村塾师，教授蒙童，熏陶宗亲，化及乡民，既是一个村落中的知识精英，也是一方道德秩序的看护人。他们在教育教学过程中将封建伦理道德、乡约族规渗透到蒙童人生观的形成过程中，另外，在宗族组织的祭祀、编修家谱、教化训导等活动中也充当了重要角色，对族人的言行起到了规范与监督的作用。[①] 因此，乡村塾师在传统乡村社会中享有极高的威望。江苏华亭顾氏家族规定："师既择延品行高超，又欲其悉依课程，而善教族众，经帐皆当格外尊敬，毋稍亵慢。开解馆日，族长须到塾迎送，不可怠忽。"也正是宗族组织赖以建立的一整套观念制度与儒家文化的同源性，维系着宗族乡里对儒家文化传承的主力军——乡村塾师的支持与尊重。亦即，乡村塾师传承的儒家文化与宗族文化具有同源性，故能顺利发挥乡贤角色的文化功能。[②]

二　清末至民国时期乡村教师的乡贤角色考察

清末至民国时期，是一个大动荡大变革的时代。清末民初，中西文化相互博弈、新旧文化相互交替，在内部自我认识与外部社会因素双重逻辑关系的作用下，乡村教师不断主动选择或被塑造为具有时代文化特征的角色[③]，尤其是一批接受新思想、新理

---

① 贾学政. 近代私塾教育与宗族社会[J]. 理论月刊，2005(3).
② 肖正德. 传统乡村塾师的乡贤角色及当代启示[J]. 社会科学战线，2020(11).
③ 邓晓莉. 民国时期乡村教师文化的流变与选择[J]. 教育观察，2018(14).

念的师范生和留学归国人才进入乡村学校,在乡村教育和乡村建设中发挥着越来越重要的乡贤作用。19世纪二三十年代,在风起云涌的社会改革浪潮中,着手以改进乡村生活和推进乡村建设的乡村教育运动成为当时一种重要的社会运动。作为乡村教育运动的中坚力量,乡村教师的乡贤作用更不应小觑。抗日战争爆发后,乡村教师的乡贤角色在艰难中推进,呈现出浓郁的战争年代的文化特色。[①]

(一) 清末至民国时期乡村教师的来源

清末至民国时期的乡村教师,大多是当地颇有名望的乡贤和有识之士,主要由接受传统教育的私塾先生、新式教育培养的知识精英和接受留学教育的归国人才组成[②],是一个新旧交杂的构成局面。

1. 接受改良的传统塾师

对于文化的传递、人才的培养,私塾在古代曾经做出过贡献,它适应了古代社会的需要。但是,到了近代,私塾与社会发展的要求出现了距离,暴露出诸多不足之处。譬如,课程不开设算术、历史、地理、格致,知识覆盖面过窄。教材长期不变,知识老化问题严重。[③] 塾师"教学方法十分刻板,有讲、诵、背、默等程序,重在死记硬背,管教甚严动辄施以体罚。轻则罚站、揪耳朵,重则罚跪、打手心"[④]。因此,私塾遭到当时社会的质疑,发展近代新式教育成为时代强音。1901年,清廷下兴学诏,鼓励地方兴学。1903年,"癸卯学制"颁布推行。1905年,科举制度被废除,为兴学让路。但是,由于经济滞后、观念陈旧等诸多原因,兴学的成效甚微,尤其在那些缺乏近代工业而传统农业经济又比较薄弱的贫困地区,小学远远无力取代私塾。显然,仅仅依靠创办新式小学来谋求初等教育的发展是不够的,于是人们不得不将求助的目光转向私塾,寄望于对传统私塾进行改良,使其向新式小学转化。[⑤] 清光绪三十年(1904)六月,江苏学务委

---

① 谷亚,肖正德. 我国乡村教师乡贤角色的百年嬗变[J]. 教育研究与实验,2021(3).
② 张霞英,车丽娜. 民国时期乡村教师的社会角色研究[J]. 当代教育科学,2016(11).
③ 秦玉清. 传统私塾的历史变迁[J]. 寻根,2007(2).
④ 泰县县志编纂委员会. 泰县志[M]. 南京:江苏古籍出版社,1993:642.
⑤ 张彬,秦玉清. 近代浙江的私塾改良[J]. 浙江大学学报(人文社会科学版),2001(3).

员沈戟仪在上海发起私塾改良会,其宗旨是"变旧习为新法,化私塾为学堂"。① 嗣后,各地仿办私塾改良,上海私塾改良会于1906年就自然成为私塾改良总会。私塾改良部分地实现了民间基础教育机构从传统向现代的过渡,无疑帮了政府发展新式学校教育的大忙,因而得到官方的提倡,逐渐上升为政府的教育政策。1909年7月,清学部制订《改良私塾章程》,要求对于改良得法的私塾,施行资格认定,转化为私立小学堂。② 在私塾改良进程中,塾师改良无疑是重头戏。塾师改良的原因在于:"民众基础教育的有效与否,全赖乡村教师之品性与知能……原有塾师大都头脑冬烘,常识缺乏,实难克尽厥职,若悉予取缔,则际此农村破产师资缺乏之时,事实上固不可能。根据社会实际情形,不得不就原有师资加以训练,充实其基本知识,改良其教育方法。"③加之科举制度被废除后,新式学堂逐渐取代旧式私塾,传统塾师往常的耕读生活也从此被打断。这样,他们顿时陷入迷茫与困惑之中,不知所措。④ 此时他们"坐失其业,谋生无术","将欲厕身学界,无学术之可凭,将欲兼营别业,鲜运动之能力"⑤。"欲为商而手不能算,欲为工而肩不能挑。"⑥传统塾师群体面临生存困境和转型压力,接受改造貌似成了这一传统知识阶层留守乡村的折中选择。为了应对生活的困窘,大多数塾师被迫"脱下长衫,穿上短衣,力图在新制度下找到立脚之地"⑦。有些人进学堂当教员。废科举后,新式学堂的创办像野火一样迅速传开,但师资的缺乏又阻碍了学堂的进一步发展。于是,一些塾师设法进入新学堂充当教员以补师资之不足。如山西太谷县塾师刘大鹏曾在晋祠小学当过教员,浙江桐乡县塾师王彦臣成了小学的国文教师,⑧而

---

① 舒新城.中国近代教育史资料(上册)[M].北京:人民教育出版社,1981:102.
② 蒋纯焦.从私塾到学校:中国基础教育机构现代转型的史与思[J].华东师范大学学报(教育科学版),2015(2).
③ 章元善,许仕廉.民国业书:乡村建设实验(第三集)[C].上海:生活书店,1936:404—405.
④ 杨齐福.科举制度废除后私塾与塾师命运散论[J].徐州师范大学学报(哲学社会科学版),2008(4).
⑤ 箴私塾改良之[J].四川学报,1907(8).
⑥ 方言.论教育之普及须实行强迫[J].东方杂志,1906(6).
⑦ 罗斯.变化中的中国人[J].北京:时事出版社,1998:294.
⑧ 蒋纯焦.一个阶层的消失——晚清以降塾师研究[M].上海:上海世纪出版集团,2007:183.

曾在家设塾的江苏宜兴潘寂之父则改任小学数学教员。① 改良后的塾师除了进入乡村学校当教员外,也可以开办私塾,而且能够兼办民众教育,如成人识字班,介绍优良品种甚至布种牛痘等。② 他们凭借乡村生态的稳定性继续在乡村文化、生活层面教书育人,仍然坚守着传统塾师的优秀品质,即使生逢乱世也不忘在充任乡村学童教育者的同时践行起乡贤的文化责任。

2. 新式教育培养的教员

清末新式教育兴起之初,官方对小学教师从教资格规定上,强调教师应接受专门的师范教育训练。1904年1月13日颁布的《奏定任用教员章程》规定,初等小学堂正教员以曾入初级师范考列中等,及得有毕业文凭者充选,暂时以师范传习生充选。副教员以曾入初级师范得有修业文凭者充选,暂时以师范传习生充选。③ 在这一政策引导下,师范学校、师范传习所等专门的师资培养机构伴随着新式学堂的设立而普遍出现,新式学堂中,由初级师范学堂或师范讲习所(传习所)等培养的毕业生有了一席之地。④ 在民国初期,基于国民政府对乡村师范教育的关注与建设需求,以余家菊、陶行知等为首的教育实践家,开始将研究视野下移,并疾呼乡村教育运动间接就是救济全社会的危机。与此同时,作为乡村教育运动第一发声人的余家菊尤加指出,乡村师范教育是乡村教育的关键所在,"教育的发源地是师范学校,教育的根本是师范教育,纠正师范教育的错误,补足师范教育的缺点,乃是教育改进的要者"。⑤ "师范教育不改进,乡村教育将无法改进。"⑥1927年后,随着陶行知创办的南京晓庄师范学校的出现,其独具特色的办学理念和办学实践给乡村师范教育注入了新鲜血液,更是迫使教育界进一步认识到乡村师范教育的重要性,遂纷纷以晓庄师范学校为榜样,建立乡村师范

---

① 蒋纯焦.一个阶层的消失——晚清以降塾师研究[M].上海:上海世纪出版集团,2007:238.
② 徐继存,高盼望.民国乡村教师的社会形象及其时代特征[J].教师教育研究,2015(4).
③ 璩鑫圭,唐良炎.中国近代史资料汇编·学制演变[M].上海:上海教育出版社,1991:429.
④ 岳红廷.20世纪二三十年代华北乡村小学教师学历背景的考察[J].吉林师范大学学报(人文社会科学版),2013(1).
⑤ 余家菊.余家菊景陶先生教育论文集(上册)[M].台北:慧炬出版社,1997:418.
⑥ 余家菊.余家菊景陶先生教育论文集(上册)[M].台北:慧炬出版社,1997:418.

学校,促使乡村师范教育的向一个崭新的实践探索期迈进。国民政府对乡村师范教育发展提供了较多的支持。1928年召开的国民政府第一次全国教育会通过《整饬师范教育制度案》,提出"师范学校,收受初中毕业生,或相当程度学校肄业生之有教学经验,且对于乡村教育具有改革之志愿者"①。由此,乡村师范学校获得了师范教育体系中的合法地位。同年8月,国民政府大学院草拟的《训政时期施政大纲》中拟定,"以三年时间促进乡村师范的计划。"次年,《中华民国教育宗旨及其实施方针》提出要"尽力发展乡村教育"。1929年,《中华民国教育宗旨及其实施方针》指出,"于可能范围内,使其独立设置,并尽量发展乡村师范教育"②。1931年9月国民党第三届中央执行委员会通过的《三民主义教育实施原则》中提出,"乡村师范教育应注重改善农村生活,并适应其需要,以养成切实从事乡村教育或社会教育的人才"。③ 1932年,《乡村师范规程》进一步明确,"以养成乡村小学师资为主旨之师范学校,得称乡村师范学校"④的培养目标,并提出开设简易师范学校和简易师范科的主张。⑤ 此后民国教育部接连公布《师范学校法》《师范学校规程》,这两部法令明确规定了乡村师范学校的含义、目标、分类、课程设置等内容,乡村师范学校被正式列入师范教育体系中,并获得了学制上的独立地位,成为中等师范教育中的重要组成部分。1935年,民国教育部针对乡村师范学校的课程,设计了课程标准,进一步规范了乡村师范学校的筹设与课程体系建设等相关事宜。至此,民国时期乡村师范教育的法律法规体系的保障建设基本完成,其后虽有所调整,但其轮廓架构并未发生根本改变。由于南京国民政府对乡村师范教育的规划与设想,各省纷纷响应号召,掀起了乡村师范学校创办的高潮。据统计,截止到1934年,至少有17个省建有乡村师范学校,全国共有乡村师范学校327所。⑥ 新式师范教育培养的教员逐渐补充到一线,特别是大规模的师范下乡运动后,大批新式教员

---

① 李友芝,等.中国近现代师范教育史资料(第2册)[M].北京:北京师范学院内部资料,1983:655.
② 李友芝,等.中国近现代师范教育史资料(第2册)[M].北京:北京师范学院内部资料,1983:290.
③ 李友芝,等.中国近现代师范教育史资料(第2册)[M].北京:北京师范学院内部资料,1983:314.
④ 李友芝,等.中国近现代师范教育史资料(第2册)[M].北京:北京师范学院内部资料,1983:327.
⑤ 霍东娇.中国百年师范教育制度变迁研究[D].长春:东北师范大学博士学位论文,2018:77.
⑥ 霍东娇.中国百年师范教育制度变迁研究[D].长春:东北师范大学博士学位论文,2018:40—41.

流动至乡村学校,逐渐代替旧式熟师。

3. 接受留学教育的归国人才

近代留学教育兴起于19世纪70年代,迨至清末新政时期,近代留学教育骤然勃兴,首先在1906年前后形成了规模盛大的留日高潮,其次是在美国实行"退款兴学"政策后留美潮流逐渐兴起。① 清末的留学教育对当时和后来中国社会的变革与发展起了重要作用。五四运动前后,随着新文化运动和勤工俭学的兴起,数以千计的爱国青年怀抱着寻找救国救民真理的真诚愿望,以"科学救国""实业救国""教育救国"作为自己的奋斗目标,含辛茹苦地前往英法等欧洲国家勤工俭学。俄国十月革命胜利后,马克思主义传到中国。在寻找适合于中国需要的革命真理和孙中山"以俄为师"的号召,以及国共第一次合作的大革命历史背景下,又兴起了一场留学苏俄的热潮。抗日战争和解放战争时期,内忧外患,战乱频繁,国民政府对出国留学采取整顿与限制的措施,但仍有不少青年学子冲破重重阻碍远渡重洋,到发达的资本主义国家学习科学技术,以求振兴中华。② 留学教育打破了中国传统的知识结构,培养了大量政治、教育、科技、翻译、外交各方面的人才,为国家建设做出了重大贡献。尤为可嘉的是,这个时期的接受留学教育归国的知识分子,在乡村留下了重要印记。在国外接受过高等教育的留学知识分子在学成归国后看到满目疮痍的社会现实深感悲痛,在良知的指引下毅然决然地选择将自己所学知识加以实践运用到乡村教育中去,试图以乡村教师为切入点找寻走出困境、复兴全中国的道路。③ 例如,陶行知曾赴美留学,在哥伦比亚大学师从杜威等著名学者研究教育问题,发表《中国乡村教育之根本改造》,阐述其乡村教育的主张,1923年与晏阳初等发起筹建"中华平民教育促进会",1926年下半年到南京附近的江宁、无锡等地考察乡村学校,1927年与东南大学的赵叔愚一起创办晓庄乡村师范学校,立志要"为乡村创立一百万所学校,改造一百万个乡村",1931年10月创办山海工学团开始新的乡村教育改革试验。又如,无产阶级教育家王衷一(王哲)1925年从

---

① 孙培青,杜成宪.中国教育史(第三版)[M].上海:华东师范大学出版社,2009:352.
② 梁燕波,王晨.近代中国的留学教育及其影响[J].山西师大学报(社会科学版),2005(3).
③ 周洪宇.全球视野下的陶行知研究(第7卷)[M].北京:北京师范大学出版社,2015:168.

北京大学毕业后到苏联莫斯科中山大学留学,受苏联革命影响并翻译了几本介绍革命情况的著作,但 1927 年 4 月回国后因为传播进步激进思想而被迫辞去北京大学的教职,于 1931 年 9 月至 1936 年底到山东的莱阳乡村师范学校担任教务主任。他在《教育心理学》《农村经济》等课程讲授中,糅进辩证唯物主义和政治经济学等内容来宣传革命思想,并在课外组织学生成立读书会、阅读进步书刊、办黑板报等,从而使这个乡村学校成为一个革命思想的学习中心,也充分实现了该校"造就乡村的良好小学教师"的办学宗旨。[①] 尤其是 20 世纪二三十年代兴起的乡村复兴思潮和乡村建设运动,促使大批归国留学精英奔赴广大乡村,担任乡村教师,试图通过乡村教育的改良促进乡村社会和整个中华民族的振兴。他们以新的时代精神承担乡贤的职责,维系乡村社会的持续运转。

(二) 清末至民国时期乡村教师乡贤角色的担当

清末至民国时期的乡村教师,在社会生活中担当乡村民众智识的启迪者、乡村社会建设的推进者及乡村革命思想的传播者之角色,在启迪民众智识、改造乡村社会、传播革命思想、促进国家进步方面发挥着特殊的社会功能。

1. 乡村民众智识的启迪者

乡村教师作为乡村稀有的"文化人",承载启迪乡民智识的社会功能。"教师的责任,并不是单单教好几个小朋友,办好一个学校就算完了的","其所以与普通乡人之区别处,就是知识比较高一些,感觉力灵敏些,在知识方面是'先知先觉的分子',因而处处有督摧乡民前进的责任和引导的责任。"[②] 清末民初的乡村教师常常以自己的知识服务乡民,他们乐于在业余时间为乡民提供力所能及的文化服务。除了最基本的识文断字,"替村人写书信,办喜事礼帖,做他们的临时秘书顾问"[③]之外,"当耕种的时候,你能告诉他们怎样下种、施肥;有人要开铺子的时候,你可以告诉他,广告怎样做才能

---

① 张霞英,车丽娜. 民国时期乡村教师的社会角色研究[J]. 当代教育科学,2016(11).
② 志超. 乡村教师之责任是什么[J]. 农村月刊,1930(13).
③ 张巩伯. 乡村教师的生活[J]. 民众周刊,1934(37).

引人注意;对妇女谈怎样理家,怎样教养小孩,吃什么又省钱,又养身体,怎样裁衣服才能省布,而且适体。或者在她们有工夫的时候,教她们一点切于实用的手工,诸如此类的事"①。在20世纪二三十年代轰轰烈烈的乡村建设运动中,不少乡村教师接受了新的文化知识,学习各种生产和生活技能,并利用自己的专长来服务乡村民众。"在乡村教育派眼里,乡村教师作为乡村里稀有的文化人,无可置疑地是乡村精英和乡村领袖,理应承担更多的社会责任。其社会角色绝不仅仅是一个局限于课堂和校园、整天面对儿童的教书匠,而应该是面向所有乡村事业和所有乡村民众。"②譬如,有些乡村教师积极向乡民宣传卫生常识,推行卫生教育,提高乡民的卫生意识,使乡村的卫生事务有了较大改观;有的更不遗余力地普及先进的农业生产技术,增加农产品产量,造福当地百姓;有的则以身示范,主动办起中心农场,亲自为乡民验证收种成绩,引导他们转变旧观念,接受新的农业知识,尝试新的播种和栽培技术。③ 这个时期的乡村教师除了以自身的文化知识和一技之长服务乡民以外,还积极开展社会教育,担当"民众导师",教化乡民,致力于乡村文化的改造和乡村文明的改进。这个时期全国各地民众教育广兴,民众教育馆、大众讲演所、平民夜校和乡农学校等民众教育机构陆续建立。这些机构所需师资很大部分也是由一些有名望的乡村教师兼任。其中,全国各地平民夜校的创办对乡民教育发挥了重要作用。平民夜校的教学方法灵活多变,教学内容也贴合乡民的现实需求,注重与生活实际相联系,有助于乡民接受,因而广受乡民欢迎。有教员如此描述当时赴平民夜校授课的情景,"白日教儿童,夜间则挟干粮,前往各村,开课讲演,述古人之嘉言懿行,教数算;再谈村事县事国事,提灯走时,村民欢送,依依不舍……"④也有一些乡村教师组织乡民开展读书会,"五时起身,五时半大家便夹着书搬着凳子,到沿池的柳阴下开读书会,大家看的书尽可随便,坐的地方也可随意,只是在到六点钟的半小时内,大家不许开口,否则便须罚铜板一枚"⑤。通过相互督促的方

---

① 文子.乡村学校教师教课以外的义务[J].民众周刊,1933(19).
② 姜朝晖.民国乡村教师社会角色研究[M].北京:人民出版社,2016:79.
③ 吴成材.乡村教师劳动生产服务一例[J].进修,1941(12).
④ 王怡柯.乡村教师救国论[J].教育与职业,1933(1).
⑤ 华洪涛.一个乡村小学教师的十四封信[J].地方教育,1930(13).

式,乡民的学习热情日渐高涨,有的甚至还诚恳地请求乡村教师指导他们认字读书,乡村教师对于这般主动好学的乡民更是欣然教之。此外,有些地方的乡村教师还开办茶话会、恳亲会、家庭访问和成绩展览会等,可以趁机向乡民介绍一些校务设施、文学常识以及国内外时势,也可以向乡民传授一些新的教育观念,"使他们明了学校与家庭的关系,使他们渐知亲近学校"。① 这些强化家庭与学校合作的做法,在很大程度上拉近了教师与民众之间的距离,提升了民众的文化素养和教育观念。② 中国共产党很早就注意到乡村教师在乡民智识启迪中的地位和作用。"为着发展我们的乡村工作,我们应当首先注意于在乡村智识比较进步而有领袖地位的乡村教师,提高他们的觉悟程度,介绍他们加入我们的团体。"③ 抗日战争时期,毛泽东主张"用教育来支持抗战"。早在抗战初期,洛川会议制定的《中国共产党抗日救国十大纲领》中,就明确提出了抗战时期教育的基本政策即"改变教育的旧制度、旧课程,实行以抗日救国为目标的新制度、新课程"。④ 由于根据地文化服务的对象主要是农民,因此文化建设必须要从农民的实际需要出发,面向农村,服务农村。主要表现为在根据地开展冬学、识字班等成人教育和普及农村小学教育。于此,大量乡村教师参与到根据地文化建设当中,致力根据地乡民智识启迪,为抗战的胜利和根据地建设提供重要的文化支持。

2. 乡村社会建设的推进者

乡村教师作为整个乡村社会知识的代表,在乡村社会中既要担起开启民智、化民成俗的重任,又要肩负处理乡村事务、建设乡村制度的义务。"乡村教师一方面是学校儿童的指导者,同时又是乡村民众的指导者;他所负的职责,不仅是要谋学校教育的革新,并且要谋社会的进步。"⑤尤其是20世纪二三十年代的乡村建设运动中,乡村教师

---

① 鸡肋.乡村小学教师生活的回忆[J].民众周刊(济南),1933(43).
② 吉标,刘擎擎.民国时期乡村教师的乡贤精神探微——基于民国乡村小学教员的自我叙事[J].教师发展研究,2019(2).
③ 中央档案馆.乡村教师运动决议案[A].中共中央文件选集:1921~1925(第一册)[C].北京:中共中央党校出版社,1989:541.
④ 毛泽东.毛泽东选集(第2卷)[M].北京:人民出版社,1991:356.
⑤ 胡家健.乡村学校教师问题[J].教育杂志,1928(4).

被寄予莫大的希望。"乡村学校是改造乡村社会的唯一中心。乡村教师对于社会改造的一切活动应负着领导和提倡责任。"①"在乡村教育派眼里,一个合格的现代乡村教师绝不应只是一个单纯的教书匠角色,而应该成为一个具有全面综合素质的知识人;他身上尤其应该体现出知识分子的公共性与教师专业性的统一,能够凭借自己的智识,成为引领乡村社会各项事业发展的动力源。"②陶行知先生认为乡村教师应该:"第一要有农夫的身手,第二要有科学的头脑,第三要有改造社会的精神。"③当时有人提出,在乡村建设中村长是乡村的社会领袖,对此观点有人进行了坚决地批评,他们认为,实际上村长在乡村社会中的作用比不上小学教师。"乡村小学教师,无论在地域上、环境上和做事的方便上,农民之信赖上,都是很好的乡村运动的中心。"④1927 年,陶行知创办了中国第一所乡村师范学校——南京晓庄师范。他从家庭兴衰、村运成败方面强调师范教育的重要性。他认为"三家村"或"五家店"办起一所小学校,学生少则一二十人,多则一二百人,老百姓便不知不觉地把整个家运交给小学教员,小而言之,全村之兴衰,大而言之,全民族的命运都操在小学教员的手里。⑤ 陶行知的这一观点也是他兴办师范教育的办学宗旨,是对师范生的期望和要求。他提出立志"要征集一百万个同志,创办一百万所学校,改造一百万个农村"。他"深信平民教育一来,这个四通八达的社会不久就要降临了"⑥。"乡村教师怎样才算好……他足迹所到的地方,一年能使学校气象生动,二年能使社会信仰教育,三年能使科学农业著效,四年能使村自治告成,五年能使活的教育普及,十年能使荒山成林,废人生利。这种教师就是改造乡村生活的灵魂。"⑦乡村师范教育的根本宗旨是"培养乡村儿童和人民所敬爱之导师",

---

① 胡家健. 乡村学校教师问题[J]. 教育杂志,1928(4).
② 姜朝晖. 民国乡村教师社会角色研究[M]. 北京:人民出版社,2016:78—79.
③ 《陶行知系列研究》江苏课题组. 论陶行知师范教育思想[M]. 南京:江苏教育出版社,1991:76.
④ 陈新,曾耀荣. 中央苏区文化建设中乡村学校和教师地位分析[J]. 江西师范大学学报(哲学社会科学版),2014(5).
⑤ 陶行知. 陶行知文集[M]. 南京:江苏教育出版社,1986:241.
⑥ 陶行知. 陶行知文集[M]. 南京:江苏教育出版社,1986:65.
⑦ 陶行知. 陶行知文集[M]. 南京:江苏教育出版社,1986:216.

使他们具有"健康的体魄,农人的身手,科学的头脑,艺术的兴味,改造社会的精神"①。乡村教师要具有高度的社会使命感和责任感,具有改造社会的精神、毅力和决心,并运用教育的力量指引帮助乡民为改造旧农村、建设新农村、创建新中国而团结奋进。梁漱溟先生也对乡村教师的公共性质作了深刻的解释:"知识分子下乡以后,才觉得教育不是孤立的,不是可以唱独角戏的,它非联合政治、经济、社会各种力量,否则不易奏效;所以主张'政教合一'或'富政合一',而将教育的范围扩大起来。"②诚如他在《山东乡村建设研究院设立旨趣及办法概要》一文中所言:"在都市过剩的知识分子,好像没用,然而下到乡村来,其作用自现。即使最无知识能力的,在乡间至少也有两种伟大作用:第一种作用,好比为乡村扩增了耳目;第二种作用,好比为乡村添了喉舌。如果不是回来做土豪劣绅,图占乡间人的便宜,则我想此两种作用是一定可以见出的。尤其是回乡的人多了,此作用则必然发生无疑。果真除得几分乡村人的愚昧,果真乡村人受到祸害能呼喊出来,中华民族前途便有了希望,乡村建设便算成功了一半。其作用还不伟大吗?若是较有能力的知识分子,其在乡间将见出第三种更进一步的作用,那便是替乡间谋划一切建设事宜,好比为乡村添了脑筋一样。"③因此,20世纪二三十年代的乡村教师不仅作为乡村教育改革的主要动力直接参与了乡村教育运动,而且肩负推进社会之责,间接参与了乡村社会建设运动,寓事于学,为乡村建设运动做出了自己的历史贡献。④抗日战争爆发后,乡村教师更突破了自身的职业功能,积极参与根据地的大生产等各项乡村社会活动,其在乡村行使的社会职能和所充当的角色在一定程度上延续继承了传统乡贤的角色。

3. 乡村革命思想的传播者

清末民初积贫积弱的社会现实对乡村教师的社会认知产生了重要影响,他们作为乡村知识分子的代表,对乡民凄苦悲惨的生活深感痛心,对未来乡村社会的发展道路

---

① 陶行知.陶行知文集[M].南京:江苏教育出版社,1986:163.
② 徐辉,黄学溥.中外农村教育的发展与改革[M].重庆:西南师范大学出版社,2000:11—13.
③ 梁漱溟.山东乡村建设研究院设立旨趣及办法概要[J].村治,1930(11).
④ 邓晓莉.民国时期乡村教师文化的流变与选择[J].教育观察,2018(14).

深感忧虑。他们深明大义,在接受五四新文化和学习外来文化的过程中为乡村社会寻找出路,在乡村社会的发展中极力承担起时代赋予的救亡图存的历史使命。许多乡村教师在教书育人的同时,为乡村社会开创先进社会风气,极力播散革命的火苗和先进的思想。他们及时地传达先进的思想,用自己的实际行动改变着周围人的价值观念,他们甚至动员与发动农民,组织建设社会革命团体,很多地方的第一个党组织是由乡村教师组织建立的。早期的党员和进步知识分子中很多人出生于乡村,对乡村熟悉而有感情,他们首先从自己熟知的同学、朋友、乡民开始,加强与他们的接触,利用革命思想教化他们,发展乡村的党组织,开展乡村的革命活动。他们是乡村社会最早接受马克思主义思想和无产阶级革命理论的一批人,他们利用生活中与乡民的接触之际将共产主义这一意识形态转化成通俗易懂的语言文字,结合乡民的生活实际,以喜闻乐见的形式来宣传革命思想。因此,他们成为20世纪二三十年代中国革命在乡村引路人或革命之火的普罗米修斯。尤其是许多乡村师范学校成了进步知识分子的渊薮,他们以课堂为讲坛,向学生传播改良和激进、甚至革命的思想观念。他们公开讲授《辩证唯物主义》《历史唯物主义》《社会发展史》等宣传马克思主义的课程。许多师范学校因此成了改革者和革命者的培训基地。许多未来的乡村教师就是在师范学校从他们老师那里接受了最初的革命思想的洗礼。课堂里的主义和课外的进步读物相互激荡,很容易在早就心怀不满的学生中引起共鸣,并使他们对社会现实的认识从感性的层次迅速上升为革命的意识形态。① 他们从乡村师范的学员到乡村小学教师,随着对现实不满的加深,再加上中国共产党革命中心转移到乡村,很容易把革命思想引进革命群众心中,并亲自付诸实践。他们的革命活动主要有宣传革命思想、培训革命群众、主持农运工作、参加革命战争等。以余范文等人为代表的乡村教师将知识教学与思想教育融为一体,在传授科学文化知识的同时,将进步思想融合到课堂教学实践中,以乡村学校为阵地,极力播散革命思想。党组织的建设也充分利用了乡村教师得天独厚的便利条件。"革命知识分子在中共势力渗透到农村并在农村中建立党组织的过程中起到了主

---

① 李里安. 从1931年改为乡师后五年来毕业统计[J]. 乡村改造,1936(5).

导作用,并且在这个过程中是通过教师这一职业作为渠道和农民进行沟通,然后在他们当中进行革命宣传,发展党员,并建立组织。"① 在很多地方,正是乡村教师建立了当地第一个党支部,在农民中最早宣传了革命的思想,并在乡村开展了最早的革命活动。抗日战争爆发后,一些乡村教师联合广大乡村民众,凝心聚气,构筑统一战线,共同抗战,成为民族的希望。但环顾当时的社会形势,乡村民众大多知识匮乏,不了解国内国际的政治局势,"乡村信息闭塞,占全国最多数的农民,因为知识简陋,什么西安事变、卢沟桥战役,他们也不知道。因而,唤醒农民也是当前最重要的工作"②。乡村教师"正可借此加以诱导,使乡民对时局的演变,国势的危殆,政府救亡图存的努力有相当之认识而发生爱国团结的情结"。在政府引导和各界有识之士的呼吁下,一些有抱负的乡村教师怀着强烈的使命感,在坚守教育岗位的同时,积极进行思想教育和抗日宣传。"许多优良的小学教师,就是化导国民,转移风俗和复兴国家的干部人员,他们的力量,真不在冲锋陷阵的将士之下。"③ "推动社会这个大车轮,向前迈进,小学教师的力量最大,因为小学教师分布得最普遍,与下层社会最接近。这是大家一致公认的。在国难紧迫的今日,小学教师的动向,却把握着整个民族存亡的关键。"④ 乡村教师中的一些优秀分子在国难和民族危亡时刻挺身而出,他们心系国家安危,胸怀民族大义,积极追求进步,成为革命火种的传播者和革命事业的推动者。⑤

(三) 清末至民国时期乡村教师乡贤角色的特征

清末至民国时期的乡村教师在对乡村学童进行启蒙教育的同时,还积极担当乡贤角色,彰显独有的时代特征。他们投身到艰苦的乡村工作环境里,抱有执着的教育信

---

① 丁留宝.乡村教师:乡村革命的播火者——以安徽农村党组织建设为例(1923~1931)[D].上海:上海师范大学,2007:52.
② 谢鹤松.非常时期的乡村小学教师的几种任务[J].更生,1937(8).
③ 孙廷莹.国家兴衰与小学教师[J].师大月刊,1936(29).
④ 任福山.小学教师的精神陶练[J].基础教育月刊,1936(11).
⑤ 吉标,刘擎擎.民国时期乡村教师的乡贤精神探微——基于民国乡村小学教员的自我叙事[J].教师发展研究,2019(2).

念;他们沉浸于乡土氤氲之中,展现出服务桑梓的乡土情怀;他们在烽火硝烟的战乱年代中,迸发出热爱祖国、参与革命的家国情怀。①

1. 坚守信念

教师信念是指教师在对自己所从事的职业有了一定认识的基础上在自我人生价值追求方面所产生的坚信不疑的态度,它是通过教师对实现自我人生意义和价值选择的判断而确立的,决定教师人生的价值追求和自我理想。它是教师人生的精神支柱,决定着教师的工作态度。它是使教师摆脱纯粹物质功利的诱惑,使平凡工作得以升华,变得更有意义的关键所在。它是教师所拥有的不计较物质报偿而积极热情地投身事业追求的精神支柱,正是由于这种精神支柱的撑扶,教师书写着自己平凡而又伟大的人生。② 陶行知先生曾经对教师职业特征做过这样的分析:"教育者应当知道教育是无名无利且没有尊荣的事。教育者所得的机会,纯系服务的机会,贡献的机会,而无丝毫尊荣可言。"③亦即,教师职业是服务与奉献的职业,是无名无利也无炫耀资本的职业,"捧着一颗心来,不带半根草去"是教师职业的真实写照。因而,选择这一职业并无怨无悔地坚守自己的信念,便是一种伟大精神的展现。④ 正是对自己信念的坚守,方能显示伟大,方能迈向卓越。叶澜教授曾言:"卓越教师的成功首先涉及教师的教学信念,教师一般总是有自己的信念体系,它可能是从自己教学实践经验中逐渐积累形成或由外界直接接受而来的教育观念,也可能是经过深思熟虑并富有理想色彩的教育理念。"⑤这种信念由生命内在的良知、激情、灵感、创造等非理性的因素构成,而不是来自外在的理性规约。拥有执著教育信念的教师能够以一个朝圣者的热情追求卓越,追求人生价值和自我理想的实现。黄炎培、陶行知、梁漱溟、晏阳初等仁人志士,面对当时国家内忧外患,民族风雨飘摇,人民生活极度困苦,用自己的青春和热血践行着一代知识分子强烈的忧患意识和忠贞的爱国热忱。他们放下优厚的工作待遇和安逸的

---

① 徐继存,高盼望.民国乡村教师的社会形象及其时代特征[J].教师教育研究,2015(4).
② 肖正德.基于教师发展的教师信念:意蕴阐释与实践建构[J].教育研究,2013(6).
③ 华中师范学院教育科学研究所.陶行知全集(第1卷)[M].长沙:湖南教育出版社,1984:256.
④ 叶澜,白益民,王枏,陶志琼.教师角色与教师发展新探[M].北京:教育科学出版社,2001:88.
⑤ 叶澜,白益民,王枏,陶志琼.教师角色与教师发展新探[M].北京:教育科学出版社,2001:231.

生活环境,走出书斋,到艰苦的乡村工作,指导乡村社会改造,推行各种重建乡村活动,进而引起中国社会大变革。① 他们以"拯救国家于危亡"作为生命价值和人生意义实现的根本途径,情怀不可谓不高远,意志不可谓不坚定。他们所持有的教育理念虽不同,但都拥有执着的信念:对教育的价值怀抱理想主义的期待,对教师职业有着神圣的自尊感,对教育对象和乡村生活充满热爱,重视教育改造社会的功能,赤心启迪乡民智识,躬身改造乡村社会,舍身传播革命思想,积极担当乡贤角色。

2. 矢志爱国

古代士人把参与国家政治和社会治理视为自己的理想"天职",把"治国平天下"当作崇高的理想。他们关心社会现实,在国家、民族危难之时挺身而出,甚至从容赴国难,视死忽如归。"无求生以害仁,有杀身以成仁",体现了知识分子应有的社会责任感和献身精神。清末至民国时期的乡村教师在国家破败危难和民族生死存亡之秋,弘扬爱国之情,树立报国之志,承担强国之责,自觉踏上时代的征程,履行时代赋予的文化使命,大力弘扬爱国主义传统,激发忠贞报国的民族情怀,增强挽救民族、振兴国家的使命感和责任感,使爱国奉献真正成为自己的核心价值追求和自觉行动②,毅然投身教育救国之列。在20世纪20年代,从师范学校走出来的乡村教师因在校期间接受了激进思想的熏陶感染,革命思想的种子已在他们心中已默默生根发芽。面对阶级压迫,他们不满于现状,萌生了改造现实的念头,有的乡村教师甚至已被共产党组织所吸纳,他们基于共同的革命信仰而团结走到了一起。今人刘昶在《革命的普罗米修斯:民国时期的乡村教师》一文指出,民国时期在很多地方是乡村教师建立了当地第一个党组织,最早在农民中宣传了革命的思想,并在乡村开展了最早的革命活动。据估计,中共早期乡村党组织有70%~80%是由乡村教师创建的。如果这个估计不错的话,我们就可以确定乡村教师充当了中国革命中这个普罗米修斯的角色。③ 大革命失败以后,全国陷入一片白色恐怖之中,河南的革命运动和力量几乎损失殆尽,但在20世

---

① 杨伟宏,惠晓峰. 20世纪二三十年代乡村建设运动的启示[J]. 探索与争鸣,2009(10).
② 肖正德. 乡村振兴所需人才培养与大农村教育体系构建[J]. 新华文摘,2021(13).
③ 刘昶. 革命的普罗米修斯:民国时期的乡村教师[J]. 中国乡村研究,2008(13).

纪 30 年代初,以乡村为中心的革命运动如火如荼地开展起来,并很快呈燎原之势,如鄂豫皖革命根据地、冀鲁豫革命根据地、中央革命根据地的一部均在河南。抗日战争时期,冀鲁豫抗日根据地、大别山抗日根据地等的一部也均在河南。在如此短的时间之内,河南的革命运动在广大乡村从几近停顿到燎原之势,使我们不能忽视河南乡村教师中革命者或革命领袖们进行的长期艰苦卓越的斗争。他们主要是由乡村师范的学员和乡村小学教师组成,他们的活动基地主要在乡村师范学校。又如山东抗日根据地乡村教师通过妇女识字班、儿童团、冬学等组织活动,向乡民传输抗战思想和时事教育,动员乡民参军拥军,帮助根据地政府征收救国公粮,成为动员乡民参军拥军,联系军民关系的桥梁和纽带。他们在乡村不只是传统意义上的小学教师,还是根据地民主政权建和抗日活动必不可少的一分子,基本上乡村所有的政治活动都有他们的身影,而且在其中起着重要的引导与推动作用。在乡民中间获得了很高的威信,是村政干部之一。抗日战争期间一些乡村教师不畏艰险、不怕流血、牺牲,所表现出的家国情怀令人敬佩。①

3. 情系桑梓

爱国之情与报国之志根植于质朴的乡土情怀。由乡土而国家,由爱乡而爱国,铸就家国情怀。有识之士早在百年之前便疾呼"爱乡心者,爱国心之母也"。清末至民国时期的乡村教师情系桑梓,将热爱祖国与热爱家乡高度统一起来,将爱国之情与报国之志沉浸于乡土氤氲之中,将自身建功立业的理想和抱负置于乡土情怀滋润之下。其一,对乡村儿童怀有真挚之爱。尽管这个时期乡村学校的教学条件普遍艰苦,但乡村教师守望着三尺讲台,乐于给乡民子弟传授知识。他们拥有热爱乡村教育以及热爱乡村儿童的一种"乡村感",并在"乡村感"的催化下促使他们在教育教学中具有炽烈的情感和充沛的动力,将自己的心血、才智、温馨和激情凝聚在对乡村儿童的关爱中,点亮一双双呼唤未来的眼睛,塑造一个个美好、健康的心灵,引导乡村儿童学习知识、发展

---

① 徐继存,高盼望.民国乡村教师的社会形象及其时代特征[J].教师教育研究,2015(4).

能力、健康成长。① 其二,对乡村民众怀有赤子之心。教育儿童是乡村教师的天生职责,但是他们的使命不仅在于教育儿童,而且还以一区或一乡的全体乡民作为施教对象,进行卫生宣传,使人们注意卫生;举行各种社交活动,提倡正当娱乐;经常进行科学知识的演讲,破除乡民的迷信思想,改善乡村社会风气;传播新的农业知识,提高乡民的生产技术水平,所有这些提高乡村文化事业的职责,都需要乡村教师来承担。② "乡村教师一方面是学校儿童的指导者,同时又是乡村民众的指导者;他所负的职责,不仅是要谋学校教育的革新,并且要谋社会的进步。"③他们深植乡土,记住乡愁,加强与乡民的日常对话与接触,拉近彼此间的距离;加大对乡民生活、生产的关心与呵护,表达对乡民的一片赤子之心。他们具有其特定的文化身份,并且在与乡民的休戚与共、和谐生活中,促使自身与乡村文化愈来愈亲近,与乡土社会浑然一体,相依相存。他们享受着内心深处这份皈依自然、扎根乡土的恬淡乐趣,使得浓郁的乡土气息由内而外弥散于全身,并将纯真质朴的情怀寄守于乡村,希望在自然朴实的乡村生活中体验乡土文化固有的魅力。④ 其三,对乡村社会怀有深沉之情。乡村教师生于斯、长于斯,其生活中已经蕴含了浓厚的乡土情怀。他们在辛苦劳累却有条不紊的教学之后,还要为乡民的争吵进行评判、说和,为村中文盲代写书信,代写村中公事、呈文,有时还要陪着乡民闲谈至深夜,等等。在困难重重的清末至民国时期的乡村,如果说规章制度、教育良心是他们在乡村坚守的外在规约,那么留住教师的则是发自他们内心的乡土情怀,源于他们对家乡深沉的爱。⑤ 总之,这个时期乡村教师已经突破了自身的职业功能,积极参与乡村社会的各项活动当中。作为乡村社会主要的知识分子,其在乡村行使的社会职能和所充当的角色在一定程度上延续继承了传统乡贤在乡村社会的角色。

---

① 肖正德.乡村振兴所需人才培养与大农村教育体系构建[J].新华文摘,2021(13).
② 陈礼江.乡村教育及民众教育[M].南京:正中书局,1938:78—79.
③ 胡家健.乡村学校教师问题[J].教育杂志,1928(4).
④ 张霞英,车丽娜.民国时期乡村教师的社会角色研究[J].当代教育科学,2016(11).
⑤ 高盼望.民国乡村教师生命形态探微[J].教师发展研究,2017(2).

三 新中国成立至社会主义建设时期乡村教师的乡贤角色考察

1949年新中国成立后,为了迅速改变文化落后的面貌,满足人民群众受教育的需求,培养国家建设人才,我国兴起大办教育的热潮。在这过程中,国家大力推行扫盲运动,普及乡村教育,大量培养适应与服务于新中国农业发展、农村建设的人才,于是国家加强师范教育,为乡村学校培养了大量师资。但由于财力不足及其他因素制约,国家采取了集体办学、以民教民的"两条腿走路"办学方针,于是民办教师应运而生,并随着发展逐渐挑起农村基础教育和扫盲教育的大梁。另外,"文革"前夕,掀起了知识青年"上山下乡"运动,许多下乡知识青年既蹲田头参加生产劳动,也进乡村学校课堂进行教学。本部分在考察新中国成立至社会主义建设时期乡村教师的结构来源的基础上,分析了乡村教师在这个时期担当的乡贤角色及其特征。①

(一) 新中国成立至社会主义建设时期乡村教师的来源

新中国成立后,为了迅速改变落后的教育面貌,培养大批适应新中国建设的人民教师成为当务之急。国家主要通过整顿、恢复和加强师范教育,系统培养师资队伍,师范院校毕业生成了乡村学校的文化精英。随着学校教育的普及,各式学校的建立,原有的师资培养体系短期内难以满足现实需要,师资缺口日益加大,于是各地招收民办教师充任乡村教师队伍以"应时代之需"。另外,在上山下乡运动中,一批知识青年在乡村参加生产劳动的同时,也担任了乡村学校的教学任务。这一时期,乡村教师队伍主要由师范院校培养的文化精英、"应时代之需"的民办教师和上山下乡的知识青年三类人员组成。

1. 师范教育培养的文化精英

乡村作为社会主义社会的重要行政单位,对社会的全面发展有着重要意义,因此,

---

① 谷亚,肖正德. 我国乡村教师乡贤角色的百年嬗变[J]. 教育研究与实验,2021(3).

重视乡村人才培养,努力为乡村学校培养师资,成为我国师范教育尤其是中等师范教育发展的一个鲜明特点。1951年9月,第一次全国师范教育会议明确了中等师范学校的调整及设置原则,提出了中等师范学校要面向农村、服务工农的要求。① 1952年7月,《师范学校暂行规程(草案)颁布实施》,明确了中等师范教育的培养目标、学校设置、课程设置等一系列相关内容。由于建国初期,对基础教育师资的需求量较大,同年,中华人民共和国教育部出台《关于大量短期培养初等及中等教育师资的决定》,提出以短期训练为主要培养方式,快速培养师资以满足中小学发展对师资的需求,鼓励内地教师和师范院校的毕业生到少数民族地区、边疆地区和农村地区从事教育工作。此后,中等师范学校一直承担着为我国农村地区培养师资的任务,坚持为农村教育(生产劳动)服务。② 然而这种短期快速的师资培训方法,造成了初级师范学校的迅速膨胀,各种资源设备严重不足,最终导致中小学师资质量低下。针对上述情况,中华人民共和国教育部从1953年起,开始对师范学校进行调整。③ 自此,我国的中等师范教育形成了办学方针明确、教学计划稳定,具有一整套行之有效的规章制度的规范体系。截止到1956年,全国共有中等师范学校598所,学生273 417人,其中中级师范学校509所,学生234 558人,占全国教师总数85.79%;初级师范学校89所,学生38 859人,占全国教师总数14.21%。④ 1957年后,伴随着大跃进、教育大革命的爆发,为响应"县县办师范"的号召,以河南省为例,中等师范学校从1957年的35所增至1960年的130所,增长至3.71倍。⑤ 这种爆发式的增长,虽然带来了中等师范学校数量上的飙升,但办学质量下降,学生从教能力低下也成为了不可避免的结果。之后这种趋势愈演愈烈,尤其在《教育部关于1958学年度中等师范学校教学计划的通知》以及1960年

---

① 何东昌. 中华人民共和国重要教育文献[M]. 海口:海南出版社,1997:115.
② 邹奇,苏刚. 建国后我国农村教师政策变迁及应然走向[J]. 东北师大学报(哲学社会科学版),2016(1).
③ 霍东娇. 中国百年师范教育制度变迁研究[D]. 长春:东北师范大学博士学位论文,2018:51.
④ 中华人民共和国教育部计划财务司. 中国教育成就:统计资料(1949～1983)[Z]. 北京:人民教育出版社,1985:147—149.
⑤ 中国教育年鉴编辑部. 中国教育年鉴(1949～1981)[Z]. 北京:中国大百科全书出版社,1984:994.

在河南新乡召开全国师范教育改革座谈会后,达到了高潮。① 1961年,中华人民共和国教育部在全国师范教育工作会议上明确提出,"农村师范学校应该向学生多讲授一些农业生产知识和党对农村工作的各项重要政策。师范生在农村当教师,就要成为农村的知识分子,在教学之外,还要接近农村生活,对农村有所贡献,成为对农村有用的知识分子"。② 然而这种相对稳定的发展格局并没有维持很久,1966年,文化大革命开始,中等师范教育遭到破坏。据统计,截止到1969年,全国中等师范学校有373所,虽仅比1965年减少了21所,但在校学生数比1965年的155 004减少了90%,仅剩15 234人。③ 1976年,文化大革命宣告结束后,中等师范教育才开始得以恢复并重新发展。综上,新中国成立至社会主义建设时期,虽然我国的中等师范教育在曲折前行,但是为乡村学校输送了大量师资,师范院校毕业生成为乡村学校的文化精英。

2. "应时代之需"的民办教师

随着学校教育的普及,各式学校的建立,原有的师资培养体系短期内难以满足现实需要,师资缺口日益加大。在此背景下,民办教师这一我国特有的教师群体登上历史舞台。所谓民办教师,即受聘于国家或集体举办的普通中小学(义务教育机构),履行受聘职责,享受国家补助,由学校所在集体支付工资或劳动报酬,持有县级以上教育行政部门发放的"民办教师任用证",并承担部分其他劳动获得生活补贴的农村公民。④ 他们在国家或集体举办的普通中小学从事教育教学工作,由学校所在集体支付劳动报酬,持有民办教师任用证但却不属于国家工作人员,仍是农民身份。新中国成立后,为扫除"一穷二白"的落后面貌,国家鼎力发展教育。但由于财力不足及其他因素制约,国家采取了集体办学、以民教民的"两条腿走路"办学方针,于是民办教师"应时代之需"而产生。"为解决师资极度匮乏状况,中央提出'走群众路线,多想办法,做到多、快、好、省',采取志愿兵的办法组织革命的教师队伍。……教师来源主张就地取

---

① 霍东娇. 中国百年师范教育制度变迁研究[D]. 长春:东北师范大学博士学位论文,2018:51.
② 阮成武,李子华. 新中国农村教师培养制度:历史、现状与未来[J]. 高等教育研究,2009(10).
③ 何东昌. 中华人民共和国重要教育文献[M]. 海口:海南出版社,1997:1404—1405.
④ 王献玲. 中国民办教师始末研究[D]. 杭州:浙江大学博士学位论文,2005:1.

材,能者为师,并主张学校聘请回乡知识青年担当教师,不脱产,备课和上课时间补助工分。如上午参加集体劳动记工分,下午备课,晚上上课(晚班);或上午参加集体劳动记工分,下午上课,晚上备课(下午班)。"① 民办教师随着发展逐渐挑起农村基础教育和扫盲教育的大梁。1949 年中小学民办教师 13.3 万人,占当年小学教师总数的 12.6%,② 到 1977 年达到顶峰 471.2 万人,占当时中小学教师总数的 56%。③ 由于"大跃进"时期的盲目冒进和"文革"期间的随意发展,民办教师队伍虽然数量相当大,但质量混乱不堪,且文化水平参差不齐④,其中对民办教师有过初步整顿。改革开放之初,我国教师队伍中 1/3 为民办教师。1992 年 8 月,国家教委等联合下发了《关于进一步改善和加强民办教师工作若干问题的意见》,明确提出了解决民办教师问题的"关、转、招、辞、退"五字方针,加快了解决民办教师问题的步伐。2000 年完成合格民办教师转为公办教师的工作,结束了长期以来公、民办教师并存的状况,民办教师走完了风风雨雨 50 年历程。⑤ 民办教师是中国特定历史条件下形成的中小学教师队伍中重要组成部分,是农村普及九年制义务教育的一支重要力量。在长达半个世纪中,民办教师一直是我国乡村教育的主体。⑥ 他们为了中国乡村教育事业的发展,安贫乐教,无私奉献。他们大多生活工作在老、少、边、山、穷最清苦的乡村中小学里,在教学条件艰苦、工资待遇低下的境遇中,从事着最辛苦、最繁重的乡村教育工作,默默地奉献着自己的青年、壮年乃至一生。⑦ 他们的历史贡献,得到了党和国家乃至全社会的认肯。1994 年 8 月 22 日,全国优秀民办教师表彰大会在北京隆重举行,时任国务院副总理的李岚清讲道:"我国有几百万民办教师。长期以来,他们在十分艰苦的条件下,辛勤耕耘,无私奉献,为我国的教育事业做出了巨大贡献。"同日,时任全国人大常委会副委员长的

---

① 胡艳,郑新蓉.1949~1976 年中国乡村教师的补充任用——基于口述史的研究[J].北京师范大学学报(社会科学版),2018(4).
② 刘英杰.中国教育大事典(1949~1990))[Z].杭州:浙江教育出版社,1993:681.
③ 王献玲.中国民办教师始末研究[D].杭州:浙江大学博士学位论文,2005:2.
④ 孟旭,马书义.中国民办教师现象透视[M].南宁:广西教育出版社,1999:21.
⑤ 王献玲.中国民办教师始末研究[D].杭州:浙江大学博士学位论文,2005:2.
⑥ 王献玲.中国民办教师始末研究[D].杭州:浙江大学博士学位论文,2005:2.
⑦ 王献玲.中国民办教师始末研究[D].杭州:浙江大学博士学位论文,2005:3.

雷洁琼为民办教师题词:"农村教育的脊梁"。①

3. 上山下乡的知识青年

知识青年上山下乡运动是指20世纪50～70年代后期,为了消灭"三大差别",毛泽东号召"知识青年到农村去,接受贫下中农的再教育,很有必要"之后,大量的城市知识青年大规模地离开城市到最广大的农村定居并参加劳动,即"插队落户",以提高实践作用的政治运动。1956年1月,《一九五六年到一九六七年全国农业发展纲要(草案)》提出:"城市中、小学毕业的青年,除了能够在城市升学、就业的以外,应当积极响应国家的号召,下乡上山去参加生产,参加社会主义建设的伟大事业。"这一文件成为知青上山下乡开始的标志。1962至1964年,全国"上山下乡"的人员达98万余人。② 1968年12月,毛泽东下达了"知识青年到农村去,接受贫下中农的再教育,很有必要"的指示,上山下乡运动以更大规模展开。据《知青档案》统计,1968年至1978年间,全国上山下乡的知识青年高达1 623万人之多。"文化大革命"中知识青年上山下乡运动既是对20世纪50年代以来上山下乡工作的继承与发展,又始终带有"文化大革命"的"左"倾印记,给广大知识青年及其家庭带来了很大的不幸,使国家遭受了巨大的损失,成为重建教育秩序、开展"教育革命"的一个重要环节。③ 但是,"从动乱中走过来的一代青年,受到过毒害和创伤,也得到其他时期所得不到的磨练,他们所做出的贡献是不应抹杀的。……广大知识青年也把文化科学知识和城市的一些文明习惯带到了农村和边远地区,他们在普及农村教育、传播卫生医疗知识和实行科学种田等方面发挥了积极的作用"④。在普及农村教育层面,在上山下乡运动中,一批知识青年担任了农村的扫盲教员,很多农民因此摘掉了文盲的帽子,普及了农村教育,为后来农村以及中国的发展培养了一批人才。一批知识青年在乡村参加生产劳动的同时,也担任

---

① 杨太清.农村教育的脊梁——"健风杯"全国优秀民办教师评奖活动侧记[J].中国教育学刊,1994(5).
② 古土.建设社会主义新农村之一——中国共产党建设社会主义新农村的探索历程[J].中国党政干部论坛,2006(4).
③ 程晋宽."教育革命"的历史考察:1966～1976[M].福州:福建教育出版社,2001:272.
④ 程晋宽."教育革命"的历史考察:1966～1976[M].福州:福建教育出版社,2001:273.

了乡村学校的教学任务。这一时期为了促进教育与生产劳动相结合,乡村中陆续开办了半农半读学校。上山下乡的城市知识青年,一边劳动,一边在半农半读学校教书,①成为这一时期乡村教师队伍中的特殊群体。

(二) 新中国成立至社会主义建设时期乡村教师乡贤角色的担当

新中国成立初期,无论是在国家对乡村教育目标的厘定及对乡村教师社会角色的定位层面,抑或是乡村教师的自我认同和乡村社会的他者认同层面,这个时期的乡村教师是乡村社会中的文化精英,既拥有高于其他乡村成员的文化资本,又来自当地乡村,与乡民有着紧密的亲缘、地缘关系,②担当起重要的乡贤角色。但是,自1957年反右运动发起至1976年"文革"结束,乡村教师的乡贤角色就比较复杂。有的乡村教师不管风云如何变幻,胸中淡定不改,扎根乡村,固守清贫,传承教化,依然保持乡贤的风范;有的乡村教师所扮演的社会角色则属于政治考虑的要求和乡村社会的生产生活需求,他们被动参与到乡村事务之中,如写政治宣传标语、带领学生参加农业生产劳动等,他们扮演的乡贤角色带有明显的时代痕迹。

1. 农民教育的推进者

新中国成立伊始,全国人口的80%以上是文盲,其中绝大部分是工农及其子女。中等以上学校的学生中工农子女则更少。③ 于是,以《中国人民政治协商会议共同纲领》提出的"中华人民共和国的文化教育为新民主主义的,即民族的、科学的、大众的文化教育"为依据,国家确立了"教育为工农服务,为生产建设服务""学校向工农子女和工农青年开门"的教育方针。1950年9月20~29日,中华人民共和国教育部、中华全国总工会在北京联合召开第一次全国工农教育会议。会议研究了实施工农教育的方针及加强对工农教育的领导问题,并修订通过了6项加强工农教育的草案。之后,政务院于12月14日发出《关于举办工农速成中学和工农干部文化初习学校的指示》,中

---

① 李水山. 农村教育史[M]. 南宁:广西教育出版社,2007:18—19.
② 沈晓燕. 城镇化背景下乡村教师知识分子身份的式微与重构[J]. 教育发展研究,2018(2).
③ 方晓东,等. 中华人民共和国教育史纲[M]. 海口:海南出版社,2002:42.

华人民共和国教育部于1951年2月10日颁发《工农速成中学暂行实施办法》。该《办法》规定,工农速成中学的任务是招收参加革命或产业劳动一定时间且优秀的工农干部及工人,施以中等程度的文化科学基本知识教育,使其能升入高等学校继续深造,将其培养成为新中国的高级建设人才。从1950年到1954年,全国共创建工农速成学校87所,配备干部和教师3700多人,共招收学生67400人。[①] 乡村教师在工农教育中主要承担如下工作:一是参加农民业余补习教育,延续老解放区开大会、小组会、做报告、演戏和民歌等教育方法。另外开展冬学,利用农民冬季农闲,联系各地区和各村庄农民当前的具体斗争和工作,进行识字和政治教育。担任工农速成中学教师,引导优秀的农民青年和农民干部参加学习。[②] 1958年9月19日,《中共中央国务院关于教育工作的指示》中明确提出,推行半工(农)半读,建立两种教育制度。半工(农)半读就是在工厂举办工人学校,边学习边劳动。1958年夏,天津市首先在棉纺一厂进行试点。第一期招收130人,均为生产骨干、劳动模范并具有高小文化程度的老工人。采取6小时生产、2小时学习的方式,每周18个课时。通过三年半的学习,使之达到高中毕业文化程度。之后,又开办了两年制的半工半读学校。这些经验在全国推广以后,迅速得到了普及。到1958年底,全国半工(农)半读学校发展到2万多所,在校生近200万人。[③] 乡村教师在普通乡村中小学完成教学之余,兼任半农半读学校教师,为乡民提供农业生产和农业技术知识,发挥其乡村知识分子的优势,积极参加扫盲运动,大力推进农民教育。

2. 农民文化活动的组织者

新中国的建立,社会主义三大改造的完成,标志着中国进入了社会主义初级阶段。在社会精神文化领域,也需要摒弃以往封建的、压迫的、资产阶级的落后、腐朽、反动的文化,建立符合社会主义国家的新乡村文化。因此,这一时期的乡村教师主动投身到

---

① 李水山.农村教育史[M].南宁:广西教育出版社,2007:11—15.
② 钱俊瑞.当前教育建设的方针[A].何东昌.中华人民共和国重要教育文献(1949~1975)[C].海口:海南出版社,1998:17—25.
③ 李水山.农村教育史[M].南宁:广西教育出版社,2007:18—19.

移风易俗、建设适应社会主义国家的乡村文化运动中。"乡村教师积极组织文艺宣传队,移风易俗,改造乡村文化,成为夜校和宣传队的重要力量。他们利用业余时间教乡民学文化,学唱革命歌曲,编排具有思想内容的戏剧。课余时间,他们到村头做墙报、画漫画,宣传党的方针政策。在轰轰烈烈的农田水利建设和植树造林运动中,教师带领学生深入生产劳动第一线,采访好人好事,表演文艺节目。"①乡村教师利用自己文化方面的优势,组织各种乡民喜闻乐见的文化活动,在改造封建落后的旧文化,宣传党的政策、方针和思想的同时,积极在乡村精神文化建设领域发挥其社会功能,担当乡贤的角色。

3. 农业生产劳动的参与者

20 世纪 50 年代至 60 年代中期,国家通过土地改革、合作化以及人民公社化等重大政治举措实现了乡村社会中介领域的国家化和制度化,②加之对知识分子实行"团结、教育、改造"的政策,这一时期乡村教师乡贤角色作用的发挥源自政治要求和乡村社会的生产生活需求。许多乡村教师在完成学校教学任务和乡村扫盲及工农教育任务的同时,还积极响应国家号召"支援农业生产",与青年学生一起积极参与农业生产和农村建设。"学校则按农时放假(如春播假、夏锄假、秋收假),每到农假,教师就组织学生参加农业生产劳动。春天里,教师要带学生在田地里松土、捡石,为春播做准备;夏天要参加夏锄;秋天要参与收割,运送稻谷;冬天要拾粪施肥。"③在人民公社中,以生产队为其生活单位,乡村教师在完成学校教学任务的同时,以社员的身份参与生产劳动,或担任会计工作,为参与劳动的农民记工分等。乡村教师在支援农业生产和农村建设的劳动中,也增强了自身的劳动观念,践行了教育与生产劳动相结合的关系,实现了自我的思想改造。此外,乡村教师还利用自身智力优势,积极为乡村社会的生产生活提供公共服务。为了解决缺少现代科技知识的问题,乡村教师成为社队和乡民的义务电工、农机修理工,甚至医药顾问。他们帮助修理大队、公社的广播设备,帮助农

---

① 胡艳,郑新蓉.1949～1976 年中国乡村教师的补充任用——基于口述史的研究[J].北京师范大学学报(社会科学版),2018(4).
② 陈洪生.当代中国乡村治理中政府主导力量嵌入乡村社会的政治逻辑[J].求实,2006(7).
③ 胡艳,郑新蓉.1949～1976 年中国乡村教师的补充任用——基于口述史的研究[J].北京师范大学学报(社会科学版),2018(4).

家修理电灯、收音机,还帮助建立水电站。乡村教师为乡村社会引入与传扬较为先进的生产、生活方式。

4. 农村政治运动的盲从者

这一时期政治运动和政治斗争频繁,乡村教师作为知识分子,其政治定位也在不断变化。乡村教师也经常被迫卷入政治运动,参与政治斗争或成为被斗争对象。在困境中有的乡村教师坚守乡贤职责,服务乡村社会,但有的乡村教师盲目跟从政治运动,被卷入政治斗争的漩涡之中。文革期间,乡村教师沦为"臭老九",经常遭受政治迫害,社会地位极低。当时乡村教师的乡贤角色主要分为两种情况:一是因当地乡村社会受政治运动影响较小,有的乡村地区的教师所受冲击不大,乡民们依然会找乡村教师帮忙处理村中的一些事务,乡村教师本人亦以此在内心抵御外界的贬抑;二是因知识分子在当时被称为"臭老九",乡村教师被动参与政治运动,如写政治宣传标语等,[①]成为政治运动的盲从者。

(三) 新中国成立至社会主义建设时期乡村教师乡贤角色的评价

新中国成立后,基层政治组织的建立,打破了乡土中国固有的由"同意权力"和"教化权力"组成的权力结构,实现了国家政权向基层村落的渗透与控制。传统社会属于"自上而下的皇权统治"和"自下而上的绅权统治"并存的"双轨政治",国家权力的强势下移冲击了"双轨政治"的良性循环所维系的平衡。[②] 本作为国家与乡村社会中介的绅士如乡村教师,由维系乡村社会的主动者转而成为了国家政权在乡村的代理人。乡村教师这一传统乡村社会的绅士主动或被动地配合国家政权的政治活动,协助国家政权对乡村社会的改造。响应国家号召,实行自我改造,在当时的政治形势下发挥了乡村教师自身的优势和能力,服务乡村社会。积极参与普及乡村教育,担负扫除乡村社会文盲的重任。同时响应国家政治号召,参与乡村生产劳动,将教育与生产劳动相结

---

① 胡艳.泥土上的脚印——第二代乡村教师口述史[M].南宁:广西教育出版社,2018:62.
② 费孝通.乡土中国生育制度[M].北京:北京大学出版社,2004:24.

合。这一时期乡村教师乡贤角色的发挥开始进入以配合国家乡村建设和乡村教育政策为主,服务乡村更加有组织化和规模化。在参与集体组织的服务工作的同时,乡村教师也因人、因地、因时贡献一己之力。但是,现代学校制度有其自身的系统性和孤立性,加之国家政权对乡村教育的控制,乡村教师从乡村社会中逐渐脱离出来。"如禁止教师改行、调动工作、对教师职业形象的定型以及鼓励教师终身从教等政策,使教师职业表现出稳定性、隔离性,成为一个独特的受政府控制的社会阶层。"[①]乡村教师失去了与乡村社会的联系,沦为乡村社会的"边缘人"。这一边缘化的地位一直延续至今,极大地限制了乡村教师乡贤角色的自主发挥。另外,国家政权强势渗透到基层后,代替了传统的宗法势力。"四清"等运动消除"天地"神权的崇拜。数次社会运动对传统礼制进行了批判。"传统农村社会的结构性变革,导致乡村教师失去了原有教化名望的依托。历次社会运动对传统社会权威的批斗,则进一步消解了农村社会尊师的社会氛围。"[②]特别是在"文化大革命"时期,乡村教师的社会地位跌至谷底,且不断受到政治斗争的冲击,生存处境极其艰难。但是,这一时期的乡村教师仍积极参与半工(农)半读教学,或上山下乡,在完成学校教学任务的同时积极参与生产劳动,因时制宜地发挥了乡贤的角色。甚至在作为被改造对象,面临批斗和迫害,沦为"臭老九"时依旧坚守其职责,在困境中挺起乡贤的脊梁。当然,在这一特殊的政治环境下,也被迫卷入了反右倾、"文化大革命"等系列的政治运动中,一定程度上其乡村教师乡贤角色的扮演也带有"畸形"的时代色彩。

四 改革开放以来乡村教师的乡贤角色考察

1978年党的十一届三中全会的召开拉开了改革开放的序幕,社会政治、经济、文

[①] 张济洲.历史人类学视野下乡村教师的社会功能重释[J].鲁东大学学报(哲学社会科学版),2010(4).
[②] 周兆海.农村教师社会地位变迁及其深层致因——基于改革开放以来的总结与反思[J].河北师范大学学报(教育科学版),2016(2).

化等各领域发生了巨大变革。社会主义市场经济体制的确立,打破了城乡的隔离,城市对乡村巨大的虹吸作用使乡村社会发生巨大变化。一方面,乡土中国在市场经济因素和城市消费文化的渗透下发生深刻变化,随着城市化进程的推进,乡村社会开始向城市化的发展。另一方面,乡村人口向城市集聚,空心化严重,乡土中国原有的社会文化形态也随之空心化。在城市化进程推进一定阶段后,乡村社会的发展问题进入国家战略规划和实施范畴,社会主义新农村建设和乡村振兴战略的实施,乡村社会迎来新的发展阶段。乡村社会变革的同时,乡村教育和乡村学校也相应发生了剧烈的变化。处在历史浪潮中的乡村教师,其乡贤角色和其专业角色一并经历演变。①

(一) 改革开放初期乡村教师乡贤角色的复苏

改革开放之初,广大农村地区百废待兴。由于大部分乡民的文化水平依然有限,他们在日常生活、农业生产甚至乡村事务处理中依然需要乡村教师的参与和帮助,乡村教师的乡贤作用因此得到复苏。

1. 改革开放初期乡村教师乡贤角色复苏的背景

党的十一届三中全会通过的《中共中央关于加快农业发展的决定草案》,拉开了中国农村改革建设的序幕。这一时期的农村改革,以解放与发展农村生产力为中心。废除了计划体制下"政社合一""三级所有、队为基础"的人民公社体制,实行了"以家庭承包经营为基础、统分结合的双层经营体制"。② 调整与改善农村经济及农业结构,推进农村市场化改革,极大地调动了农民的积极性。废除人民公社后,建立了"乡政村治"社会政治模式。乡镇政府——代表国家行使行政管理权,村委会——代表村民使社会自治权,乡镇与村委会共同调控乡村社会秩序的"乡政村治"的双层权力结构体系。③

十年文革对乡村教育造成了严重破坏。乡村学校教学秩序混乱,合格教师匮乏,

---

① 谷亚,肖正德. 我国乡村教师乡贤角色的百年嬗变[J]. 教育研究与实验,2021(3).
② 夏森. 当代中国乡村文明建设研究[D]. 兰州:兰州大学博士学位论文,2011:133.
③ 夏森. 当代中国乡村文明建设研究[D]. 兰州:兰州大学博士学位论文,2011:134.

教学质量普遍低下。同时两种教育制度遭到破坏,大批中等专业学校和技术学校被迫停办,中等教育结构单一、教育结构同国民经济发展严重脱节。文革结束后,国家开始着力恢复与整顿乡村教育秩序,力图使乡村教育重回正轨,以促进乡村经济生产的发展,其重点是普及农村小学教育。1983年5月《中共中央、国务院关于加强和改革农村学校教育若干问题的通知》中提出了农村普及初等教育的基本目标,并强调改进农村小学的办学形式,使其灵活多样,要求小学教学内容联系农村生产、生活实际。同时国家开始改革农村中等教育结构,加强农民教育。1980年12月中华人民共和国教育部印发《全国农民教育座谈会纪要》强调继续加强对农民的扫盲教育和农业技术教育。1983年5月中共中央、国务院发布的《关于加强和改革农村学校教育若干问题的通知》指出:"各地要根据本地区的实际需要与可能,统筹规划,有步骤地增加一批农业高中和其他职业学校,除在普通高中增设职业技术课,开办职业技术班,把一部分普通高中改办为农业中学或其他职业学校外,还要根据可能新办一些各类职业学校。"实行普通教育与职业技术教育并举,全日制学校与半工半读学校、业余学校并举,国家办学与业务部门、厂矿企业、人民公社办学并举,能够满足农村经济社会发展需要和高中毕业生的升学需要。①

同时,党和国家也采取了系列措施提升乡村教师的社会地位。中共十一届三中全会之后,党和国家调整了知识分子政策的方向,由原来的"团结、教育、改造"转变为"尊重知识、尊重人才"。"在教育领域,政府通过各个教育部门评选优秀教师,大力表彰,宣传造势,教师的地位逐步提高,乡村教师也逐渐恢复了在乡村社会的影响力。例如,有些地区在落实知识分子政策的过程中,认为应该将尊师爱生写入乡规民约,同时为教师们提供直接参与政治、经济、教育、科技、文化等重要问题讨论的机会。"②

2. 改革开放初期乡村教师乡贤角色复苏的表现

改革开放初期的乡村教师,在学校教学秩序和自身社会地位恢复后,便积极投入

---

① 邬志辉.中国农村教育发展的成就、挑战与建议——对改革开放40年来变化情况的研究[R].中国农村教育:政策与发展(1978~2018),2018:2.
② 江苏省教育厅.关于在中小学教师中落实知识分子政策的情况报告[J].江苏教育,1985(2).

到农民教育和乡村建设服务中,其乡贤角色得到复苏。他们在继续承担扫盲教育重任的同时,积极提供农业技术培训,促进农教结合。

一是继续承担扫盲教育的重任,促进农民教育水平提升。扫盲教育是建国以来乡村教育的主旋律,但时至1970年代末,我国乡村的文盲现象依然严重。"据一些地区调查,少年青年壮年中,文盲、半文盲一般占30%～40%。有的边远地区、山区和一些少数民族地区,少年青年壮年中的文盲达到50%以上。"①因此,改革开放后,国家依旧把扫盲放在乡村工作的重点。1978年11月国务院发布《关于扫除文盲的指示》。1990年3月14日,国家教委等十家单位联合发出《关于建立扫盲领导机构联合开展扫盲工作的通知》,要求"统一安排农村中小学举办扫盲班(组)或包教活动"。② 1990年《国家教委关于农村中小学参加扫盲工作的通知》明确要求,乡村中小学师生要把参与扫盲作为重要的社会义务,把堵盲和扫盲作为乡村中小学工作内容。《扫除文盲工作条例》明确规定扫除文盲教师由乡(镇)、街道、村和企业、事业单位聘用,并给予相应报酬,当地普通学校、文化馆(站)等有关方面均应积极承担扫除文盲的教学工作。而乡村扫盲的重任明显落在了乡村教师身上。"日校办夜校,一师任两教"是这一时期乡村教师工作的形象表达。即乡村教师白天教全日制,晚上参加夜校扫盲,积极参加扫盲宣传、扫盲教学,深入乡村农户,实地动员文盲入学,工作极度繁重艰辛。扫盲工作取得巨大成就,1984年文盲占全国人口比例已由1949年的80%下降到23.5%,青壮年农民中文盲比例下降到30%,职工中文盲比例下降到5%。③ 1994年全国扫除文盲486.2万,其中妇女303万。安徽、河南、山东、江苏、云南、甘肃、四川、江西、陕西、湖南等10个省脱盲人数超过20万,北京、天津、上海、辽宁、吉林、黑龙江等6省(市)及全国的850多个县级单位已经基本扫除青壮年文盲。④ 可见,乡村教师在乡村扫盲工作

---

① 刘英杰.中国教育大事典1949～1990(上)[Z].杭州:浙江教育出版社,1993:1651.
② 国家教育委员会政策法规司.中华人民共和国现行教育法规汇编(1990～1995)(下卷)[Z].北京:人民教育出版社,1998:1038.
③ 金铁宽.中华人民共和国教育大事记(1～3卷)[Z].济南:山东教育出版社,1995:1537.
④ 邬志辉.中国农村教育发展的成就、挑战与建议——对改革开放40年来变化情况的研究[R].中国农村教育:政策与发展(1978～2018),2018:2.

中做出了巨大贡献。

二是提供农业技术培训和信息服务,促进农教结合。家庭联产承包责任制的实施极大激发了农村经济活力,农村经济的发展也扩大了乡民现代农业科学技术知识的需求。但另一方面,实行生产责任制后乡民忙于农业生产和家庭副业,且劳动时间分散、学习时间不便统一,如何发展符合乡民需要的农业技术教育也成为一个问题。为了更好地在乡村地区贯彻"教育必须为社会主义建设服务,社会主义建设必须依靠教育"的方针,促进教育与经济协调发展,使乡村建设真正转到依靠科技进步和提高劳动者素质的轨道上来。当时国家教委与河北省人民政府合作在阳原县、完县、青龙县进行了农村教育综合改革实验。[1] 1988年5月,国家教委提出了《关于组织实施"燎原计划"的意见》,"燎原计划"的主要任务是:"在做好普及义务教育工作的基础上,充分发挥农村各级各类学校的智力、技术的相对优势,积极开展与当地建设密切结合的实用技术和管理知识的教育,培养大批新型的农村建设者。并积极配合农业和科技等部门,开展以推广当地实用技术为主要的实验示范、技术培训、信息服务等多种形式的活动,促进农业的发展。"[2]乡村学校和乡村教师在"燎原计划"的实施中扮演了重要角色。农村学校开展职业技术培训和多种形式的技术服务,重点是大面积推广当地现成适用的技术。开始阶段应以提高农牧渔业生产和改进农副产品初加工为主,力求做到见效快、收益大。要通过"燎原计划"的实施,切实建立一批真正依靠教育、科技促进农业发展,使农民致富的乡。[3] 乡村教师积极贡献力量,为广大乡民提供农业技术培训、实验示范和信息服务,推广先进农业科技,促进农科教结合。

3. 改革开放初期乡村教师乡贤角色复苏的评价

改革开放初期,百废待兴,乡村教育亟待恢复与整顿,农业和农村经济发展也面临着调整与改革的需求。尽管在文革时期,乡村教师遭到不公正待遇,甚至沦落为"臭老

---

[1] 邬志辉.中国农村教育发展的成就、挑战与建议——对改革开放40年来变化情况的研究[R].中国农村教育:政策与发展(1978~2018),2018:2.
[2] 李键.中国教育年鉴(1989)[Z].北京:人民教育出版社,1989:769.
[3] 国家教委农村教育综合改革办公室.农村教育改革大思路[M].北京:人民教育出版社,1991:81—84.

九"。但是,乡村教师经过拨乱反正,恢复自身社会地位后,便积极投身乡村教育和乡村建设事业中,一如既往地承担扫盲教育的重任,促进乡民教育水平提升。同时,乡村教师在这一"农科教结合"模式积极贡献个人智力和技术,在学校教学的本职工作外,借助农科教三方结合的合力,满足新的历史时期下农村、农业和农民对于乡贤的期待,极大地促进了农业和农村经济的发展。另外,随着人民公社的解体,新的基层政权组织形式——村民委员会在乡村的建立,乡村社会村民自治比历史上任何一个时期都要完善。以往乡村教师作为乡村社会政治精英的身份开始衰微,相对而言,乡村教师逐渐远离乡村政治事务。

(二) 城市化进程中乡村教师乡贤角色的式微

随着城市化进程的加快,致使乡村教师与乡村社会的关系逐渐趋向"隔离"状态。乡村学校社会功能弱化,乡村教师与乡村生活的心理距离逐渐疏远。[①] 他们与乡土社会的天然纽带出现断裂,逐渐孤立于乡村日常生活之外。[②] 乡村教师之于乡贤角色,随着现代文明与教师专业化的发展而日渐式微,[③] 日渐沦为乡土文化"边缘人"角色,在他者规训异化与自我统整迷失的双重交构下,面临着深刻的角色认同危机。[④]

1. 城市化进程中乡村教师乡贤角色式微的背景

自1958年1月全国人大常委会第九十一次会议讨论通过《中华人民共和国户口登记条例》以来,限制我国城乡人口流动的壁垒初步形成。改革开放后,社会主义市场经济体制建立,城乡流动的限制逐渐取消,国家经济发展中心转向沿海经济开放先行地区城市。随着城市化进程的加快,大量人口、资源涌入城市,城乡社会结构均发生了巨大变化,城乡社会发展差距也在逐渐拉大,乡村沦落为边缘化的境遇。在市场、金钱、消费等因素的冲击下,乡村社会的结构和价值取向也受到了冲击,乡村社会内部贫

---

① 张济洲.乡村教师的文化冲突与乡村教育改革[J].河北师范大学学报(教育科学版),2008(8).
② 吉标,刘擎擎.乡村教师乡贤形象的式微与重塑[J].当代教育科学,2018(5).
③ 唐松林,丁璐.论乡村教师作为乡村知识分子身份的式微[J].湖南师范大学教育科学学报,2013(1).
④ 容中逵.他者规训异化与自我迷失下的乡村教师——论乡村教师的身份认同危机问题[J].教育学报,2009(5).

富差距拉大,传统重教的风气日渐衰落。"随着市场经济改革的不断深入以及农村社会不断裹挟到市场经济的浪潮中,其他行业和农民群体不断地融入到市场信息的交换中,通过参与市场能更多地收入,其经济收入迅速提高。但是这一时期国家对农村教育的财政投入较少,导致乡村教师经济待遇较低,甚至出现了拖欠工资的现象。"① 经济地位的悬殊极大地降低了乡村教师的社会地位,影响了其身份的认同。加之,国家政权对基层的介入,传统乡村社会中的"族权""神权"都受到了批判,传统人伦礼教也遭到批判,历次社会运动对乡村教师所依托的教化名望的批斗,消解了乡村教师原有的社会地位。在城市化进程中,乡村教师乡贤角色走向了式微。

2. 城市化进程中乡村教师乡贤角色式微的表现

民办教师问题的基本解决,意味着绝大多数乡村教师获得了国家身份,乡村教师成为了"公家人"。受制于政府管理,社会地位提高了,他们的"乡土性"却逐渐淡化,与乡村社会之间却日渐疏远。② 随着城市化进程的加快,大量乡民融入城市,无数新鲜的信息和生活方式也输入乡村社会,城乡社会日益频繁和深入交流,改变着彼此的社会结构。在城市化进程的大潮中,乡村教师的社会角色也在不断变化,其乡贤角色呈现式微的样态。

一是政治精英地位的旁落。乡村教师因其拥有的文化资本而自然而然成为乡村社会的"长老",以道德伦理和知识文化的代言人身份主持乡村社会的公共事务。而随着国家政权向基层下移,基层村民自治制度的完善,乡村事务的解决有了组织和制度的保障,原有的乡村教师个人担任乡村事务争端调解者的机会和意愿都已降低。尤为重要的是,随着民办教师"民转公",大量乡村教师进入体制内,拥有了国家身份,便被隔离在了乡村社会之外,与原有乡民之间产生了极大的隔阂。另外,大批外地教师进入陌生乡村工作,却无心扎根乡村,依旧向往城市生活,工作时大多临时寄宿在乡村学

---

① 周兆海. 农村教师社会地位变迁及其深层致因——基于改革开放以来的总结与反思[J]. 河北师范大学学报(教育科学版),2016(2).
② 张济洲."乡野"与"庙堂"之间——社会变迁中的乡村教师[M]. 北京:中国社会科学出版社,2013:141.

校,或作为"走教"老师,奔走与城乡家校之间,难以融入乡村社会,更无心为乡村公共事务出谋划策。

二是文化知识传播和农业生产技术指导的减少。随着经济社会的发展,国民教育水平的提高,特别是新中国成立后几轮扫盲运动的开展,乡村社会成员的知识文化水平得到了提高,乡村社会成员之间的知识鸿沟逐渐缩小。乡民从事农业生产时也能较快地适应新的生产设备和技术,较为自主自如地从事农业生产和生活工作。同时,随着城市化进程的加快,城市各类信息、文化源源不断地渗透到乡村社会,特别是电视、手机、互联网等现代传媒和通讯技术的传播,极大地刺激着乡村社会每一个人的神经,拓展着乡民的视野。因此,随着乡村社会知识文化水平的提高和各类信息的传播,乡民的文化资本差距逐渐缩小,乡村教师原有的文化优势也就相对降落。在城市化浪潮的冲击下,乡村教师传播文化知识、指导农业生产的必要性减少,其乡贤角色已相对式微。

三是道德楷模的影响下降。随着改革开放的推进,市场经济的蓬勃发展,多元化的社会观念冲击着每一个社区,影响着每一个个体。乡村社会传统的伦理道德观念也受到冲击,乡村的思想世界日益复杂。金钱至上、急功近利等不良思想也在腐化着乡村社会,作为封建伦理道德楷模的乡村教师已然失去了自身所具有的权威性和神圣性,无法靠自己的道德力量维系乡村社会原有的文明秩序。尤其是个别乡村教师自身在道德和精神文明方面做出不当行为,极大地损害了乡村社会对其乡村教师道德楷模身份的认同,其道德楷模的影响逐渐下降。

3. 城市化进程中乡村教师乡贤角色式微的评价

在城市化进程中,城乡社会发生剧烈变革。处在城市化大潮中的乡村教师的社会角色也随之改变,其乡贤角色的扮演已然式微。这一现象既有客观环境变化的原因,也有乡村教师自身主观的因素。在城市化浪潮的冲击下,乡村社会原有的社会结构和价值系统均产生了变化,传统乡村教师公共职责发挥所依托的基础已然倒塌。加之,乡村教师自身未能及时根据社会环境的变化,调整自身的角色定位,在新的时代背景下相应地担当新乡贤角色。个别乡村教师也未能抵制市场经济带来的诱惑,偶发的不良师德也打击了乡村社会对于乡村教师的认同。总而言之,在客观因素和主观因素的综合作用下,城市化进程中的乡村教师乡贤角色走向了式微。

(三) 新农村建设中乡村教师乡贤角色的再兴

2005 年,党的十六届五中全会提出推进社会主义新农村建设,乡村教师投身于社会主义新农村建设又成为社会的关注点。有学者提出,乡村教师理应成为新农村建设人才的培育者,成为价值的引导者、规范的守护者、文明的引领者、文化的弘扬者和生活的帮助者,[①]乡村教师的乡贤角色得到再兴。然而,由于乡村教师在乡村公共生活中的边缘化,暴露出了角色认同迷失、公共性情怀缺乏、本土性知识的保存、整理、开发不力和文化素养偏低等问题,[②]其社会功能和公共职责仍处于弱化阶段。

1. 社会主义新农村建设中的乡村教师乡贤角色再兴的背景

2005 年 10 月,党的十六届五中全会通过的《十一五规划纲要建议》中提出了建设社会主义新农村的历史任务。2005 年 12 月,《中共中央 国务院关于推进社会主义新农村建设的若干意见》进一步明确乡村教育的重要地位,把乡村教育作为全国教育工作的重中之重。胡锦涛指出"建设社会主义新农村,要以邓小平理论和'三个代表'重要思想为指导,牢固树立和全面落实科学发展观,坚持以经济建设为中心,协调推进农村社会主义经济建设、政治建设、文化建设、社会建设和党的建设,推动农村走上生产发展、生态良好、生活富裕的文明发展道路"[③]。社会主义新农村建设成为这一时期乡村社会发展的指导方针。全面实现社会主义新农村"生产发展、生活宽裕、乡风文明、村容整洁、管理民主"的要求,乡村教师责无旁贷。他们作为乡村知识分子群体,在社会主义新农村建设中已经不是传统意义上的教书匠角色,他们除了承担日常的教育教学任务外,还要承担重要的社会文化责任。于此,乡村教师的乡贤角色出现再兴。

---

① 李长吉. 农村教师:改造乡村生活的灵魂——兼论农村教师的知识分子身份[J]. 教师教育研究,2011(1).
② 吴惠青,郭文杰. 新农村建设中农村教师的文化责任[J]. 浙江社会科学,2016(2).
③ 胡锦涛. 统一思想,科学规划,扎实推进,使建设社会主义新农村成为惠及广大农民的民心工程[N]. 人民日报,2006-01-27.

2. 新农村建设中乡村教师乡贤角色再兴的表现

在教育方面,国家出台了一系列的政策文件保障新农村的发展,并对乡村教师在社会主义新农村建设中乡贤角色的发挥提出了一系列的要求和期待。同时,学界在相关研究中也认为乡村教师是社会主义新农村建设中的重要力量,对社会主义新农村建设中乡村教师乡贤角色的发挥也做了较为丰富的研究。在国家和学界的共同提倡下,相较于城市化进程的式微,这一时期乡村教师的乡贤角色得到了一定程度的恢复,乡村教师为社会主义新农村建设做了许多切实的努力和重要的贡献,其乡贤角色再兴体现在以下几个方面:

一是对农民进行技术和知识普及和培训。21世纪初,国家确立了"以服务为宗旨、以就业为导向"的农村职业教育发展思路。《中共中央 国务院关于推进社会主义新农村建设的若干意见》中对农村职业教育发展进行了布局谋划。[①] 2005年3月,中华人民共和国教育部印发了《关于实施农村实用技术培训的意见》,同年10月《国务院关于大力发展职业技术教育的决定》中对大力发展农村职业教育,积极实施农村实用人才培训工程有着新的政策要求。[②] 国家先后出台《关于加强农村实用人才队伍建设和农村人力资源开发的意见》(2007)《关于加快发展面向农村的职业教育的意见》(2011)《农民工学历与能力提升行动计划——"求学圆梦行动"实施方案》(2016)等文件。"在乡镇建立了农民文化技术学校,先后实施了新型农民科技培训工程、百万中专生计划、星火科技培训专项行动、农村实用技术培训计划、创业者和企业家培训计划等项目,建立了县、乡、村三级农村教育培训网络,充分发挥了农村中小学校、职业学校、成人学校、农业广播电视学校和农村党员干部现代远程教育系统等教育培训资源的主渠道作用。"[③]作为乡村社会中少数拥有文化资本的精英分子,乡村教师在农村职业教育,特别是农民职业知识技术教育培训中发挥了积极作用。以自身的

---

① 中华人民共和国中央人民政府. 中共中央 国务院关于推进社会主义新农村建设的若干意见[EB/OL]. (2005-12-31)[2020-02-26]. http://www.gov.cn/gongbao/content/2006/content_254151.htm.
② 张乐天. 我国农村教育政策30年的演进与变迁[J]. 南京师大学报(社会科学版),2008(6).
③ 邬志辉. 中国农村教育发展的成就、挑战与建议——对改革开放40年来变化情况的研究[R]. 中国农村教育:政策与发展(1978~2018),2018:2.

智力优势,积极担任农民文化技术学校教师,配合政策措施,积极传授农业生产科技知识和职业技术。以提高农民整体素质,促进农民科学种田,以培养造就有文化、懂技术、会经营的新型农民。有学者指出,"乡村教师作为新农村建设的重要智库,要成为农村普及文化知识的引领者、农村推广科学技术的生力军和农村建设精神文明的组织员"①。

二是成为新农村建设中精神文明建设的引导者和组织者。社会主义新农村建设中,农村文化事业和精神文明建设是重要的一环。乡村教师在社会主义新农村建设中,积极引导农民崇尚科学,抵制迷信,移风易俗,破除陋习,树立以爱国主义为核心的民族精神和以改革创新为核心的时代精神,提高社会主义新农村的文明风尚。同时,社会主义新农村建设中实施了许多乡镇文化站、村文化室等公共文化设施建设。乡村教师在农村文化事业中积极作为,参与筹备、运营乡村文化站、文化室、图书馆等,成为社会主义新农村建设中精神文明建设的引导者和组织者。

三是农村扶贫工作的重要参与者。《中共中央 国务院关于推进社会主义新农村建设的若干意见》中指出:"加强扶贫开发工作。要因地制宜地实行整村推进的扶贫开发方式,加大力度改善贫困地区的生产生活条件,抓好贫困地区劳动力的转移培训,扶持龙头企业带动贫困地区调整结构,拓宽贫困农户增收渠道。"②乡村教师作为长期扎根乡村社会的文化人,具有较高的知识文化水平,与基层政府一起承担了较多的农村扶贫工作。除了配合党和国家对农民进行职业技能和农业生产知识培训外,还积极参与扶贫对象的调查、走访和统计工作,向乡民宣传党和国家的扶贫政策。需要乡村教师走到乡民中间苦口婆心做思想工作,实地了解乡亲们生活中面临的困难,并有效利用政策帮助乡亲们解决实际困难,带领乡亲们走上脱贫致富的阳关大道。特别是在教育方面,配合有关部门对贫困家庭子女进行相应的帮扶,在扶智方面做出了的重要贡献,体现了乡贤的责任担当。

---

① 王健,吴磊. 新农村建设背景下农村教师角色定位的研究[J]. 江西理工大学学报,2008(4).
② 中华人民共和国中央人民政府. 中共中央 国务院关于推进社会主义新农村建设的若干意见[EB/OL].(2005-12-31)[2020-02-26]. http://www.gov.cn/gonbao/content/2006/content_254151.htm.

3. 社会主义新农村建设中乡村教师乡贤角色再兴的评价

社会主义新农村建设是党和国家对农村经济社会等各方面发展的一次系统谋划，是加快农村全面小康和现代化建设步伐的伟大战略。在社会主义新农村建设的时代背景下，乡村教师积极调整自身角色，响应党和国家号召，做出了系列卓有成效的工作，体现了其乡贤的担当精神。经历了城市化进程中乡贤精神的式微，乡村教师在这一时期公共职责的发挥具有极大的进步性，值得肯定。但是，对于社会主义新农村建设对于乡村教师的要求和学界调查研究的结果，发现这一时期乡村教师乡贤职责的履行仍存在一定的空间，乡贤角色发挥的积极性不足，服务乡村社会的能力较弱，其社会功能和公共职责仍处于弱化阶段。客观上的教师统一公开招聘政策、教师交流政策等也造成了乡村学校中异地乡村教师的增多，乡村教师难以像在传统乡村社会一样与乡民保持紧密和稳定的联系，乡村教师被隔离在乡村社会之外。因此，需要对乡村教师的乡贤角色进行重塑。

（四）乡村振兴战略中乡村教师乡贤角色的重塑

2017年10月18日，习近平同志在党的十九大报告中提出乡村振兴战略。十九大报告指出："农业农村农民问题是关系国计民生的根本性问题，必须始终把解决好三农问题作为全党工作的重中之重，实施乡村振兴战略。"[①]2018年1月2日，国务院公布《中共中央国务院关于实施乡村振兴战略的意见》。2018年9月，中共中央、国务院印发了《乡村振兴战略规划（2018~2022年）》。《规划》按照"产业兴旺、生态宜居、乡风文明、治理有效、生活富裕"的总要求，对实施乡村振兴战略做出了系统谋划。[②]

在确立乡村振兴战略作为新时代乡村建设的指导方略的同时，党和国家对乡村教

---

① 习近平.决胜全面建成小康社会夺取新时代中国特色社会主义伟大胜利——在中国共产党第十九次全国代表大会上的报告[EB/OL].(2017-10-27)[2020-2-19].http://www.xinhuanet.com/politics/19cpcnc/2017-10/27/c_1121867529.htm.

② 中华人民共和国中央人民政府.中共中央 国务院关于全面深化新时代教师队伍建设改革的意见[EB/OL].(2018-1-20)[2020-2-21]http://www.moe.gov.cn/jyb_xwfb/moe_1946/fj_2018/201801/t20180131_326148.html.

师队伍建设也提出了新的要求。《中共中央　国务院关于全面深化新时代教师队伍建设改革的意见》指出:"突显教师职业的公共属性,强化教师承担的国家使命和公共教育服务的职责,确立公办中小学教师作为国家公职人员特殊的法律地位,明确中小学教师的权利和义务,强化保障和管理。……公办中小学教师要切实履行作为国家公职人员的义务,强化国家责任、政治责任、社会责任和教育责任。"①在乡村振兴战略实施的过程中,乡村教师须有所作为,重塑其乡贤角色,彰显乡村教师的公共属性。学界高度关注乡村教师乡贤角色的研究,指出了在乡村振兴战略背景下乡村教师乡贤角色发挥的价值及面临的挑战,并提出了乡村教师乡贤角色重塑的可能路径。

乡村教师在乡村建设中的重要性得到了学界的充分肯定。如"新时期的乡村知识分子是乡村建设的重要力量。他们既是乡村经济发展的推动者、乡村政治民主的先导者,又是乡村文化的践行者、社会和谐的维护者"②。又如"当代中国乡村知识分子具有文化的兼容性、知识的实用性、政治的先导性和道德的示范性等特点。社会主义新农村建设需要乡村知识分子的科技支撑、政治参与、智力支持、道义推动和知识引领"③。有学者则重点阐述了乡村教师在乡村意识形态和乡村先进文化建设方面的价值。认为"乡村教师是新时代做好乡村意识形态工作的思想支柱。乡村教师以社会主义核心价值观为引领,巩固党在乡村的思想阵地,加强宣传教育,做好乡民的思想工作,带领群众开展社会主义精神文明建设活动。同时,乡村教师也是新时代传递乡村传统文化的先进代表。乡村教师把国家与民族的历史、现在、未来通过各种方式呈现、传递给受教育者,使青年一代能够选择性地继承、传播与发扬优秀乡村传统文化,并根据时代的发展继续创新与开拓新时代乡村文化"④。但是,当下乡村教师本身的发展也面临着极大的困境,如"工资待遇和社会福利较少、知识水平和文化素养较低、引入

---

① 中华人民共和国中央人民政府.中共中央　国务院关于全面深化新时代教师队伍建设改革的意见[EB/OL].(2018-1-20)[2020-2-21]http://www.moe.cn/jyb_xwfb/moe_1946/fj_2018/201801/t20180131_326148.html.
② 刘晓佳.新时期乡村知识分子问题研究[D].杭州:浙江农林大学硕士学位论文,2016:23.
③ 雷家军,阎治才.乡村知识分子与社会主义新农村建设问题论纲[J].江汉论坛,2007(9).
④ 席红梅.新中国成立70年乡村教师历史价值探析[J].当代中国史研究,2019(5).

不足和外流现象严重、启蒙意识和社会责任感较弱"。① 同时,"经济全球化、城镇化使不同的知识、价值与信仰交融激荡,乡村教师作为知识分子身份式微,乡村振兴战略遭遇知识匮乏与乡村教师边缘化的严峻挑战"②。乡村教师乡贤角色的发挥受到了挑战。

为更好地发挥乡村教师乡贤角色,更好地应对挑战,有研究提出了以下举措:"一方面,在经济、政策、文化和社会方面为乡村知识分子发展提供良好的外部环境;另一方面,通过回归乡村知识分子的传统性和乡土性、注重乡村知识分子的稳定性和连续性、培养乡村知识分子的时代性和创新性这几方面,来完善乡村知识分子发展的内部条件;最大化地发挥乡村知识分子在农村、农业和农民走向现代化进程中的作用,使其更好地为乡村建设服务。"③有学者提出应"明确乡村教师之于乡村振兴战略的多重职能;回归乡村教师与乡村社会的天然联系;建立乡村教师荣誉制度体系;立法赋予乡村教师领导基层的相关权益"④。也有学者认为"要深化对乡村知识分子的认识、增加乡村知识分子的数量、提高乡村知识分子的水平、调整乡村知识分子的知识结构、改善乡村知识分子的待遇"⑤。

作为新乡贤重要代表的乡村教师,在乡村振兴战略中是乡村社会的智库、良知和灵魂⑥,是乡村生态建设与优化、乡村文化保护与发掘、乡村文明复兴与传扬的原动力。⑦ 他们可以自愿、主动甚至自觉走向"新乡贤"的返场方式,重新找回公共身份,自发回归乡村教育者与乡村建设者的双重角色。⑧ 他们既可为当地现代农业发展、农村劳动力转移和农村城镇化建设培养大量人才,又理应担负起乡村生态文明建设、乡风

---

① 唐松林,姚尧. 乡村振兴战略中教师的使命、挑战与选择[J]. 教育文化论坛,2018(5).
② 唐松林,姚尧. 乡村振兴战略中教师的使命、挑战与选择[J]. 教育文化论坛,2018(5).
③ 刘晓佳. 新时期乡村知识分子问题研究[D]. 杭州:浙江农林大学硕士学位论文,2016:23.
④ 唐松林,姚尧. 乡村振兴战略中教师的使命、挑战与选择[J]. 教育文化论坛,2018(5).
⑤ 雷家军,阎治才. 乡村知识分子与社会主义新农村建设问题论纲[J]. 江汉论坛,2007(9).
⑥ 唐松林,姚尧. 乡村振兴战略中教师的使命、挑战与选择[J]. 湖南师范大学教育科学学报,2018(4).
⑦ 杜育红,杨小敏. 乡村振兴:作为战略支撑的乡村教育及其发展路径[J]. 华南师范大学学报(社会科学版),2018(2).
⑧ 闫闯. 走向"新乡贤":乡村教师公共身份的困境突破与角色重塑[J]. 教育科学,2019(4).

文明涵育、乡村社会治理和乡民生活改造的使命。缘此，应明确乡村教师之于乡村振兴战略的多重职能，回归乡村教师与乡村社会的天然联系，①重塑乡村教师的乡贤角色。随着乡村振兴战略的大力推进和党与国家对教师承担国家使命和公共教育服务职责的强调与重视，乡村教师的新乡贤角色的示范引领作用必将日益凸显，其新乡贤角色的形塑将会成为社会和学界关注的一大热点问题。

综上，从传统社会的塾师开始，乡村教师在教书育人之外，一直发挥着公共职能、扮演着乡贤角色。从"乡村塾师""乡村教员"到"乡村教师"，传统塾师乡贤角色的基本内核一直被传承至今，随着社会历史的变迁，乡村教师乡贤角色的内涵又不断得以延展与丰富。乡村教师乡贤角色的发挥是社会历史背景、乡村社会发展需求、乡村群体内部社会资本差异和乡村教师身份认同等因素综合作用的结果。作为乡村社会的知识分子群体，乡村教师一直以其公共性、批判性和独立思考而"区别"于乡村社会的一般民众，并根据乡村社会需求和自身能力因时而变，因时因地制宜地服务于乡村社会和乡民。百余年来乡村社会结构发生了颠覆性的变化，清末民初以来的乡村教师也从传统塾师转向了能够担当救亡图存使命、传播现代农业科学技术等多重复杂角色的乡贤，为乡村社会和乡民的发展做出了突出的贡献。尽管在特殊的历史背景下，部分乡村教师的角色认同也发生了混乱，其乡贤角色的扮演具有盲目性的特点，但是乡村教师很快调整自身角色，复苏其真正的乡贤身份。其后，在城市化进程中遭遇乡贤身份式微后，乡村教师也能尽力再兴其乡村职责。梳理我国乡村教师乡贤角色的历史演进，有助于深化对于乡村教师乡贤角色的认识，思考在努力推进乡村振兴战略的今天，如何正确认识乡村教师在乡村振兴中战略的地位和作用，重塑乡村教师的新乡贤角色。②

---

① 杜育红,杨小敏.乡村振兴：作为战略支撑的乡村教育及其发展路径[J].华南师范大学学报（社会科学版），2018(2).
② 谷亚,肖正德.我国乡村教师乡贤角色的百年嬗变[J].教育研究与实验，2021(3).

第三章

乡村振兴战略中的乡村教师新乡贤角色之理论概述

第三章 乡村振兴战略中的乡村教师新乡贤角色之理论概述

乡村振兴战略赋予乡村教师角色以崭新的涵义和鲜明的新时代特征,他们不再是传统教书匠的角色,而是具有专业性和公共性的双重角色。他们除了完成乡村学校教育教学工作任务外,还要承担国家使命和公共教育服务的职责。他们是乡村知识分子的中坚力量,是新乡贤的重要代表,在乡村振兴战略中担当重要的社会角色,肩负着重大的文化使命。当今,创新乡贤文化,弘扬乡贤精神,阐释乡村振兴战略中乡村教师新乡贤角色的基本涵义与特征,分析乡村振兴战略中乡村教师新乡贤角色的使命与担当,对于提升乡村教师的人生意义、强化乡村教师主动承担国家使命及热情助力乡村振兴均具有重要的价值意蕴。

一 角色理论的概述

概念是反映事物本质属性的思维形式。认识与把握事物,首要的是厘清与界定其相关概念。同理,研究乡村振兴战略中乡村教师的新乡贤角色担当和角色建设,首先必须对角色、角色担当、角色建设的概念和内涵有一个清醒的把握。因为它们是理解乡村振兴战略中乡村教师的新乡贤角色担当与角色建设的逻辑前提。只有对角色、角色担当、角色建设概念有了清醒的把握,才能展开对乡村振兴战略中乡村教师新乡贤角色问题的研讨。

(一) 角色

研究乡村振兴战略中乡村教师的新乡贤角色担当和角色建设,首先需要弄清楚如下三个基本问题:什么是角色?角色具有哪些主要特征?在角色担当过程中表现出哪些角色形态?

1. 角色的涵义

角色(Role)这一术语,源于戏剧舞台中的用语,本指演员在舞台上按照剧本的规定所担当的某一特定人物。20世纪20年代美国芝加哥学派最早系统地运用了这一概念,其中以社会学家、人类学家米德(G. H. Mead)的研究最为突出。他于1934年首先将"角色"概念引入社会学理论中,为现代的角色理论做出了开拓性的贡献。米德使用角色概念,主要是强调自我与他人角色之间的相互关系。米德认为,自我是在自己反思的基础上,通过学习担当他人的角色而发展起来的。[①] 但是"米德在阐明自己的观点时,没有给角色概念下定义,他把它当作无定形的和很不确切的概念来使用"[②]。最早明确给角色下定义的是美国人类学家林顿(R. Linton),他在1936年著的《人类研究》一书中论述了地位与角色的关系,地位是权利与义务的一种直接的结合,而角色则是体现着地位的动态方面,即角色是围绕地位而产生的权利义务和行为规范、行为模式,是人们对处在一定地位上的人的行为期待。[③] 林顿认为,每个人占据某个社会位置时,社会对他该做什么、怎么做抱有一整套期待,要求他按这种期待行为;角色担当被理解为权利义务与身份相一致的结果。[④]

自林顿首先明确给角色下了定义之后,国内外关于角色的定义,可谓众说纷纭。在国外,美国社会心理学家蒂博特(J. W. Thibaut)和凯利(H. H. Kelly)阐述了角色与行动之间的内在联系:角色是社会中存在的对个体行为的期望系统;角色是占有一定地位的个体对自身的期望系统;角色是占有一定地位的个体外显的可观察的行为。[⑤] 加拿大社会学家戈夫曼(Erving Goffman)认为,一个角色"是在他人面前可见地实施的一组行为,是与他人行为的拟合"[⑥]。或者说,角色是由这样一种活动来构成,如

---

① 奚从清. 角色论——个人与社会的互动[M]. 杭州:浙江大学出版社,2010:4.
② [苏]M. 安德列耶娃. 西方现代心理学[M]. 李翼鹏,译. 北京:人民教育出版社,1987:167.
③ Linton, R. *The Study of Man* [M]. New York:Appleton-Centruy,1936:581 - 582.
④ Linton, R. *The Study of Man* [M]. New York:Appleton-Centruy,1936:113 - 114.
⑤ John W. Thibaut, Harold H. Kelley. *The Social Psychology of Groups* [M]. New York:John Wiley & Sons,1959:27.
⑥ Erving Goffman, *Interaction Ritual:Essays on Face to Face Behaviar* [M]. Garden City, NY:Anchor, 1967:33.

果任职者纯粹根据处于他这样地位的人所应遵守的规范来行事的话,那他就会置身于这一活动之中。戈夫曼把"角色"同"规范"联系起来。他认为,"角色"是一种借之行动的规范。苏联社会心理学家安德列耶娃(Н. Андреева)把角色要素分为以下三个方面,即社会角色是社会中存在的对个体行为的期待系统,这个个体在与其他个体的相互作用中占有一定的地位;角色是占有一定地位的个体对自身的特殊期待系统,亦即角色是个体与其他个体相互作用的一种特殊的行为方式;角色是占有一定地位的个体的外显行为。① 日本社会学家横山宁夫认为,社会性行为的主体——人,在社会中具有特定的地位,不管是基于出身的地位还是基于业绩的地位,这些地位的权力与义务的整体——其功能便是角色。② 英国社会学家米切尔(G. Duncan Mitchell)把社会角色定义为"是与社会地位、身份相联的被期望的行为"。③ 在国内,学者们对角色概念的界定大多是参照西方角色理论中的相关观点而提出来的。④ 台湾学者李长贵把社会角色定义为"个人行动的规范、自我意识、认知世界、责任和义务等的社会行为"。⑤ 郑杭生认为,角色是"与人们的某种社会地位、身份相一致的一整套权利、义务的规范,它是人们对具有特定身份的人的行为期望,它构成社会群体或组织的基础"⑥。每种社会身份都伴随有特定的行为规范和行为模式,当个体产生为自己的社会身份所规定的行为时便充当了角色。童星认为,角色是"处于一定社会地位的个体,依据社会规范和社会期望,借助自己的主观能力适应社会环境所表现出的行为模式"⑦。奚从清认为,角色是指"个人在社会关系中处于特定的社会地位,并符合社会期望的一套行为模式。换句话说,角色是一定社会关系所决定的个体的特定地位、社会对个体的期待以及个体所担当的行为模式的综合表现"⑧。可见,关于角色的释义,国内外学者可谓仁者见仁,智者见智。

---

① [苏]М. 安德列耶娃. 西方现代心理学[M]. 李翼鹏,译. 北京:人民教育出版社,1987:167.
② [日]横山宁夫. 社会学概论[M]. 毛良鸿,等,译. 上海:上海译文出版社,1983:85.
③ Duncan Mitchell. *The Sociology of Science* [M]. New York: Free Press, 1970: 12.
④ 秦启文,周永康. 角色学导论[M]. 北京:中国社会科学出版社,2011:37.
⑤ 李长贵. 社会心理学(增订本)[M]. 台北:台湾中华书局,1977:12.
⑥ 郑杭生. 社会学概论新修[M]. 北京:中国人民大学出版社,1994:140.
⑦ 童星. 现代社会学理论新编[M]. 南京:南京大学出版社,2003:84.
⑧ 奚从清. 角色论——个人与社会的互动[M]. 杭州:浙江大学出版社,2010:6.

尽管角色的定义众说纷纭，莫衷一是，但通过对它们的进一步分析，我们可以从中归纳出一些共同点。每个人都生活在一定的社会关系中，并在这些社会关系中处于一定的位置，具有相应的地位、身份或职位。社会为具有特定的地位、身份、职位的个体规定了一系列的规范要求，人们必须按照这些与自己的地位、身份、职位相一致的规范要求来指导自己的行为。社会学将处于社会关系中特定的地位、身份、职位及其相应的行为规范模式叫做角色。它规定一个人活动的特定范围和与人的地位相适应的权利义务和行为规范，是社会对一个处于特定地位的人的行为期待。具体而言，角色内涵的基点有三：第一，角色是指人占据着社会中的一定位置。人在社会生活中，无论其地位高低，总会占据一定位置，角色体现着个体的地位和身份。第二，角色是社会对人占据位置所赋予的期望。任何一个社会都是角色构成的，不同的角色赋有不同的期望，"角色是社会中存在的对个体行为的期望系统"[①]。第三，角色是人按照社会期望的行为模式。角色不是空中楼阁，而是"社会系统中与一定社会地位相联系的规范预期的行为"[②]，是"占有一定地位的个体外显的可观察的行为"[③]。综上所述，我们发现，科学的角色定义包含三种社会心理学要素：角色是由人的社会地位和身份所决定；角色是符合社会期望的；角色是一套社会行为模式。因此，对于任何一种角色行为，只要符合上述三点特征，都可以被认为是角色。如此，我们可以给出角色的一般性定义：角色是指个体在特定的社会关系中的地位和身份以及依照特定社会客观期望而表现出的行为模式。

2. 角色的特征

在阐释了角色的基本涵义之后，我们还要进一步弄清楚角色究竟有哪些基本特征。角色的特征是多维的，主要表现为如下几个方面。

[①] John W. Thibaut, Harold H. Kelley. *The Social Psychology of Groups* [M]. New York: John Wiley & Sons, 1959: 27.

[②] Allen, Vernon L. &van de Vliert. *Role Transitions: Explorations and Explanations* [M]. New York: Plenum Press, 1984: 3.

[③] John W. Thibaut, Harold H. Kelley. *The Social Psychology of Groups* [M]. New York: John Wiley & Sons, 1959: 27.

(1) 客观性

任何一种角色的产生,都不是人为地制造出来的,而是一种社会历史文化积淀的结果,是社会生产和生活发展的结果。一定的社会需要,要由一定的社会角色及其行为来满足。脱离社会需要而由人们头脑中想象出来的角色,在现实中是不存在的。① 人们既不能主观随意地制造本来就不存在的角色,也不能主观随意地抹杀本来就客观存在的某种角色。

(2) 职能性

有的学者认为,角色是指个体在团体中所扮演的职位。从这个意义上说,角色乃是社会对个人职能的划分。正是通过角色的职能分工,社会工作才得以分配与安排,以迫使这些工作得到完成。② 角色的职能性,表现个人在社会中的地位,在社会关系中的位置,在人际交往中的身份。它不是个人在主观上认定的,而是社会客观上赋予的。并且,不同的角色有不同的职能性。由于角色具有职能性,所以它具体体现在一定社会位置上个人的存在,具体体现个人一定社会活动和社会关系的内容。因此,角色的职能性是确定个人存在的主要标志。③

(3) 扮演性

舞台上的演员要扮演舞台角色,社会中的个体也要扮演一定的角色。现实生活中个人就像在舞台上,会进行某些角色的扮演,而角色也是人在社会上身份的体现,能够明确个人的社会地位、权利等。并且社会对每一个角色赋予权利与义务,进而对角色的行为进行规范。个人可以扮演不同的角色,并且这几种角色会有不同的行为,甚至有不同的权利与义务。正像英国文艺复兴时期剧作家、诗人莎士比亚(William Shakespeare)在其剧本《皆大欢喜》中的几句台词:"全世界是一个舞台,所有的男人和女人都是演员,他们有各自的进口与出口,一个人在一生中扮演许多角色。"社会就像一个大舞台,人生就像演戏;社会成员都是演员,他们的活动就像舞台上角色的表演;

---

① 丁水木,张绪山. 社会角色论[M]. 上海:上海社会科学院出版社,1992:39.
② 项光勤. 戈夫曼的角色距离理论及其意义[J]. 学海,1998(3).
③ 奚从清,俞国良. 角色理论研究[M]. 杭州:杭州大学出版社,1991:9.

社会赋予个体不同的地位、权利,就像戏剧中演员分配到的不同角色及其遇到的不同命运;社会成员在扮演角色的过程中要遵循角色规范,就像演员要按照剧本的规定和导演的指示进行表演。

（4）社会性

角色,就其本质而言,是社会性的。[①] 角色的社会性,可以从两个方面来理解:一方面,社会制约个人角色扮演。任何一个角色都处于一定的社会关系之中,个体的日常行为就像戏剧中的演员一样,都是在表现自己对于社会角色的扮演。个体角色扮演效果,会受到环境、规范等社会中某些因素的影响与制约,就像演员在戏剧中扮演的效果会受到舞台条件和导演指示的影响与制约一般。另一方面,角色的扮演会推动社会的运作与进步。个体在进入社会时,需要通过角色期望、角色认知、角色学习和角色实践四个阶段来完成对角色的扮演,并通过角色这一社会基础部分来参与社会生活。当个体在扮演角色时,由无数个体所构成的社会组织也会发挥其职能,因此个体才是社会运作的基础。通过个体在社会组织中功能的发挥,推动社会的运作与进步。

（5）多重性

每个个体在社会系统中不可避免地处于多种地位之中,每一种地位又都有一个相关的角色。因此,每个个体扮演的角色,绝不止一种角色,而是许多角色。[②] 戈夫曼认为,个体的角色扮演主要是通过同"角色他人",即同相关观众的一连串面对面交往的社会情境而发生的。一个个体所具有的这些各种各样的"角色他人",使得个体成为角色的综合体,学者们将这种社会现象称之为"角色丛"。戈夫曼论道:"一个角色的社会变化,可根据角色他人类型的得与失来追踪。即使在一个角色的特殊区域中,这个角色把表演者与一种类型的角色他人相联系,所涉及的活动本身亦可以分为不同的、多少有点独立的'宗'与'堆',而随着时间的流逝,这些'宗'与'堆'还可能得到减少或增加。"[③]戈夫曼在这里论述的"宗"或"堆",指的就是个体所扮演角色的多重性。

[①] 奚从清.角色论——个人与社会的互动[M].杭州:浙江大学出版社,2010:12.
[②] 奚从清.角色论——个人与社会的互动[M].杭州:浙江大学出版社,2010:12—13.
[③] [加]欧文·戈夫曼.日常接触[M].徐江敏,丁晖,译.北京:华夏出版社,1990:72.

3. 角色的形态

根据社会个体在角色担当过程中角色表现形态的不同,可将角色分为理想角色、领悟角色和实践角色。

(1) 理想角色

理想角色,亦称期望角色,是指社会或团体对处于特定地位角色所设定的理想的规范和公认的行为模式。理想角色可以成为一种条文规定。它可以使每一个人明确自己处在不同位置上的权利与义务,以及所应该采取的行为模式。因此,许多规章制度都体现了理想角色的本质及其要求;理想角色也有大量不成文的规定,表现在社会公德、社会习俗和社会传统等对人的各种要求和期望中。[1] 理想角色总是比较完美的,它为人们担当的某种角色规定了明确的、完美的标准。理想角色是社会对角色的期望要求,是判定角色担当的客观依据。社会对角色的理想期望,对角色行为具有导向作用,它具有规定角色担当者的行为,引导他人以相应的行为与角色担当者互动,促使角色担当者履行其角色义务的作用。[2] 但是,理想角色与实际担当的角色有一定的差距,它总是只停留在"应该如何……"的水平上,属于社会观念形态。

(2) 领悟角色

领悟角色,是指个体对其所担当的社会角色的行为模式的理解,或者说是指人们根据对理想角色的理解所形成的观念中的角色模式。在角色的担当中,仅仅了解外界的要求和想法是不够的,它还需要角色承担者根据自己的思想理论背景、知识文化水平、价值观念等对角色做进一步的认知。由于每个个体对角色有着不同的认知,对角色义务、权利和行为规范有着不同的理解,就会在他们各自的观念中形成不同的领悟角色,正是这种不同从而形成了社会上千差万别的角色担当。一般说来,角色担当的成功是以社会的评价为标准的,因此我们应尊重社会上大多数人的看法,努力缩小自己的领悟与社会期望之间的差距[3],促使个体的行为符合角色规范的要求,这是社会

---

[1] 奚从清. 角色论——个人与社会的互动[M]. 杭州:浙江大学出版社,2010:15.
[2] 丁水木,张绪山. 社会角色论[M]. 上海:上海社会科学院出版社,1992:130.
[3] 陈成文. 社会学[M]. 长沙:湖南师范大学出版社,2005:48.

成员成功地进行角色担当的关键所在。

(3) 实践角色

实践角色,是指个体根据他自己对角色的理解而在执行角色规范过程中所表现出来的实际行为,即个人在社会互动过程中实际担当的角色。一般说来,人们都欣赏与追求理想角色。但是,理想与实际总是存在一定的距离。由于每个人都要受到自身条件和周围环境的制约与影响,所以在现实中很难达到领悟角色的水平,更谈不上达到期望角色的水平,有时甚至还会出现与理想角色的行为相反的情形,[①]这就是个体在角色担当中的实际形态。

需要指出的是,理想角色、领悟角色和实践角色并不是三种不同类型的角色,而是社会对角色的期望和社会成员对自己所担当的同一角色的理解与实验,是贯穿于角色担当过程中的同一角色的不同表现形态。[②] 它们之间具有内在的联系与区别:理想角色是社会和他人对角色的期望,领悟角色是个人对角色期望的理解,而实践角色是个人根据领悟角色进行担当的结果。[③]

(二) 角色担当

弄清楚了角色的涵义、特征和形态等基本涵义后,接着就很有必要对本研究的另一个核心概念——角色担当进行概述。那么,何谓角色担当?角色担当的过程究竟分哪几个基本阶段?角色担当需要构造哪些条件?本部分对这三个基本问题进行解析。

1. 角色担当的涵义

人是社会中的人,个人在社会中都占据一定的社会位置。在这个位置上,个人以一种或多种社会角色与他人发生互动。个人在社会互动中按照一定的社会模式活动,就是担当某种社会角色。社会互动过程,就是角色担当过程。[④] 社会个体在进行角色

[①] 奚从清.角色论——个人与社会的互动[M].杭州:浙江大学出版社,2010:15.
[②] 丁水木,张绪山.社会角色论[M].上海:上海社会科学院出版社,1992:129.
[③] 丁水木,张绪山.社会角色论[M].上海:上海社会科学院出版社,1992:132.
[④] 丁水木,张绪山.社会角色论[M].上海:上海社会科学院出版社,1992:121.

担当时,不仅能够体现出人与人之间的相互作用,在担当过程中也能对自己进行完善,使自己能够更加适应社会,成为社会需要的人才。

角色担当(Role playing),也称角色扮演或角色行使。在西方,米德认为角色担当就是将个人想象成为其他人物,从他人的角度来对待事物,进而对事物有全新的理解,最终承担起一定的社会角色。特纳(Jonathan H. Turne)赞同米德的观点,他强调,行动者在互动过程中做出姿态或做出暗示——话语、身体姿态、嗓音的抑扬顿挫、服装、面部表情以及身体语言。行动者运用这些姿势"把自己置于他人角色上",并调整自己的行动路线以利于合作。[1] 戈夫曼认为,个体的角色担当主要是通过同"角色他人",即同相关观众的一连串面对面交往的社会情境而发生的。[2] 斯特赖克(Sheldon Stryker)认为,角色担当是"对某种社会行为中他人的反应进行揣度"。[3] 在国内,郑杭生等人认为"当一个人具备了充当某种角色的条件,去扮演(担当)这一角色,并按这一角色所要求的行为规范去活动时,这就是社会角色的扮演(担当)"[4]。奚从清认为"所谓角色担当是指个体根据自己所处的特定位置,并按照角色期待和规范要求所进行的一系列行为"[5]。丁水木等人认为,"角色担当是指人们在互动中通过对他人的言行的判断和理解,从而做出对自己行为的调节,确定自我在互动中的行为"[6]。

尽管国内外学者对角色担当涵义各有不同的表述,但他们都揭示了角色担当的本质,即"扮演别人的角色",就是社会个体按照与一定的地位、身份、职位相符合的规范行为去与他人互动,使行为规范模式现实化、客观化、具体化。社会个体只有接近和比较正确地担当自己特定的角色,才能成为符合社会要求的人。这样,才能成为一位合格的社会成员,从而被社会所接纳。[7]

---

[1] [美]乔纳森·H. 特纳. 社会学理论的结构[M]. 吴曲辉,等,译. 杭州:浙江人民出版社,1987:452.
[2] [美]欧文·戈夫曼. 日常接触[M]. 徐江敏,丁晖,译. 北京:华夏出版社,1990:72.
[3] [美]S. 斯特赖克. 符号互动:家庭研究方法[J]. 婚姻与家庭生活,1989(2).
[4] 郑杭生. 社会学概论新编[M]. 北京:中国人民大学出版社,1989:136.
[5] 奚从清. 角色论——个人与社会的互动[M]. 杭州:浙江大学出版社,2010:80.
[6] 丁水木,张绪山. 社会角色论[M]. 上海:上海社会科学院出版社,1992:128.
[7] 奚从清. 角色论——个人与社会的互动[M]. 杭州:浙江大学出版社,2010:82.

2. 角色担当的过程

角色担当是一个从观念形态理念到实践形态的过程,是通过角色认知和角色学习达到社会和个人所期望的目的和要求的过程。那么,角色担当可分为几个基本阶段呢?

(1) 角色期望阶段

人们在获得某一社会角色时,最先遇到的就是社会对这个角色的期望。角色期望(Role expectation)是指一个人担当角色的行为符合社会、组织、团体、他人的期待与要求。① 它往往以角色规范的方式对各种角色行为提出要求,希望一个人这样做而不是那样做。它不仅规定了行为准则,而且规定了行为方式。② 作为观念形态存在的东西,角色期望对角色行为有重大影响,它使角色担当者按照社会、组织、团体、他人的期待与要求去行动。因此,一个人要更好地担当社会角色,必须了解社会对角色的期望。

(2) 角色领悟阶段

角色领悟(Role understanding)实际上就是角色认知,它是指角色担当者对自己担当的角色的理解,是自我对角色的认知形态。角色期望是一种社会观念,是一种外在的力量,而角色领悟则是一种个人内心的观念,是角色担当的内在力量。③ 个体通过对观念形态的角色期望的内化,"正确理解社会对自我所扮演(担当)的角色的期望,使个人对自己所扮演(担当)的角色的理解同社会的期望相一致,使内化为自我观念形态的领悟角色与理想角色相符合,是社会成员成功地进行社会担当的关键"④。当个体对自身的角色有了完整的认知,才能真正履行自身角色带来的权利与义务,才能支撑起这个角色所有的看法以及观点。只有个体对自身的角色进行完整清晰地认知,才能将自身的角色担当得更好,更加符合社会的需求与发展。⑤

---

① 奚从清.角色论——个人与社会的互动[M].杭州:浙江大学出版社,2010:100.
② 秦启文,周永康.角色学导论[M].北京:中国社会科学出版社,2011:92.
③ 邱德亮.论社会角色责任与角色道德建设[M].长春:东北师范大学出版社,2007:15—16.
④ 丁水木,张绪山.社会角色论[M].上海:上海社会科学院出版社,1992:131.
⑤ 杨行.角色理论视域下新乡贤参与乡风文明建设研究——以河南T镇为个案[D].新乡:河南师范大学硕士学位论文,2019:10.

(3) 角色学习阶段

个体通过角色领悟,强化角色意识,对观念形态的角色期望内化为个人行为决定后,为了明确角色担当的权力与义务,端正角色担当的态度与方向,提升角色担当的能力与水平,还要组织角色学习。所谓角色学习(Role learning),是指社会成员掌握社会角色理想性的行为准则、技能,提高角色认知水平,缩短与理想角色之间差距的过程。① 角色学习的内容是由担当角色所需要的知识和技能来决定的,主要包括角色义务、角色权利和角色行为规范,以及角色的情感和态度。角色学习既是角色担当的基础,又是个体社会化的重要途径。个体只有通过角色学习,即通过各种途径了解与自我所担当的社会角色的义务、权利、态度、情感和行为要求,才能正确地进行角色担当②,提升角色担当的能力和水平。

(4) 角色实践阶段

角色实践(Role practice)也就是角色行为,是角色担当的实际过程和行动,是角色期望和角色领悟的进一步发展。如果说角色期望和角色领悟是角色担当过程处于观念形态的话,那么角色实践就是行为层面的内容。在角色实践的一个行为层面,个体按照角色期望和角色领悟,运用角色学习得到的知识和能力,进行角色创造。通过一个阶段的角色实践,"主要研究他人所创造、所稳固的角色,个体也可以主动地暗示自己所正要担当的角色"。因此,特纳认为,角色担当也是角色创造。③ 概言之,角色实践是角色创造的过程,标志一个特定的个体在一个时期内担当的某一任务的完成或某一计划的实现,它是角色担当的关键阶段。

3. 角色担当的条件

角色担当需要具备相当的条件。一般来说,一个角色担当的成功与否,关键在于个人对社会的认知程度,对于需要担当的角色的理解以及自身对于角色担当所具备的能力,还包括社会背景等外在因素。具体而言,角色担当的条件分主客观两个方面:

---

① 王康. 社会学词典[Z]. 济南:山东人民出版社,1988:207.
② 奚从清. 角色论——个人与社会的互动[M]. 杭州:浙江大学出版社,2010:83.
③ [美]乔纳森·H. 特纳. 社会学理论的结构[M]. 吴曲辉,等,译. 杭州:浙江人民出版社,1987:454.

(1) 角色担当的主观条件

在个体自身方面,一方面需要角色担当者具备角色担当的主观意愿。若是角色担当者没有角色担当的主观意愿,就不知道角色要有角色规范及其内容,就不知道角色担当的成败对自己、对别人、对社会的影响,角色担当就无从谈起。所以说,角色担当的重要条件就在于要认识角色,具有强烈的角色担当的主观意愿。另一方面,需要角色担当者具备担当角色所需要的能力。角色担当是人在社会生活中担当的角色,而担当角色仅仅具有角色担当的主观意愿是不够的,在具有强烈的角色担当的意愿的同时,还必须具有担当角色所需要的能力。角色担当能力具体表现在两个方面:一是角色担当数量的多少。角色担当能力与角色担当数量成正比。一个人担当的角色数量越多,个人社会化程度就越高,角色担当能力就越强。反之亦然。二是角色担当所花费的时间和精力的多少。角色担当能力与花费的时间和精力成反比。同样担当一个角色,花费时间和精力少的,角色担当能力就越强,反之亦然。① 个体角色担当的技巧和能力是决定角色担当成功与否的一个重要因素。角色担当技能是指角色承担者为履行角色义务所需要的智慧、能力、技术和经验的总和,包括一般技能和特殊技能。② 一般技能包括认知技能和活动技能,是任何担当角色的个体都必须具备的技能。特殊技能是在担当某一特定角色时所必须具备的独特技巧、能力、智慧、经验等。③ 角色担当技能越高,角色行为能力也就越强。因此,在角色学习阶段要认真训练角色技能,以确保角色担当的成功。

(2) 角色担当的客观条件

角色担当成功除了形塑角色担当者自身的主观条件外,还要构造角色担当的客观条件。这里用戏剧舞台打比方,略谈角色担当的客观条件:一是舞台。舞台在戏剧演出中占有极其重要的地位。舞台是角色表演的平台,舞台设计优良与否直接关系到演员在比赛中的表演效果和比赛的成功率。与担当舞台角色一样,担当社会角色也需要

---

① 秦启文,周永康.角色学导论[M].北京:中国社会科学出版社,2011:137.
② 周运清,等.新编社会学大纲[M].武汉:武汉大学出版社,2004:72.
③ 奚从清.角色论——个人与社会的互动[M].杭州:浙江大学出版社,2010:86—87.

舞台,社会舞台条件是否优良有利对个体角色担当成功与否也有重要的影响。二是后台。演员演戏需要后台,演出之前需要在后台化妆,做好进入角色的准备;从前台下场后需要在后台休息,为下一次再上场做准备;演出结束之后,需要在后台卸妆。社会角色在担当前后甚至担当中间也需要后台,后台条件对社会角色担当起重要的支撑作用。三是道具和服饰。社会角色的担当也像舞台演员的演出一般,需要某些物质设备作为道具,需要漂亮和得体的服饰来装扮。① 道具和服饰在戏剧演出中占有特殊的位置,不仅是角色身份的标志和典型环境的说明,还包含着高超的技艺性,直接关乎演出是否精彩。同理,物质资源条件的准备也是成功的角色担当的一个必要条件。若是角色担当者缺乏物质资源条件准备,往往会陷入"巧妇难为无米之炊"的窘境。除此之外,角色担当成功,还要系统构建创新机制,即认识层面的认同机制、关系层面的协同机制和保障层面的长效机制。

(三) 角色认同

一个个体在了解了角色期望之后就有一个对角色规范的接受程度问题,即他是否愿意按照角色规范去做。一个个体接受角色规范的要求、愿意履行角色规范的状况称为角色认同。一个个体能否在一定的社会活动中成功担当某个角色,在很大程度上要取决于他对某个角色的认同。角色认同问题既是一个个体心理问题,也是一个社会问题,它已引起广泛的社会关注。本部分对"认同""角色认同""角色认同的构成"等进行概述。

1. 认同的涵义

在对角色认同的概念进行阐释时,首先要对它的上位概念认同进行阐释。认同一词的英文书写是 Identity,起源于拉丁文 idem,表示相同的、同一性的等含义。认同是一个跨学科的概念和研究范畴,关于它的概念界定,学者们可谓是众说纷纭,他们从不同的角度、不同的层面给予不同的理解。汇总起来,主要从三个角度进行定义。

---

① 丁水木,张绪山.社会角色论[M].上海:上海社会科学院出版社,1992:138—140.

其一是从哲学视角出发,古希腊德尔斐神庙的铭句——认识你自己,就是对认同的最好诠释。古希腊著名哲学家苏格拉底(Socrates)认为,人生最大的智慧,就是认识你自己。他一生都在认识自己的道路上修炼,终成为流芳百世的智者,被后人称为最有智慧的人。哲学视野中的认同问题是一个从根本上关乎一个人的生存状态的哲学问题,它与人的生命意义和自我价值感高度相关,是对生命个体基本价值、意义的不断探寻与确认。简言之,认同问题是关于人发展过程中探索自我认识、自我实现的问题。

其二是从心理学角度而言,最早提出认同的是奥地利心理学家弗洛伊德(Sigmund Freud)。弗洛伊德把认同看作是一个心理过程,是个人向另一个人或团体的价值、规范与面貌去模仿、内化并形成自己的行为模式的过程,是个体与他人有情感联系的原初形式。将认同真正引入心理学领域的却是美国著名的发展心理学家和精神分析学家埃里克森(Erik H Erikson)。埃里克森在其著作《童年与社会》和《同一性:青年与危机》中多次使用认同这一概念,用它确指人对自己身份或角色的确认,回答"我是谁"或"我的身份是什么"的问题。因此,美国《心理学百科全书》将认同释义为"精神分析理论中的一个核心概念,指的是主体同化、吸收其他人或事,以构建自身人格的过程"[1]。它是"一个人将其他个人或群体的行为方式、态度观念、价值标准等,经由模仿、内化、使其本人与他人或群体趋于一致的心理历程"[2]。

其三是从社会学视角来说,个体都生活在一定的社会当中,都是一定社会群体中的一员。在社会生活中,个体认识到他属于特定的社会群体,同时也认识到作为群体成员带给他的情感和价值意义。社会认同是社会成员共同拥有的信念、价值和行为取向的集中体现,本质上是一种集体观念。"社会学视野中的认同关注个体与群体、社会环境之间的相互作用,认为认同不仅是个体的感觉或态度,还存在社会性、可塑造性和共存性。"[3]在我国最大的综合性辞典《辞海》中给认同下的社会学定义为"社会学上的

---

[1] Flores, Maria Assuncao & Day, Christopher. *Contexts Which Shape and Reshape New Teachers dentities: A Multi-perspective Study* [J]. Teaching & Teacher Education, 2006(2).
[2] 张春兴.张氏心理学大辞典[M].石家庄:河北人民出版,1992:122.
[3] 李壮成.农村中小学教师职业认同现状调查分析[J].河北师范大学学报(教育科学版),2009(8).

认同泛指个人与他人共同的想法。在人们交往活动过程中,为他人感情和经验所同化,或者自己的感情、经验足以同化他人,彼此产生内心的默契,可能是有意识的,也可能是无意识的"①。

2. 角色认同的涵义

在前面对"角色"和"认同"两个概念涵义阐释的基础上,下面将对"角色认同"的涵义进行阐释。如同对"角色"和"认同"涵义阐释的众说纷纭,国内外学者对"角色认同"的阐释也是仁智互见。

国外研究者就角色认同所下的定义中,比较有代表性的有以下几种:斯瑞克和斯坦森(Stryker & Statham)认为,角色认同指的是个体基于社会结构和社会环境,通过互动行为而建构的作为对某一特定社会地位的特定认同,它由社会结构和自我共同形成,某一特定的角色认同都代表个体的一个侧面,而所有角色认同的总和就构成了个体。同时,角色认同并不是完全被动地被塑造,它也作为一种社会力量通过对行为的影响以至影响社会结构。达西克莱斯蒂伯(DarcyClay Steber)等人认为,角色认同是一种知觉,即我们如何看待在一个特定社会位置上行动的自我,而且人们就是用对待自己的这种方式来积极建构自身的角色认同的。伍德和罗伯特(Dustin Wood & Brent W. Roberts)认为,角色认同为个体知觉到的自己所处的特定情境地位。埃里克森认为,每一阶段都可以看作个体在生命成长的时间序列上所扮演的某个特定的角色认同过程,该阶段个体所承担的角色是根据社会对于处于该年龄段的个体所具有的生物发展特性和个体所处的环境来规定的。

国内学者也对角色认同进行了较多的研究。黄希庭认为,角色认同是指与角色相统一的具体的态度和行为。高桂娟和邓媛媛认为,一个人活在世界上,必有的社会属性最终决定了每个人的社会角色,从而使人产生"我是某类人"的感觉。在社会心理学里这种感觉被称为角色认同,也就是个人的态度及行为与其当时所扮演的角色是一致的。周永康认为,角色认同是一个社会过程,表现为自我与社会、他人的互动;角色认

---

① 夏征农. 辞海[Z]. 上海:上海辞书出版社,1989:433.

同也是一个心理过程,表现为个体对自己所承担的某个角色身份的知觉、情感体验以及相应的行为表现。

由此可见,角色认同在不同的学科有不同的解释。根据以往的研究,角色认同给出的定义比较多,但有共同点,即个体对自身所承担角色的认知内化的过程。个体在生活、工作和学习中都在担当一定的角色,会按照这样的角色来定义自己,用角色的情境规定来思考问题、处理问题和解决问题。亦即,个体在了解了角色期望之后,接受角色规范的要求,愿意履行其角色规范并通过外在的行为表现出来,这就是角色认同。简言之,角色认同是指个人的态度及行为与个人当时所担当的角色一致。

3. 角色认同的结构

角色认同的形成包含了自我角色认同和社会角色认同两个并行过程,每个特定的角色认同都代表个体的不同侧面,所有角色认同的总和构成一个整合的个体。

自我认同是美国心理学家埃里克森首先提出来的一个概念,也被称为自我的同一性。其基本涵义可以理解为:个体知晓自己是谁,并且对所认知的自己抱有一种持续的、稳定的认同感。外界对个体的评价影响到个体对自己的认知,心理学上管这个现象叫做"投射性认同"。简言之,自我认同即将外界环境对个体的影响与评价内化为个体自我认知的过程。自我认同是个体对"我是谁"和"我将走向何方"的问题的回答,一种不再困惑迷失的感受。[①] 它是个体自我概念形成的基础,也是指导其行为选择的关键因素。[②]

社会认同是与自我认同相对立的。根据社会心理学对自我的解释和看法,我们应该将自我放在社会关系中,自我不可独立于社会关系,就像人不可能独立于各种社会关系一样,故此,要通过在社会中人所表现出来的行为来研究自我的问题。米德指出"自我从本质上说,是一种社会结构,是从社会经验中产生的"[③]。在"微群体实验"的

---

① Erikson, E. H. *Identity: Youth and crisis* [M]. New York: Norton, 1968: 76.
② VADERA A K, PRATT M C. Love, hate ambivalence, or indifference? A conceptual examination of workplace crimes and organizational identification [J]. *Organization Science*, 2013(1).
③ George H. Mead, *Mind, Self, and Society* [M]. Chicago: University of Chicago Press, 1934: 154.

基础上提出了社会认同的理论,它的含义可概述为,一个人对于他所处的社会群体类别,如民族、政治团体等,并对个体按照这一群体类别所具有的自身特点来划分个体自身的倾向。个体对所处社会类别的划分和看法,是"一个人对其所属的社会类别或群体的意识"。① 因此,可以这么认为,角色认同是指社会个体在社会结构和社会环境的基础上,通过互动行为针对某一特定的社会地位来构建适用于角色的特定认同。

自我认同与社会认同既相互对立又相互联系的。自我认同与社会认同的最主要区别就是认同的主体不同。自我认同的主体是自己,也就是以自己为核心的认同;社会认同的主体是他人,也就是以他人为核心的认同。但是,自我的认同其实是会受到社会认同的影响的,因为人是一种关系动物,不可能脱离关系存在,所以就必然导致存在自我认同屈服于社会认同的情况,甚至以社会认同作为自我认同的参考,从而构建自己的自我认同。选择一个特定角色后,个体就将自身置于某个与他人、与整个社会体系相联系的确定位置②,显然,个体对自身角色是否满意,不仅仅在于自我评价,还在于他人的反馈,如果自我评价与他人反馈不一致的话,或者个体收到来自外界的负面评价,个体就会感觉到压力、焦虑、痛苦等负性情绪。降低这种不协调的自动控制系统正是认同,它使个体能够修正自身行为,实现内外一致。③

(四) 角色建设

每个社会个体都有自己的角色,每个社会角色都有自己的担当。社会生活中的个体能否成功担当自身的角色、能否达成社会的期望,有赖于个体的角色建设。何谓角色建设? 角色建设的内容有哪些? 角色建设要遵循哪些原则? 本部分对这三个关于角色建设的基本问题进行概述。

---

① Michael A. Hogg, Dominic Abrams. *Social Identification*: *A Social Psychology of lntergroup Relations and Group Process* [M]. London: Rout-ledge, 1988: 14.
② Brewer, M. B. The many faces of socialidentity: implications for political psychology [J]. *Political Psychology*, 2001(1).
③ Burke, P. J., & Reitzes, D. C. An identity theory approach to commitment [J]. *Social Psychology Quarterly*, 1991(3).

1. 角色建设的涵义

何谓角色建设(Role building)？有学者认为,角色建设主要是指角色规范建设,指由社会确立符合社会期望的角色行为规范,并使之内化为社会成员认同的个体行为准则。[①] 另有学者认为,角色建设是指社会或组织引导个体按照社会期望与要求,加强自身担当角色所具有的意识、规范、形象、机制及方法等方面的建设,并使之内化为自己的行为模式。[②] 汇总以往学者给角色建设的释义,我们认为,角色建设是社会或组织引导个体,为了成功担当角色、达成社会期望而加强角色意识、角色规范、角色形象、角色机制等方面的建设,并使之内化为个体自身行为模式的综合性活动。

正确把握与理解角色建设的涵义,应注意如下几个基点:①角色建设是一种主客观相结合的活动。角色建设的主体是个体,是实施角色建设的出发点和立足点,提高其主动性和自觉性仍然是个体。但是社会与组织对角色建设负有组织与引导的职责,其目的是为了保障个体成功担当自身的角色、达成社会的角色期望。②角色建设是一种涉及多方面内容的活动。角色建设的活动内容包括强化角色意识、制定角色规范、形塑角色形象、构建角色机制等。③角色建设是一种综合性的活动。角色建设是一种有目的、有计划的思维活动和实践活动,这种活动以强化角色意识为核心,以制定角色规范为重点,以形塑角色形象为关键,以构建角色机制为手段,确实有效地加强角色建设。[③]

2. 角色建设的内容

如前所述,角色建设是一种涉及多方面内容的综合性活动,其内容包括制定角色规范、强化角色意识、形塑角色形象、构建角色机制等几个方面。

(1) 制定角色规范

一般说来,只要有某种角色存在,必定相应地要有其角色规范的存在,并且要求角色担当者认识角色规范。只有角色担当者认识角色规范,才可能按照角色规范的要求

---

① 丁水木,张绪山. 社会角色论[M]. 上海:上海社会科学院出版社,1992:164.
② 奚从清. 角色论——个人与社会的互动[M]. 杭州:浙江大学出版社,2010:174.
③ 奚从清. 角色论——个人与社会的互动[M]. 杭州:浙江大学出版社,2010:174—175.

去担当角色。而认识角色规范的前提是有规范的存在,没有角色规范,就不存在认识规范的问题。只有有了明确的规范,才能有认识的对象,规范才能被认识。所以,角色建设的首要内容是为社会角色尽早制定合适的角色规范。

角色规范(Role norm),是指角色担当者在享受权利和履行义务过程中必须遵循的行为规范或准则。角色的基本特征来自每一类角色都有一组由社会为之规定的,由角色行为规范模式决定的并与其所处地位、身份、职位相符合的特殊行为。不同角色相互区别的关键,就在于它们各自具有一组特殊的行为,这些特殊的行为共同构成行为规范模式。故此,行为规范模式也是社会赋予特定角色的各种规范形态的总和。行为规范是角色的基本要求。角色规范保证角色权利的运用和角色义务的履行,防止角色担当行为越轨;限制与约束个人的行为,使之成为能为社会所接受的行为,在社会影响个人中起中介作用;使社会规范落实为个人社会模式,保持社会生活的稳定有序。① 概言之,角色规范是调节人类个体行为使之符合社会需求的指示器,在人类社会生活中具有重要的功能。因此,重视角色规范建设,以便于社会个体能够更快地适应角色,使之行为符合社会需求,这是角色建设的首要内容。

(2) 强化角色意识

角色规范,是角色行为的外在依据;角色意识,是角色行为的主体认识。角色意识淡薄,即使社会或团体制定了科学合理的角色规范,个体还是不能担当好这个角色的,因为缺失角色担当的主动性和积极性。因此,强化社会成员的角色意识,激发其角色担当的主动性和积极性,也是角色建设的重要内容。

角色意识(Role awareness),亦称角色观念,是指个体在特定社会关系中对自己所担当角色的关系、地位、作用、规范、权利、义务、形象、行为等方面的认知、态度、情感的综合反映。② 角色意识是人作为社会主体的意识,是人的主观世界对社会角色内在本

---

① 丁水木,张绪山. 社会角色论[M]. 上海:上海社会科学院出版社,1992:51—57.
② 奚从清. 角色论——个人与社会的互动[M]. 杭州:浙江大学出版社,2010:178.

质的能动反映,是人对自身社会角色的认知和心理体验,是社会角色自觉整合的过程和结果。① 具体而言,角色担当者要清楚自己特定的社会位置及其在特定社会中的地位与作用,要知道自己相应的角色规范及其权力与义务,要懂得自己角色担当成败的影响和效果,还要明白自己在担当角色过程中的形象和行为。其实,个体在特定社会中担当角色,发挥角色的社会作用,在相当层面上说,就是在提高自己对角色的认识。观念或认识指导人的行动,认识清楚了才能更好地行动。故此,在角色建设过程中,要强化角色担当者的角色公共意识、角色情怀意识、角色服务意识等,使之成为角色规范的自觉行动者。

(3) 形塑角色形象

确立了角色规范,促使角色担当者的行为符合社会需求;强化了角色意识,促使角色担当者成为角色规范的自觉行动者。但是,有了这二者,个体还是不能担当好这个角色。要担当好这个角色,还需要角色担当者具有良好的思想品德、人格品质和言行习惯、扎实的文化知识、高水平的业务能力以及健康的体魄等能力素养来支撑。亦即,要具备一个良好的角色形象。

角色形象(Character image),是指角色担当者的思想品德、人格品质、文化知识、业务能力、言行习惯以及身体素质等方面的总和。这个"总和",既包括内在的方面,也包括外在的方面。这样,才能形成某一社会角色总的形象。② 具体而言,角色形象建设主要包括加强思想道德建设、注重人格品质修养、抓好文化知识学习、促进能力水平提升、注重言行习惯养成、加强健康体魄锻炼等方面。通过这些方面的建设,有效提升角色素质。这些素质决定了个体对社会事物的态度,也决定个体对自己行为的取向,因而也决定社会角色的担当程度。唯有提升这些素质,才能为个体角色担当提供道德力、人格魅力、知识力、体力等方面的支撑,才能促进个体有效履行社会义务和社会责任。同时,其担当的角色才能为社会、组织和民众所服膺与认同。

---

① 刘明珠.社会角色意识新论[M].北京:北京出版社,2009:14.
② 奚从清.角色论——个人与社会的互动[M].杭州:浙江大学出版社,2010:201.

(4) 构建角色机制

社会现象是复杂多样的,即使角色规范确立了,角色意识强化了,角色形象树立了,总不免会遭遇角色紧张、矛盾和冲突的时候。那么,如何避免与解决角色紧张、矛盾和冲突呢?戈夫曼为避免角色冲突提出自己的观点:"对这种烦恼的认识并不是角色分析中的一种局限,而是它的价值之一,因为它迫使我们去研究何种机制才能避免这种冲突,或处理不可避免的冲突。"[①]很显然,戈夫曼明确提出"研究何种机制才能避免这种冲突",从而保障社会成员最终担当好这个角色。

角色机制(Role mechanism),是指个人与社会对担当一定的角色避免紧张、矛盾和冲突所要协调的各种关系和工作方式。[②] 角色机制是角色体系内相互联系、相互作用的"带规律性的模式",角色建设的内容复杂多样,主要包括:用心角色领悟,提升角色认知的认同机制;协调人和社会中不同因素矛盾、冲突和纠葛,使之成为统一体系的协同机制;纠正违反规范的角色行为,形成有效角色治理结构的监控机制;提供角色担当有利条件,保证角色担当系统正常运行并发挥预期功能的长效机制。通过角色机制构建,避免与解决角色担当中的矛盾和冲突,促使社会角色良性互动和协调发展,从而确保角色担当的方向性、有效性和持续性。

3. 角色建设的原则

角色建设是一项系统工程,涉及方方面面。在角色担当中,个体既要承担社会责任,又接受社会赋予的权利与保障;既要注重内心修养,又要注重外在形象形塑;既受社会、团体的制度制约,又要发挥主动性、自觉性。因此,在角色建设过程中,应处理好个体性与社会性、内在性与外在性、规约性与自觉性等的关系,遵循角色建设的相关原则,科学地进行角色建设。

(1) 义务履行与权利保障相结合原则

角色义务(Role obligation)是社会对社会角色所规定的应尽的社会责任。角色义

---

① [美]欧文·戈夫曼.日常接触[M].徐江敏,丁晖,译.北京:华夏出版社,1990:78.
② 奚从清.角色论——个人与社会的互动[M].杭州:浙江大学出版社,2010:221.

务的确立,一般说来有两种形式:一种是自然确立。有些角色义务是人们的行为习惯的结果,具有约定俗成的性质。另一种是通过行政方式,通过制定法律、法规、制度、纪律等来确立。① 角色义务履行的情况如何,不能以角色担当者的自我评价为标准,而必须得到社会的认同。角色义务的履行得到了社会的认同,即完成了角色义务的履行。

角色权利(Role rights)是角色担当者所享有的权力和利益。角色权力是指角色担当者履行角色义务时所具有的支配他人或使用所需的物质条件的权力。角色权益是指角色担当者在履行角色义务后应当得到的物质和精神报酬。如工资、奖金、福利、实物等属于物质报酬,表扬、荣誉、称号等属于精神报酬。角色权利的确立,或者由社会加以明文规定,或者得到社会约定俗成的公认。②

权利与义务是对立统一关系,没有权利就没有义务。马克思说:"没有无义务的权利,也没有无权利的义务。"③一方面,每个人生活在一定的社会关系之中,都要承担某种社会责任,都要履行社会义务。另一方面,角色权利是保证社会角色履行角色义务的基本条件和动力,对履行角色义务具有保障与激发作用。若是角色权利不明确或不为社会清楚地了解,角色义务也无法履行。所以,在角色建设中,要将角色担当者的义务履行与权利保障统一起来。

(2) 内心修养与外在形塑相结合原则

这里所谓的内心修养,是指个体担当某个社会角色所需的内在素质的修炼与养成,是与其他个体有实质区别的关键所在。这种内在素质的基础是,有正确的世界观、人生观和价值观,有崇高的职业理想信念,有高度的事业心和强烈的责任心,有服务社会的主观意愿和自我献身的精神,有渊博的通识性知识和扎实的专业性知识,有熟练的职业技能,等等。所有这些,是个体担当社会角色必要的内部条件。若是个体具备

---

① 丁水木,张绪山. 社会角色论[M]. 上海:上海社会科学院出版社,1992:44.
② 丁水木,张绪山. 社会角色论[M]. 上海:上海社会科学院出版社,1992:49.
③ 中共中央马克思恩格斯列宁斯大林著作编译局. 马克思恩格斯选集(第 2 卷)[M]. 北京:人民出版社,1972:137.

了这些内部条件,就十分有利于角色担当的完成。故此,在个体角色建设中要加强这些内在素质的修养。

这里的外在形塑是指个体担当某个社会角色所需的外在素质的形成与塑造,这种外在素质的基础是,有优雅的仪态,有得体的言谈,有良好的行为习惯,有规范的行为方式,有健康的体魄,等等。所有这些,是个体担当社会角色必要的外部条件。若是个体拥有了这些外部条件,更有利于角色担当的完成。故此,在个体角色建设中也要重视这些外在素质的形塑。

在角色建设过程中,正确处理角色担当者内在性与外在性之间的关系,将内心修养与外在形塑紧密结合,将社会对他的角色期望与自己的角色行为融为一体,那就会呈现出内在美与外在美相统一的优秀角色形象。

(3) 规范遵守与自觉行动相结合原则

行为规范分为成文规范和不成文规范。成文规范是指明文规定与公布实施的规范。成文规范具有某种强制性,有的具有明显的强制性,如法律、制度、纪律之类;有的则有一定的强制因素,如守则、公约、须知之类。成文规范具有契约性,对全体社会成员具有普遍约束力。

不成文规范是指没有明文规定与公布实施而在实际生活中起作用的行为规范。它的传承不依靠典籍,而是依靠习惯势力而约定俗成。同时这种传承又往往与人们某种社会活动或某种心理需求相适应,因而具有顽强的生命力。大多数不成文规范是人们在受到长期的社会环境熏陶以后,内化在人们意识深处,成为支配人们行为的一种习惯或道德力量。[①]

在角色建设中,既要注意契约化的行为规范建设,又要注意道德习俗建设,两者不可偏废。就其本质而言,就是要通过建设,把角色规范从外在的规范遵守转化为个体的内在要求和自觉行动,形成坚定的规范意识或规范观念,从而提高个体的自觉性,把角色规范的精神化为每个社会成员的实际行动。

[①] 丁水木,张绪山.社会角色论[M].上海:上海社会科学院出版社,1992:179.

二　乡村振兴战略中乡村教师新乡贤角色的涵义

要阐释乡村振兴战略中乡村教师新乡贤角色的涵义,首先要明晰什么是"乡村教师新乡贤角色";要明晰什么是"乡村教师新乡贤角色",首先得阐释"乡贤"和"新乡贤"的基本涵义,这是分析乡村振兴战略中乡村教师新乡贤角色涵义的逻辑前提。[①]

(一) 乡贤

从词源上探析,"乡"字的繁体字"鄉",与"饗"原本是一字,是个会意字,字行像两人相向对坐,共食一簋的情状。在甲骨文中表示"二人相向共食",意为"比较密切的人际关系";许慎的《说文解字》则释义为"乡,国离邑,民所封乡也。"翻译成现代汉语,即乡是国都相距遥远之邑,是百姓开荒封建之乡。几经解释与实践,"乡"字从原初的表示较为密切的人际关系引申到行政区划的概念,指代"在地""乡邑""乡里"。"贤"字,《说文解字》释义为"多才也",最初指谓掌握钱财的人,《庄子·徐无鬼》言"以财分人之谓贤",而后引申为"贤达""德行高尚的人"。"乡"与"贤"结合为双音节词"乡贤",被指代"在地的贤达"或"与乡邑具有地缘关系的贤达"。在《汉语大词典》里,将"乡贤"释义为"乡里德行高尚的人"。

乡贤文化源远流长。中国古代不同历史时期有"父老""乡老""乡先生""乡达""乡绅"等称谓,其实均是乡贤文化的具体表达。"乡贤"一词大约肇始于汉末,清代梁章钜认为"东海孔融为北海相,以甄士然祀于社。此称乡贤之始。"[②]"乡贤"是国家对有作为的官员,或有崇高威望、为社会作出重大贡献的社会贤达,去世后予以表彰的荣誉称号,是对享有这一称号者人生价值的肯定。[③] 自唐以降,民间皆建先贤祠,以供奉历代乡贤人物。嗣后,乡贤涵盖的范围不断扩大,明嘉靖十三年(1534年)官方给出了具体

[①] 肖正德.论乡村振兴战略中乡村教师的新乡贤角色[J].教育研究,2020(11).
[②] 梁章钜.称谓录(校注本)[M].福州:福建人民出版社,2003:25.
[③] 邓辉,陈伟.乡贤文化的前世今生[M].湘潭:湘潭大学出版社,2016:6.

定义:"生于其地,而有德业学行著于世者,谓之乡贤。"① 明代将冕则称:"生于其乡,而众人共称其贤者,是为乡贤。"② 明代在择取乡贤时,除了考虑功德言,是否为官也是其评定的必要条件。而迨至清代,则将是否出仕,不再视为评定乡贤的必要条件。只要在乡里有善举,比如一些商人在家乡建义田、设义学、修桥铺路等,均有可能被认定为乡贤。明清两代乡贤的确立,需要由地方公举,再经官方审核批准,然后进入乡贤祠。到了近代,北洋政府曾以官方名义,树立了一批乡贤。然而,20世纪上半叶,战乱频繁,割地赔款,民不聊生,乡村凋敝,乡土社会受到严重侵蚀,之前保留在乡村的优秀人才大量流失,原本应该回到乡村发挥领导作用的乡村精英也背井离乡。③ 同时,连年战乱导致国库亏空,国家迫切需要将政权深入乡村来弥补税收的不足,此时"新式地方权威"慢慢成为乡村领袖。"新式地方权威"来源于国家政权的授予,其权威的来源与地方社会利益相分离,于是出现了如印度著名的历史学、汉学家杜赞奇(Prasenjit Duara)所言的从"保护型经纪"到"营利型经纪"的转变,大量乡村贤德人士退出领导权,乡村社会由土豪劣绅所把持。④ 新中国建立以后,我国农村经过土地改革和农民合作化后,实行人民公社制度。自此,我国乡村社会有组织的政治权威代替了自发产生的乡贤权威。在这一过程中,国家力量过度膨胀,摧毁了民间组织,消灭了各种自组织力量,也就使得乡绅阶层消失并导致社会成员的"原子化"。⑤ 改革开放后,我国农村实行家庭联产承包责任制,这又为乡贤的产生提供了基础和土壤。但随着城市化进程的加快,我国乡村也出现越来越严重的空壳化问题,乡村大批青壮年劳动力涌向城市,乡村精英人才大量流失,乡村文化荒漠化。⑥ 在此过程中,乡贤与乡民之间的距离日渐疏远,乡贤文化走向式微。⑦

---

① 张会会. 明代乡贤祭祀与儒学正统[J]. 学习与探索,2015(4).
② 袁灿兴. 中国乡贤[M]. 北京:新星出版社,2015:2.
③ 费孝通. 乡土重建[M]. 长沙:岳麓书社,2012:52.
④ [美]杜赞奇. 文化、权力与国家:1900~1942年的华北农村[M]. 王福明,译. 南京:江苏人民出版社,1996:33—37.
⑤ 胡鹏辉,高继波. 新乡贤:内涵、作用与偏误规避[J]. 南京农业大学学报(社会科学版),2017(1).
⑥ 宋圭武. 乡村振兴与新乡贤文化建设[J]. 学习论坛,2018(3).
⑦ 吉标,刘擎擎. 乡村教师乡贤形象的式微与重塑. 当代教育科学,2018(5).

乡贤是我国传统文化历史上一支独特的群体，他们根植于我国优秀的传统文化土壤，是中华文化长期发展的结晶，是中华文明根植于乡村的产物。我国历来有"皇权不下县"的传统，官方行政只下达到县一级政府，县以下区域的乡村社会治理主要依循乡土社会的特殊关联、道德礼法、行为准则进行自治。官方行政要下达乡间，在政府与百姓之间必须有一个特殊的阶层作为中介来弥缝与连接，而民意也同样需要得以上通，如此上通下达才能贯彻执行。① 这就为有知识、有能力、有资源、有奉献精神的乡贤治村提供了行动空间和机会。② 于是，"父老""乡老""乡先生""乡达""乡绅"等称谓及其担当的相应社会角色在不同历史时期应运而生。这些在维持传统乡村社会秩序中发挥重要作用的"在地贤达"，就是我们俗称的乡贤。他们似官非官、是民非民，在国家政权与基层社会中承担着联通上下的"桥梁"角色；③对于国家官僚体系来说，他们是国家权力在乡村社会的代表，"可以从一切社会关系：亲戚、同乡、同年等，把压力透到上层，一直可以到皇帝本人"④。因为他们最为熟悉当地的经济社会发展状况，在当地有着较高的威望和号召力，他们承担协助地方官僚管理乡村的责任，国家政策的贯彻执行、征派税赋徭役、兴修公共工程、组织武装团练等事务的实现均离不开他们的协助与支持；对于乡民而言，他们是其诉求表达者和利益代表者。据清代《牧令书》记载："士为齐民之首，朝廷法纪不能尽喻于民，唯士与民亲，易于取信。"此谓"士"，即为乡贤。他们是"乡村社会建设、风习教化、乡里公共事务的主导力量"⑤，肩负着维系村落利益、处理乡民纠纷、协调乡民关系的使命。一旦村落利益与国家利益存在冲突的时候，他们可以凭借其身份，在乡民与国家之间充当桥梁，站在乡民立场上与国家讨价还价。⑥ 他们植根于传统中国社会特殊的乡土结构，历史学家秦晖将之总结为"国权不

---

① 邓辉，陈伟. 乡贤文化的前世今生[M]. 湘潭：湘潭大学出版社，2016：4.
② 舒隽. 乡村治理变迁与新乡贤的当代表达[J]. 浙江工商大学学报，2018(5).
③ 舒隽. 乡村治理变迁与新乡贤的当代表达[J]. 浙江工商大学学报，2018(5).
④ 费孝通. 乡土中国·生育制度·乡土重建[M]. 北京：商务印书馆，2011：383.
⑤ 付翠莲. 我国乡村治理模式的变迁、困境与内生权威嵌入的新乡贤治理[J]. 地方治理研究，2016(1).
⑥ 李建兴. 乡村变革与乡贤治理的回归[J]. 浙江社会科学，2015(7).

下县,县下惟宗族,宗族皆自治,自治靠伦理,伦理造乡绅"①。乡土社会是乡绅产生的土壤,反之,乡绅对乡土社会的维系起着举足轻重的作用。费孝通先生认为,"绅"是从皇权系统中回归乡土的官员,他们也是"士",即"绅士",构成了乡土社会的知识阶层,并从礼治上维持着乡土的社会秩序和社会稳定。②"乡"与"贤"的结合本质上是"绅士"与"乡土中国"相结合的结构形态中的特殊存在,他们"生于斯,长于斯",又将自己的学识和德行贡献于斯,并赢得所在地民众的服膺推崇。③

乡贤之所以称之为乡贤,要具备地域性、知名度和道德价值三个不可或缺的基本要素。④ 从地域性而言,乡贤只有立足乡里,"在乡言乡、在乡为乡",才懂乡民之需,才能解乡民之难,才能报乡民之效,才能造乡民之福。从知名度和道德价值而言,在中国传统社会里,各地乡贤择取的标准,不外立功、立德、立言,造福于一方者。⑤ 传统乡贤德高望重,具有符号或象征资本。作为道德的化身而存在的乡贤,是引导乡民规范自身行为的典范。他们不仅修路造桥、兴学善堂、赈灾救饥,造福桑梓,泽被乡里,既为地方乡民谋求利益,也为自己赢得声望⑥,而且还承担着道德教化、调解纠纷、维护地方安宁、推动乡村建设的社会责任,在维系乡村社会的文化、风俗、教化方面发挥了重要的作用。这里必须需要指出的是,知名度和道德价值的有机统一才是"贤"。没有知名度、不为乡民服膺推崇的人显然构不成"贤",但单有知名度也不可以作为"贤"的标准,因为个人知名度仅仅是个体成贤的可能性,一个有知名度的人,却不一定能做利乡利民的善事,只有当一个有知名度的个人切实表现为对斯地斯人的道德行为,有益于乡里或当地乡民方可称之为"贤"。另外,还需着重指出的是,乡贤在乡民中的威望并非在于其对地方的强制性控制,而在于他们遵循当地的道德观念体系,由此获得乡民基

---

① 秦晖.传统中华帝国的乡村基层控制:汉唐间的乡村组织[A].黄宗智.中国乡村研究(第一辑)[C].北京:商务印书馆,2003:3.
② 吴晗,费孝通.皇权与绅权[M].上海:观察社,1948:1—9.
③ 赵浩."乡贤"的伦理精神及其向当代"新乡贤"的转变轨迹[J].云南社会科学,2016(5).
④ 赵浩."乡贤"的伦理精神及其向当代"新乡贤"的转变轨迹[J].云南社会科学,2016(5).
⑤ 袁灿兴.中国乡贤[M].北京:新星出版社,2015:2.
⑥ 李晓斐.当代乡贤:理论、实践与培育[J].理论月刊,2018(2).

于价值认同内生而来的认可与拥护,进而树立普遍感召力和权威性。①

传统乡贤长期嵌入乡村社会,在乡村社会治理中发挥多重功能:一是上通下达的"传声筒"。如前所述,自秦至清"国权不下县"的基层政治制度为乡贤参与乡村社会治理提供了基本的机缘和空间。一方面,乡贤深谙乡村的风土人情,其学识、品德和威望又使之颇具话语权和感召力,乡民对其比较信赖,故而乐于选择他们代表自己"上传"利益诉求;另一方面,乡贤大多有从政的经历,对上层政策的理解较一般乡民更全面、更理性,当官方意愿和政令向乡民"下达"产生困难时,乡贤便能以官方"代言人"和"辅佐者"的身份促其下达与施行。二是公共事务的"带头羊"。在传统社会,官方对乡村公共事务往往无意问津或无力处理,而乡贤在问讯与处理乡村公共事务方面则更具优势、更有效率,正所谓"惟地方之事,官不得绅协助,则劝戒徒劳"②。他们通常以"带头羊"的角色,动员组织乡村资源共理公共事务和共建公共设施,如整修城墙、街道,营造教育设施、福利机构等。诚如《牧令书》所言:"地方利弊,生民休戚,非咨访绅士不能周知……况邑有兴建,非公正绅士不能筹办;如修治城垣、学宫及各祠庙,建育婴堂,修治街道,俱赖绅士倡劝,始终经理。"这里的"绅士",无疑就是乡贤。③ 三是文明教化的"领头雁"。传统农业社会的分散性和乡村的封闭性,使乡民往往无缘接受文明教化,因而常被蔑称为"乡愚"。而乡贤则可帮助乡民念书识字或代为读写书信,劝导乡里、助成风化,由此颇得乡民的敬仰。正所谓:"乡绅,国之望也,家居而为善,可以感郡县,可以风州里,可以培后进,其为功化比士人百倍。"④乡贤多以从教或兴办文化事业等方式,教化涵养乡民及其子弟,以造就国家栋梁之才。四是矛盾化解的"安全阀"。鉴于小农经济的落后性、自利性等因素,传统社会中的村落、宗族与村民之间难免产生利益冲突和矛盾纠纷。而乡贤则可凭借自身的公信力及道德威望,出面协调利益关系、化解矛盾纠纷。此外,由乡贤参与制定的许多乡规民约,多数旨在规劝人们与人为善,

---

① 舒隽.乡村治理变迁与新乡贤的当代表达[J].浙江工商大学学报,2018(5).
② 王先明.乡贤:维系古代基层社会运转的主导力量[N].北京日报,2014-11-24.
③ 胡彬彬,吴灿,李红.优秀乡贤文化是重要文化资源[N].中国社会科学报,2016-03-16.
④ 陈宏谋.五种遗规[M].南京:凤凰出版社,2016:469.

正确处理人际关系。①

根据以上对传统乡贤的历史渊源、基本要素和多种功能的阐释,我们可以将"乡贤"界定为:立足于乡村,有品德、有才学并为乡村社会作出重大贡献而受广大乡民推崇敬重的人。他们是中国传统社会的支柱,是中国传统社会的杰出人物。他们立足地方,以其个人卓越品行,担当乡村社会事务,弥补了社会治理领域的诸多不足,维持了乡村秩序。② 几千年来,我国以乡村精英引领的乡贤治理模式在漫长的乡村社会发展中依靠乡贤自身的内生权威发挥了维系乡村社会稳定的关键作用,即便在历史的长河中,乡贤的角色和功能有所变迁,但是以乡贤为代表的乡村精神和号召力仍一直存在。③

(二) 新乡贤角色

"新乡贤"是在新时代背景下产生的,在乡村民众间威望高,具有较高道德认识水平,能够运用新知识、新技能助力乡村发展的新群体,④如文化精英、技术能手、致富能人、创业经营者、基层管理骨干以及教育和卫生医疗人才,他们或长期扎根于乡村,或虽在外工作但通过项目和其他形式回报桑梓,为乡村发展作出了独特的贡献。近年来,传承创新"乡贤文化",留住乡村的"灵魂"既成为社会各界的热点话题,也成为党和国家高度重视的问题。2012 年党的十八大以来,中央一号文件多次提出创新乡贤文化,以乡情乡愁为纽带牵动新乡贤参与家乡建设的热情。2014 年的全国"两会"期间,全国政协委员、香港利万集团董事长兼总裁王志良提交了一份《关于在全国推广乡贤文化研究的建议》的提案。提案主要内容是希望向全国推广浙江省绍兴市上虞区弘扬乡贤文化的做法。另外,2014 年以来,《光明日报》还推出"新乡贤·新乡村"系列报

---

① 孙迪亮,宋晓蓓. 新乡贤参与乡村社会治理的理据分析[J]. 科学社会主义,2018(1).
② 袁灿兴. 中国乡贤[M]. 北京:新星出版社,2015:2.
③ 李宁. 乡贤文化和精英治理在现代乡村社会权威和秩序重构中的作用[J]. 学术界,2017(11).
④ 刘玉堂,李少多. 论新乡贤在农村公共文化服务体系建设中的功能——基于农村公共文化服务供需现状[J]. 理论月刊,2019(4).

道,这些报道对促进乡贤文化建设起到了积极作用。2015 年和 2016 年中共中央一号文件两次将"乡贤文化"列入农村思想道德建设中,指出:"创新乡贤文化,弘扬善行义举,以乡情乡愁为纽带吸引和凝聚各方人士支持家乡建设,传承乡村文明。"[①]2016 年颁布的《中共中央 国务院关于落实发展新理念加快农业现代化实现全面小康目标的若干意见》中提出:深入开展文明村镇、"星级文明户""五好文明家庭"创建,培育文明乡风、优良家风、新乡贤文化。广泛宣传优秀基层干部、道德模范、身边好人等先进事迹。弘扬优秀传统文化,抓好移风易俗,树立健康文明新风尚。2017 年颁布的《中共中央 国务院关于深入推进农业供给侧结构性改革加快培育农业农村发展新动能的若干意见》中提出:"培育与社会主义核心价值观相契合、与社会主义新农村建设相适应的优良家风、文明乡风和新乡贤文化。"[②]2017 年 12 月第十三届中国农村发展论坛上,正式将"新乡贤"定义为"心系乡土、有公益心的社会贤达,一般包括乡镇的经济能人、社会名流和文化名人,财富、权力、声望是其外在表现形式,公益性是其精神内心"。[③] 2018 年,中央一号文件再次明确在深化基层自治实践中积极发挥新乡贤作用。

新乡贤是与传统乡贤相对的概念,他们既具有传统乡贤的某些特质,又在地域、身份地位等方面添加了新的时代内涵。具体而言,表现在如下三个方面:一是姓"新",这是同旧"乡绅"最大的区别。他们依托于新时代背景而产生,不再是统治阶级的代表,蕴含着新的时代涵义。新乡贤打破了传统封建等级制度,脱离了等级制度所伴生的官本位、权力依附、人身依附和宗族依附,在平等、民主、法治的新时代背景下形成一股新的乡贤文化力量。二是姓"乡",旧"乡绅"必须立足于乡间,必须参与解决其所处乡里地域内发生的事情,与所服务地域是一种"在场"关系,但新乡贤所服务地域性并不强,他们可以"在场",也可以"不在场"。他们或在他乡为官而告老还乡,或

[①] 中华人民共和国中央人民政府.中共中央 国务院关于加大改革创新力度加快农业现代化建设的若干意见[EB/OL].(2015-02-01)[2020-02-20]http://www.gov.cn/gongbao/content/2015/content_2818447.htm.
[②] 宋圭武.乡村振兴与新乡贤文化建设[J].学习论坛,2018(3).
[③] 吴晓燕,赵普兵.回归与重塑:乡村振兴中的乡贤参与[J].理论探讨,2019(4).

在他乡任教而回归故里，或在外经商而返乡创业，或长期扎根乡间而以自己的知识才能服务乡民。新乡贤姓"乡"，着重强调其"情感在乡和责任在乡"，展现其与家乡之间的深厚情感联系，亦即费孝通先生所言的"乡谊"。① 三是姓"贤"，旧"乡绅"的"贤"绝大程度上指代的是传统伦理道德，但新乡贤的"贤"是以社会主义核心价值观为代表的伦理道德，同时在此基础上具备知识、财力、人脉、号召力等独特能力的社会贤达。②

新乡贤不仅具有传统乡贤立德、立功、立言"三不朽"的标准，而且还需满足以下四个条件：一是文化条件，即新乡贤要具有一定的知识文化，不仅仅是了解科学知识，具有经济眼光，并熟稔现代社会运行规则，更重要的是熟悉乡村社会交往原则，这是其嵌入乡村社会生活并发挥作用的前提。③ 二是资本条件，即新乡贤相较普通乡民应当具有资本总量上的优势。但值得注意的是这里所说的资本并非单指收入等经济因素，而是借用当代法国著名的社会学家布迪厄（Pierre Bourdieu）所提出的资本总量的概念，"资本是积累的劳动产品的一种体现手段，非物质形式的资本也可以表现出物质的形式，这种积累了的劳动则处于特定行动者所能支配的客观状态之中"④。新乡贤所拥有的优势资本是对积累的和客观存在的资源的呈现手段，是行动者与资本之间存在的呈现关系，这些优势资本以呈现手段和呈现关系为主体，成为新乡贤实际可资利用的方式和权力的综合体。三是服务意愿，即新乡贤要具备服务乡里的主观意愿。新乡贤相较于旧乡绅最大的区别在于特权地位的消逝，新乡贤在乡村社会建设中的作用越来越倾向于服务而不是管理，具有资本上优势的人成为新乡贤的出发点应该是服务乡里而不是攫取特权或公共利益。四是公众认可，即新乡贤要具有较广泛的社会认可。只有具备一定的社会认可才能发挥新乡贤的感召力和号召力。新乡贤社会认可多来源

---

① 费孝通.乡土重建[M].长沙：岳麓书社，2012：58—60.
② 刘玉堂,李少多.论新乡贤在农村公共文化服务体系建设中的功能——基于农村公共文化服务供需现状[J].理论月刊，2019(4).
③ 胡鹏辉,高继波.新乡贤：内涵、作用与偏误规避[J].南京农业大学学报（社会科学版），2017(1).
④ [法]布尔迪厄.文化资本与社会炼金术：布尔迪厄访谈录[M].包亚明,译.上海：上海人民出版社，1997：95.

于自身具有的某项特殊才能,如渊博的学识、高超的致富能力、丰富的人际关系等,但特别值得注意的是,任何社会威望的获得都应当是基于高尚的道德,脱离道德的才能并不能获得公众认可。① 因此,可以将"新乡贤"界定为:在新的时代背景下,同本地乡土有联系的,有德行、有才能、有资财、有声望、有情怀,热心乡村社会发展而深受当地民众敬重的贤达人士和愿意为乡建设作出贡献的新群体。

因而,只要符合上述条件,不论是乡村能人,还是离乡的成功人士,均可称作新乡贤。他们不仅具有传统乡贤立德、立功、立言"三不朽"的人生追求和社会责任,而且还具有现代知识技术和资本优势,具有服务意愿并被公众认可。他们既可以起到创新创业、带民致富的乡村产业发展"领头羊"的作用,又可以起到仗义行仁、扶危救困、抑恶扬善、教化乡民、淳化民风的乡风文明建设者的作用,同时还可以起到传承文明、启迪智识、以文化人、以文育人的先进文化传播者的作用;不仅可以协调与化解乡村邻里之间的矛盾,协助乡村有效治理,同时也可以引导舆论、明辨是非、凝聚人心、端正风气,成为凝聚乡村社会的文化基因。

(三) 乡村教师新乡贤角色

厘清了乡贤和新乡贤的涵义后,我们就不难阐释乡村振兴战略赋中乡村教师新乡贤角色的涵义了。新时代实施的乡村振兴战略对乡村教师提出要积极承担国家使命和公共教育服务职责的时代诉求。一方面,国家期望乡村美好、乡民智慧、乡村文化自信、乡风淳朴、乡村经济小康等美好样态;另一方面,乡村教师作为新乡贤的主要代表,其教育承担和意识文化推广等作用不可忽略。毋庸置疑,乡村教师新乡贤角色的首要生发场域是学校公共生活,但由于其独特的乡村价值和个人能力,公共事务、文化传承创新、生态建设、乡风建设等场域均需乡村教师进入。当代乡村处于政治文化经济发展的大潮之中,乡村教师的新乡贤精神不可或缺。它是乡村教师秉持的理性价值皈

---

① 刘玉堂,李少多.论新乡贤在农村公共文化服务体系建设中的功能——基于农村公共文化服务供需现状[J].理论月刊,2019(4).

依,是教师公共理性于乡村公共生活中并以乡村公共利益为基础的一种潜在或直接的运用。乡村教师新乡贤精神不仅是乡村教师本人的道德、政治等公共意识和行为方式的体现,更是促进乡村发展的内在精神动力和构建和谐乡村公共生活秩序的有效路径。[①]新时代乡村振兴中乡村教师大有可为。

综上,我们认为,乡村振兴战略中乡村教师的新乡贤角色,是乡村教师在新时代实施的乡村振兴战略中所担当的社会角色,是国家和社会对乡村振兴战略中乡村教师的行为期待。具体而言,乡村振兴战略中乡村教师的新乡贤角色是指在实施乡村振兴战略的新时代背景下,乡村教师作为乡村知识分子群体,按照党与国家的"积极承担国家使命和公共教育服务职责"的期望,参与乡村社会建设、服务乡村振兴战略而表现出来的行为规范和行为模式的总和。在乡村振兴战略中乡村教师已经不是传统意义的教书匠角色,他们是乡村人才振兴和文化振兴的中坚力量。乡村教师理应与乡村社区良好互动,积极参与乡村振兴,开发农村人力资源,传播乡村生态文明,守护乡风文明,协助乡村治理,领导乡民改造生活,为把乡村建设成为产业兴旺、生态宜居、乡风文明、治理有效、生活富裕的幸福家园而贡献自己的智慧和力量。

三 乡村振兴战略中乡村教师新乡贤角色的特征

乡村教师是一个特殊的乡贤群体,其社会贡献和乡贤精神是通过其执行的社会角色发挥出来的。"每一个社会角色假定,可以把执行角色的个体叫做'社会人',参与他的角色执行的或大或小的一群人可以叫做他的'社会圈子'。"[②]"这位'社会人'被他的圈子想象成是一位有机的心理实在,他有'自我',他意识到自己的身心存在,清楚地意识到其他人如何尊敬他。如果想做他的社会圈子需要他做的那种人,他的'自我'就必

---

① 冯漩坤,刘春雷.失落与缓解:论乡村教师的公共精神[J].教育理论与实践,2019(4).
② [波]弗·兹纳涅茨基.知识人的社会角色[M].郑斌祥,译.南京:译林出版社,2000:10.

须按照圈子的意见,在体力和智力上,具备某些品质,而不是拥有其他一些品质。"①乡村教师作为乡村"社会人",由于其来源结构、生活方式、工作方式、工作场域、教育对象、教育资源、教育方式等的特殊性,决定了他们在乡村振兴战略中扮演的新乡贤角色具有如下鲜明的时代特征。②

(一) 服务乡里意愿

对于乡村教师而言,成为新乡贤最为主要的条件应是具备"在场"服务乡里的主观意愿。"在场性"(Anwesenheit)是德语哲学中一个重要概念,近年来,已逐渐为整个西方当代哲学所接受。在康德(Immanuel Kant)那里,"在场性"被理解为"物自体";在黑格尔(Georg Wilhelm FriedrichHegel)那里,指"绝对理念";在尼采(Friedrich Wilhelm Nietzsche)思想中,指"强力意志";在海德格尔(Friedrich Wilhelm Nietzsche)哲学中,指"在""存在"。到了法语世界,则被笛卡尔(Rene Descartes)翻译成"对象的客观性"。"在场"(Anwesen)即显现的存在,或存在意义的显现。或歌德(Johann Wolfgang won Goethe)所言的"原现象"。翻译成汉语,指谓"在——不在"的"在"和"有——无"的"有"。具体而言,"在场",就是直接呈现在事物的面前,就是"面向事物本身",就是亲身在事情发生、进行的处所之意。乡村振兴战略中乡村教师担当新乡贤角色要具备"在场"服务乡里的主观意愿包含两个方面的涵义:一是指乡村教师甘于扎根于乡间,工作在乡村社会场域,躬身实践于乡村振兴实施之所,但这仅仅还只是身体"在场"。若是一位乡村教师身处乡村振兴实施之所,而无参与乡村振兴之心和服务乡村振兴之实,那么可以认为,他在乡村振兴战略中是"在场的不在场",其实还不具备真正服务乡里的主观意愿。二是指在实施乡村振兴中,乡村教师不但身"在场",而且尤为重要的是心"在场"。亦即,乡村教师不但工作在乡村社会场域,而且对乡村具有深沉的爱,甘愿以自己的知识技能热情服务于乡村振兴战略,积极地为乡村振兴贡献自己的智慧和

---

① [波]弗·兹纳涅茨基. 知识人的社会角色[M]. 郏斌祥,译. 南京:译林出版社,2000:11.
② 肖正德. 论乡村振兴战略中乡村教师的新乡贤角色[J]. 教育研究,2020(11).

力量,这才算真正意义上具备服务乡里的主观意愿。由于诸多因素的牵制,乡村教师很多时候被"遮蔽",在乡村振兴战略中不"在场"或"在场的不在场",缺失身心"在场"的真正意义上服务乡里的主观意愿。但是,我们相信"澄明",相信通过"去蔽"、"揭示"和"展现",一定能使乡村振兴战略中乡村教师"在场性"本身的"在场"成为可能,使之成为身心充满"在场性"并热情服务乡里的新乡贤角色。

(二) 承担国家使命

乡村振兴战略中乡村教师的乡贤角色应是专业性和公共性的融合。公共性(Publicity)是指人们之间相互影响、相互制约的关系,即社会的关联性,包括人与人、人与社会、人与自然之间的关系。乡村振兴战略中乡村教师的新乡贤角色的公共性,是指乡村振兴战略中乡村教师作为新乡贤与自己所处的社会经济环境具有共享、联系与责任的性质,其本质是知识分子的公共性。知识分子这个概念本身,就同时包含专业性和公共性,即知识分子不仅关心自己专业领域的事情,而且还关心专业领域以外的社会经济、政治和文化问题。[1] 许纪霖先生在谈到知识分子特征时说:"知识分子应该从公共立场和公共利益而非从私人立场、个人利益出发,按照自身专业或职业优势对社会和人生中的重大问题作出主动思考与自觉行动。"[2]乡村教师之于乡村,不单是一个教书匠的角色,他们不仅需要具备学科专业知识和教育教学知识,而且还需要有对乡土的热爱、对乡村的炽情、对乡民的赤心及对改造乡土社会的责任感。[3] 他们在奠定专业性基础之上发挥公共性,思考乡村教育、乡村社会中的公共问题并展开行动,参与乡村社会的公共事务。[4] "尤其是乡村小学教师,教育儿童固然为其天职,但作为乡村社会的天然领袖,其使命则不仅在此,而是要以全体乡民为施教对象,担负起提升

---

[1] 唐松林. 公共性:乡村教师的一个重要属性[J]. 大学教育科学,2008(5).
[2] 许纪霖. 从特殊走向普遍:专业化时代的公共知识分子如何可能?[EB/OL]. (2004-07-08)[2020-02-21]http://philosophyol.com/pol/html/98/n-298.html.
[3] 任仕君. 论乡村教师与乡土伦理传承[J]. 教育研究与实验,2016(2).
[4] 沈晓燕. 城镇化背景下乡村教师知识分子身份的式微与重构[J]. 教育发展研究,2018(20).

整个乡村文化的使命。"①梁漱溟也曾提出,乡村学校教员"不能单以教书为足,且不能单以教校内学生为足,也应以阖村人众为教育对象,而尤以推进社会工作为主。"②乡村教师不仅是乡村学校里儿童的教师,还是乡村民众的教师,这份社会责任是乡村教师作为乡村振兴战略中新乡贤角色的重要内容。在实施乡村振兴战略中,乡村教师要充分发挥公共属性,积极承担国家使命,面对新时代社会的主要矛盾,踏上新的时代征程,履行新的文化使命,大力弘扬爱国主义传统,激发忠贞报国的民族情怀,热情参与乡村公共事务,增强乡村振兴的使命感和责任感,争做乡村振兴的奋斗者、见证者、开创者、建设者,为实现"产业兴旺、生态宜居、乡风文明、治理有效、生活富裕"的乡村振兴战略总要求而努力践行新乡贤的文化责任。概言之,乡村振兴战略中乡村教师新乡贤角色的公共性,能够促使乡村教师积极参与乡村公共事务,履行乡村教育义务,促进乡风文化复归传承,在维护自身基本利益的情况下实现乡村公共利益最大化。③

(三) 彰显乡土属性

费孝通先生在《乡土中国》中开宗明义地指出,"从基层上看去,中国社会是乡土性的。那些土头土脑的乡下人,他们才是中国社会的基层"④。与城市教师相比,乡村教师发展有其独特性,在于他们与乡土社会浑然一体、互依共进,即乡土性。乡村教师发展呈现独特的乡土性,是由乡村教师劳动对象——乡村少年及其所处的文化场域决定的。"对于乡村少年而言,他们成长的场域是由乡村自然、乡村生活与乡村文化所构成的乡土本身,正是与乡土无所不在的沟通与互动,成为他们成长过程中不可或缺的重要一环,全面孕育着乡村少年的生命根基。基于此,为了给乡村少年的健康成长营造一种积极的文化空间,尤为需要注重乡土的独特价值。促进乡村少年与乡土互动,加

---

① 申卫革.乡村教师文化自觉的缺失与建构[J].教育发展研究,2016(22).
② 梁漱溟.梁漱溟全集(第一卷)[M].济南:山东人民出版社,1989:680.
③ 冯漩坤,刘春雷.失落与缓解:论乡村教师的公共精神[J].教育理论与实践,2019(4).
④ 费孝通.乡土中国生育制度[M].北京:北京大学出版社,1998:6.

强乡村少年的乡土认同,并由此促进乡村少年积极的自我认同与人格发展,理应成为乡村教育的重要方面。"①"乡村教育之所以作为乡村教育,并不仅仅因为其是作为教育的物理空间,更重要的是乡村作为乡村少年发展的精神场域。乡村生活世界必然地作为乡村教育展开的生活基础,成为乡村少年精神与人格发展的基本背景。"②乡村教师发展的乡土性,也决定了乡村振兴战略中乡村教师担当的新乡贤角色的乡土性。具体而言,其乡土性表现在如下三个方面:一是拥有深厚的乡土情怀。乡村教师的乡土情怀主要指乡村教师对乡村社会怀有真挚之爱,对乡民怀有赤子之心,对乡村儿童怀有爱恋之情,这些情愫萦绕在他们的心头,转变为对乡村振兴战略的责任感和使命感,并成为专注于乡村振兴的动力之源。③ 乡村振兴战略诉求乡村教师深植乡土,记住乡愁,加强与乡民的对话与接触,加深对乡村风土人情的了解,从中获得自己的感知和体验,藉此来建立自己的乡土情怀,培植热爱乡村、扎根乡村的热情。二是守卫与传承乡土伦理。乡土伦理,是指在乡土的生产和生活方式上形成的各种社会礼仪、风俗和习惯,是乡民生活中的传统和文化,对维护传统乡村社会的秩序和调节人际关系发挥了重要的作用。④ 乡土伦理包括村规乡约、孝悌文化、宗族文化、传统习俗、婚姻伦理、财富观念等众多内容。乡村教师是守卫与传承乡土伦理的重要主体。⑤ 在乡村振兴战略中,诉求乡村教师积极参与乡村建设,努力成为社区领袖,激发乡民与乡村儿童对乡土文化和伦理传承的兴趣,开发乡土伦理传承课程,在教学中融入乡土伦理,加强学校与社区的互动,⑥带领乡村儿童参加社区实践,努力守卫与传承乡土伦理。三是认同与活化乡土知识。乡村振兴战略诉求乡村教师热爱本土、理解本土,唤醒本土意识,提升对本土社会的认同、接纳和归属感;诉求乡村教师要在对乡土文化理解的基础上认

---

① 汪明帅,郑秋香.从"边缘人"走向"传承者"——回归乡土的乡村教师发展研究[J].教育发展研究,2016(8).
② 刘铁芳.重新确立乡村教育的根本目标[J].探索与争鸣,2008(12).
③ 马多秀.乡村教师的乡土情怀及其生成[J].教育理论与实践,2017(13).
④ 王露璐.乡土伦理[M].北京:人民出版社,1989:3.
⑤ 任仕君.论乡村教师与乡土伦理传承[J].教育研究与实验,2016(2).
⑥ 任仕君.论乡村教师与乡土伦理传承[J].教育研究与实验,2016(2).

可其存在的价值,同时对乡村儿童在学习和生活中表现出的文化特征,保持开放的文化包容性,谨慎地引导学生发现乡土文化中的利弊,理性取舍,以引导乡村儿童获得乡土身份;①诉求乡村教师在先辈们所生产的本土知识基础上进行当代活化,有效激活乡村社会的内生资源(自然禀赋、社会文化、人力资源等),激发乡村振兴发展内生的根本动力;诉求乡村教师注重对本土知识的传递、掌握与批判,加强与本土社会的历史和传统进行沟通与对话,面对本土社会落后的现实,以更加积极的姿态服务于乡村振兴战略,鼓足服务于乡村振兴战略的信心和勇气,为乡村振兴战略贡献自己的聪明才智。

(四) 掌握现代知识

教师以文化人的使命肩负传播文化科学知识、启发民智的责任。他们以脑力劳动为主要生活方式,以精神追求和个人价值的实现为主要目的,是知识分子中肩负传递、建构、创造文化的"文化人"群体。②乡村教师是在乡村社会肩负传播文化科学知识、启发民智责任的"文化人",是乡村知识分子的重要组成部分,是乡村社会发展不可或缺的知识力量。这里所谓乡村知识分子是指具有较高的文化水平,以其所拥有的文化资本在乡村发挥着知识传授、文化引领、化解矛盾以及促进社会进步等作用的群体。③ 在乡村的社会结构中,农耕文明的特殊性决定了从事脑力劳动的乡村教师在某种程度上来说成了乡村唯一拥有知识分子地位的特殊群体。除了他们,在乡村没有如此庞大的以知识为工作内容的知识分子群体。因此,无论是传统乡村社会的私塾中的塾师,还是现代乡村学校的专业性教师,他们凭借自己的知识资源,顺理成章地承担了乡村社会中的"知识者"角色。④ "事实上,每一位执行某项社会角色的个体,都被他的社会圈子认为具有或者他自信具有正常的角色执行所必不可少的知识。如果缺乏这

---

① 汪明帅,郑秋香. 从"边缘人"走向"传承者"——回归乡土的乡村教师发展研究[J]. 教育发展研究,2016(8).
② 李彦花. 成为文化人:乡村教师公共性回复的关键[J]. 大学教育科学,2008(5).
③ 吴桂翎. 乡村教师:乡村知识分子的消解与回归[J]. 学术界,2016(5).
④ 唐松林,丁璐. 论乡村教师作为乡村知识分子身份的式微[J]. 湖南师范大学教育科学学报,2013(1).

些知识,就认为他在心理上不适合担任这一角色。"①由于乡村教师所处社会活动场域的特殊性,需要其除了具备能胜任乡村学校教育教学的专业知识外,还要具备服务于乡村振兴战略的农业科技知识及地方性知识,这样才能适合于担任乡村振兴战略中的新乡贤角色。乡村振兴战略中,乡村教师执行新乡贤角色的主要途径是传播知识。"知识传播者有两类:(A)普及推广者,他们在实际参与组织社会的成年人中扩散科学信息,并力图唤起他们的理论兴趣;(B)教育者,他们在普通教育过程中把知识传授给年轻人,为他们未来成为组织社会中的成员做准备。"②作为在乡村社会拥有知识分子地位的乡村教师,在乡村振兴战略中成为新乡贤群体的重要组成部分,是乡村稳定与发展不可或缺的知识力量。乡村教师在乡村振兴战略中除了担当"教育者"完成专门的教书育人任务之外,还理应担当乡村振兴战略所需的现代科技知识的"普及推广者"。乡村振兴,本质上是农业农村现代化的过程,而农业现代化关键在科技进步。随着以互联网、云计算、大数据、人工智能、物联网技术为特征的新一轮科技革命的到来,乡村产业面临着改造升级和新旧动能转换。这也必将催生现代农业、农产品加工业和乡村服务业的融合发展,必将涌现农产品物流、电子商务、观光旅游、康养休闲、文化体验、"互联网+"等更多的新业态。新科技革命为乡村振兴创造了条件,为乡村发展带来了前所未有的机遇,为人才的创新创业搭建了良好平台,为人力资本回流提供了有力"磁场"。③ 这就诉求乡村教师在新一轮科技革命背景下,运用现代科技知识武装自己。这样才能适合担任乡村振兴战略中的新乡贤角色,才能胜任传播现代农业科技知识,促进地方经济发展,实现乡民生活富裕。

(五) 引领先进文化

引领先进文化,领导乡民改造生活,促使乡民过上富裕的生活,不仅是乡村教师的乡村关怀,也是乡村振兴战略的现实诉求。乡村教师作为乡村振兴战略中新乡贤的重

---

① [波]弗·兹纳涅茨基.知识人的社会角色[M].郑斌祥,译.南京:译林出版社,2000:17.
② [波]弗·兹纳涅茨基.知识人的社会角色[M].郑斌祥,译.南京:译林出版社,2000:103—104.
③ 吴忠权.基于乡村振兴的人力资本开发新要求与路径创新[J].理论与改革,2018(6).

要代表,由于自身在乡村社会中的文化优势,使得他们在融入乡村的过程中,逐渐发展为乡村社会共同体中的知识精英阶层。他们不仅通过教育传承乡村文化,而且在学习与进步中创造着新的乡村文化,成为乡村优秀文化的传播者、引领者和创造者。[①] 他们引导与帮助广大乡民形成适应新时代社会文化变革需求的、崭新的现代化品质和内涵的核心价值观念体系,进而从根本上转变乡民传统的价值观念、生产方式、生活方式和交往方式,使其在走向富裕、迈向文明进程中真正成为这场伟大变革的价值主体和创造主体。陶行知先生指出,"乡村教育政策是要乡村学校做改造乡村生活的中心,乡村教师做改造乡村生活的灵魂"[②]。乡村振兴战略诉求乡村教师要具有改造乡村社会的精神,以文化人的使命肩负传播现代文化科学知识、启发民智的责任,扮演着乡村生活改造领导者的社会角色。梁漱溟也曾指出:"乡村问题的解决,第一固然要靠乡村人为主力;第二亦必须靠有知识、有眼光、有新方法、新的技术(这些都是乡村人所没有的)的人与他结合起来,方能解决问题。"[③]"中国问题之解决,其发动以至于完成,全在其社会中知识分子与乡村居民打并一起,所构成之一力量。"[④]作为乡村知识分子群体的乡村教师,正是梁漱溟所言"有知识、有眼光、有新方法、新的技术的人",是"与乡村居民打并一起"的知识力量。他们是先进文化的先行者和引领者,是新知识、新技术的创造者和体现者,他们与当地乡民建立外界联系,来寻求解决问题的技术与方法,他们因此扮演着重要的乡贤角色。乡村振兴战略中的乡村教师具有新知识、新技术和新的文化视野,对现代社会价值观念和知识技能有一定把握。他们可以利用自身的人格魅力来感染周遭的人,用乡民易于接受的方式来传播先进文化,变革乡民传统的认识和观念,改善乡间的人居环境,改造乡民的生活方式,提高乡民的生活质量和健康水平,从而真正成为改造乡村生活的灵魂。

[①] 陈华仔,黄双柳."磨盘"中的乡村教师自我的丢失[J].上海教育科研,2013(11).
[②] 徐荣晖,徐志辉.陶行知论乡村教育[M].成都:四川教育出版社,2010:47.
[③] 梁漱溟.乡村建设理论[A].梁漱溟全集(第二卷)[C].济南:山东人民出版社,1989:351.
[④] 梁漱溟.梁漱溟全集(第二卷)[M].济南:山东人民出版社,1990:460.

四 乡村振兴战略中乡村教师新乡贤角色的担当

乡村振兴战略中乡村教师的新乡贤角色担当是指在实施乡村振兴战略的新时代背景下,乡村教师根据自己所处乡村知识分子的特定位置,并按照党与国家对他们的角色期待和规范要求所进行的一系列行为。乡村振兴战略中的乡村教师在完成乡村学校教育教学任务之余,还要担当乡村产业人才的培育者、乡村生态文明的传播者、乡风文明的守护者、乡村治理的协助者和乡民生活改造的领导者等社会角色。①

(一) 乡村产业人才的培育者

产业兴旺是乡村振兴的基础和保障,只有振兴乡村产业,做强做大做优乡村产业,才能保持乡村经济的旺盛活力,才能为乡村振兴提供不竭动力。人才是乡村产业振兴的关键,然而,当下我国各地乡村产业振兴所需人才普遍匮乏,既缺乏特色种养殖、现代农产品加工、乡村工艺、乡村旅游等乡村特色产业人才,也缺乏与市场经济发展要求相适应的经营管理、营销、电商等创新创业型人才;既缺乏为乡村产业发展提供科技支撑的科研人员,也缺乏与乡村产业发展相契合的本土实用技能型人才。大力发展乡村教育,努力构建乡村产业振兴人才培养体系,大量培育乡村振兴产业人才,是新时代实现乡村现代化的迫切诉求,也是乡村振兴战略的重要保障。在乡村产业振兴人才培育中,乡村教师不是旁观者,而应当是积极的参与者和实践者。他们肩负着面向广大乡民传播现代文化和科学技术、提高乡民劳动技能和创新创业能力、促进农业科技进步和乡村经济发展的重大使命。他们积极参与乡村本土实用技能人才培训,推广农业科技培训,加快农业科技进步,加速农业科技成果转化应用;积极参与农村劳动力转移培训,提升乡民科学文化素质和生产技能,提高农业科技对发展现代农业的支持能力;积极参与农业农村创新创业人才培训,造就有文化、懂技术、会经营的新型职业农民。此

---

① 肖正德. 论乡村振兴战略中乡村教师的新乡贤角色[J]. 教育研究,2020(11).

外,基于乡村文化振兴,乡村教师还要传承民间传统文化、特色工艺、地方民俗,培养乡村优秀文化传承人、乡村文艺带头人和民间艺术家。

(二) 乡村生态文明的传播者

生态宜居是乡村振兴的直接目标,是提高广大乡民生态福祉的重要基础和保障。良好生态环境是最公平的公共产品,是最普惠的民生福祉,是乡村发展最宝贵的财富和最大优势。[①] 为了增强乡村生态文明建设的思想自觉和行动自觉,让乡村生活更美好,打造生态宜居的美丽家园,乡村教师要将课堂教学与课外实践活动有机结合起来,积极传播乡村生态文明。一方面,在课堂教学活动中融入生态文明教育,努力打开乡村生态文明教育主渠道。课堂是进行生态文明教育的主渠道,在课堂教学中要充分挖掘与开发各学科教材中的生态文明教育资源。教材作为师生教学应用而编选的材料,是对学生进行生态文明教育的重要材料。乡村教师在设计教学方案时,必须深入钻研教材,挖掘课文中蕴藏的乡村生态文明教育素材,根据教学目标和学生实际,设定乡村生态文明教育的要求、方法和步骤,将保护环境、热爱自然的理念有机融入课堂教学过程中,将保护生态文明变成学生的自觉主动意识,提高学生保护环境的自觉性和主人翁意识,从而产生潜移默化的教育效果。另一方面,在社会实践活动中渗透生态文明教育,积极探索乡村生态文明教育新途径。生态文明是人类自然的一种形态,它要求人类尊重与爱护自然,而尊重与爱护自然的前提是了解自然,而自然探究活动又是了解自然的主要途径。乡村教师要多鼓励支持学生开展生态文明教育实践活动,促使学生亲近大自然、了解大自然、热爱大自然,在不断增长见识和增加体验的过程中,着力培育学生知行合一的精神,培养学生未来参与生态文明建设的行动能力。[②] 同时,树立起基于"家校社共育+天地人和谐"的生态教育理念,改变乡村教育疏离生态环境的视野状态,关心乡村社会的生态环境、如何对待与改善我们的环境、如何改善我们的生

---

① 李东成. 建设生态宜居的美丽乡村[N]. 人民日报,2019-07-22.
② 钟焦平. 把生态文明教育融入育人全过程[N]. 中国教育报,2019-03-09.

活等议题,让教育者变成一种兼具教育者身份的社会公民,并深入到当地的生产生活实际中,让乡村学校与文化知识真正成为滋养乡村社会振兴的源泉。① 另外,还要举行"小手拉大手"活动,通过学生向家长和社区居民宣传生态环境保护的意义与做法,努力营造乡村生态文明教育的文化氛围,增强乡民的生态文明意识,提升乡民的生态文明素养,深刻懂得必须尊重自然、顺应自然、保护自然,推动乡村自然资本加快增值,实现百姓富、生态美的统一。②

(三) 乡风文明的守护者

乡风文明既是乡村振兴的"灵魂"所在,是乡土社会得以赓续绵延的文化内核,也是乡村振兴的重要推动力量和软件基础。良好乡风具有浸润人心、引领向上、规范行为、凝聚力量的积极作用。乡村振兴战略中乡村教师既要传承发展乡村优秀传统文化,更要积极发挥好先进文化的引领作用,同时充分尊重乡村本位和乡民主体地位,围绕乡民需要提供文化服务,组织乡民开展文化活动,提升乡民文化素养和乡风文明程度,③努力做好乡村文明的守护者。具体而言,分三个方面:一是传承发展乡村优秀传统文化。振兴乡村要记住乡愁,保留乡村优秀文化形态、保存乡村文化基因,珍惜乡村文化资源、守护乡村文化根脉。乡村教师要通过校内与校外相结合、线上与乡下相互补等多种方式,传承与弘扬优秀的古村落文化、礼仪文化、农耕文化、民俗文化、非物质文化遗产等,深入挖掘乡村文化蕴含的优秀思想观念、人文精神、道德规范,充分发挥其在凝聚人心、教化群众、淳化民风中的重要作用,重塑乡村文化的当代价值,为乡村振兴提供精神支撑和文化品牌。二是引领先进文化。乡村教师要以社会主义核心价值观为引领,向乡民大力弘扬与时俱进、改革创新的时代精神,增强乡民的发展意识、效率意识和竞争意识,打破过往乡民只向国家与政府"等、靠、要"的消极局面,使村村

---

① 丁学森,邬志辉,薛春燕.论我国乡村教育的潜藏性危机及其消解——基于在地化教育视角[J].教育研究与实践,2019(6).
② 中华人民共和国中央人民政府.中共中央、国务院关于实施乡村振兴战略的意见[EB/OL].(2018-02-04)[2020-02-22]. http://www.gov.cn/zhengce/2018-02/04/content_5263807.htm.
③ 张华伟.乡风文明:乡村振兴之"魂"[N].学习时报,2018-09-14.

谋发展、家家忙致富、人人思创业蔚然成风。① 三是组织开展文化活动。乡村教师要围绕乡民需要提供文化服务，组织乡民开展文化活动，提升乡民素质和乡风文明程度。坚持从乡村的实际出发，用乡民乐于接受的形式和通俗易懂的语言，着力提高乡民的社会主义道德素质，使广大乡村形成文明礼貌、助人为乐、正直善良、尊老爱幼、勤俭持家、邻里团结、诚实守信、爱岗敬业、奉献社会的良好氛围，为乡村振兴提供凝聚力和向心力。

（四）乡村治理的协助者

治理有效是乡村振兴的重要基石。没有乡村的有效治理，就没有乡村的全面振兴，更无法实现国家治理体系和治理能力现代化的战略目标。党的十九大报告提出了"加强农村基层基础工作，健全自治、法治、德治相结合的乡村治理体系"的要求，以确保乡村社会充满活力、和谐有序。中国社会自古作为一种"乡土社会"，在悠久的农业文明中包含着传统乡村治理的智慧和经验。乡贤文化根植其中，在乡村社会治理中发挥重要的作用。② 作为新乡贤重要代表的乡村教师，在乡村社会治理中发挥的作用也不容小觑。一是在乡村自治方面，乡村教师在制定乡规民约、订立乡间契约、协调邻里关系、调解乡民纠纷等方面发挥重要作用，协助解决乡民生产、生活中的矛盾和问题。二是在乡村法治方面，乡村教师充分利用自己的优势，通过多渠道和多样态的活动形式加大乡村普法力度，提高乡民法治素养，引导广大乡民增强尊法学法守法用法意识，教育乡民维护自身的合法权益，养成自觉遵守法律、维护法律尊严的良好习惯。教育乡民自觉抵制与消除陈腐法治思想的影响，积极同一切违法行为做斗争，维护乡村社会的安定团结，③为实施乡村振兴保驾护航。三是在乡村德治方面，乡村教师要积极宣传乡村新道德、新风尚及先进典型，引导乡民向上向善、孝老爱亲、重义守信、勤俭持家。同时，积极传承耕读传家、父慈子孝、兄友弟恭等家规祖训，培育与弘扬地方优秀

---

① 李定仁，肖正德. 基础教育在新农村建设中的战略地位[N]. 光明日报，2006-09-23.
② 邓辉，陈伟. 乡贤文化的前世今生[M]. 湘潭：湘潭大学出版社，2016：5.
③ 李定仁，肖正德. 基础教育在新农村建设中的战略地位[N]. 光明日报，2006-09-23.

道德传统,弘扬公序良俗,引导乡民自觉遵守相关道德准则和社会礼法,重塑乡村的伦理共识,共进乡村治理。

(五) 乡民生活改造的领导者

生活富裕既是乡村振兴的最终目标,也是实现全体人民共同富裕的必然要求。要使乡民生活迈向富裕,就得对乡民生活进行改造,让乡民平等参与现代化进程,共同分享现代文明成果。陶行知先生早在20世纪初就指出,"办学而不包含社会改造的使命,便是没有目的、没有意义、没有生命。所以教育就是社会改造,教师就是社会改造的领导者"①。1926年毛泽东在广州农民运动讲习所做了题为《农村教育》的报告,提出了"以后农民所要的教育乃适合于农民需要的教育——适合于农民经济之发展,并使农民做到解放之教育,即适合于解决农民问题之教育"以及"小学教师之地位,与农民有合作之可能,穷苦的小学教师,应该是农民的领导者"②。1936年甘豫源在其所著的《乡村教育》中说道:"乡村教师的使命,一是教育儿童,二是改进社会;乡村教师的修养,一要有充实的知识,二要有精熟的教学技能,三要有高尚的人格,四要有勤劳的身手,五要有领导社会的本领。"③乡村教师作为有思想觉悟、有文明素养的文化人,理应有改造乡村社会的本领。在乡村振兴战略中,乡村教师担当乡民生活改造的领导者的角色,起着启迪民智、激浊扬清、革故鼎新、示范带路的作用。他们及时传播现代科学技术和文化,倡导积极、健康、文明的生活方式,引导乡民摒弃陈规陋习,形成文明健康的生活方式,促进乡民自我觉醒和自我发展;他们积极投身乡村精神文明建设,满足乡民日益增长的精神文化需求,不断丰富乡民的精神世界,增强乡民的精神力量,激发乡民在信息化时代面向乡村生活的新态度,引领乡民多元化的闲暇生活方式,④从而真正地提高乡民的生活水平和生活质量;他们努力培育个体发展与社会、自然和谐发展

---

① 陶行知.地方教育与乡村改造[J].地方教育,1929(1).
② 中共广东省委党史研究委员会办公室,毛泽东同志举办农民运动讲习所旧址纪念馆.广州农民运动讲习所文献资料[Z].广东省内部刊物登记证第211号,1983:110.
③ 甘豫源.乡村教育[M].上海:中华书局,1935:87.
④ 沈晓燕.城镇化背景下乡村教师知识分子身份的式微与重构[J].教育发展研究,2018(20).

的价值观,促使乡民清楚地认识到人的发展与自然发展和社会发展相互统一的关系,构建新时代乡村和谐的自然文化生态和社会文化生态,构建一幅幅人与自然、人与人、人与社会共生共荣、平稳和谐的乡村文化新图景。总之,转变乡民传统的价值观念,改善乡民落后的生产方式、生活方式和交往方式,引导乡民走向富裕、迈向文明,这是乡村振兴战略中乡村教师领导乡民改造生活的宗旨,也是乡村振兴的根本。

第四章

乡村振兴战略中的乡村教师新乡贤角色担当之调查分析

第四章 乡村振兴战略中的乡村教师新乡贤角色担当之调查分析

实施乡村振兴战略,是党的十九大做出的重大决策部署,也是新时代新乡贤的共同奋斗目标。作为新乡贤的重要代表,乡村教师要责无旁贷担当起服务乡村振兴战略的文化责任。那么,乡村振兴战略中乡村教师新乡贤角色担当的当下情状如何?乡村振兴战略中乡村教师新乡贤角色功能发挥中究竟存在哪些突出问题?本部分对乡村振兴战略中乡村教师新乡贤角色担当现状进行实证调查,获取乡村振兴战略中乡村教师新乡贤角色担当现状的大数据,深入分析了乡村振兴战略中乡村教师担当新乡贤角色面临的突出问题,为乡村振兴战略中的乡村教师新乡贤角色建设提供事实依据。

一 调查研究设计

(一)调查指标

本研究将乡村教师在乡村振兴战略中理应担当的乡村产业人才的培育者、乡村生态文明的传播者、乡风文明的守护者、乡村治理的协助者和乡民生活改造的领导者五方面角色现状作为调查的一级指标。在一级指标的基础上,根据国家相关文件内容[①]和国内相关研究成果,提出若干二级指标。根据每个一级指标和二级指标的内涵,从乡村教师是否了解乡村振兴战略涉及的各个方面、是否有参与、参与度、参与的兴趣高低和意愿强弱等维度编制了若干问题,包括乡村教师的基本信息,例如性别、年龄、户籍地、居住地、工作学校类型等问题,自行编制了调查问卷初稿。接着,把调查问卷初稿发给相关专家征求修改意见,再召集浙江省 A 县、T 县和 Y 县的 3 所乡村初

---

① 习近平.决胜全面建成小康社会夺取新时代中国特色社会主义伟大胜利——在中国共产党第十九次全国代表大会上的报告[R].北京:人民出版社,1917:32.

中、3所乡村小学、3所乡村职业高中、3所乡村社区成人学校的部分乡村教师进行座谈。在广泛征求专家和乡村教师意见的基础上修订调查问卷,再将修订好的调查问卷请求当地教育行政部门帮助,利用问卷网平台和微信推送给浙江省A县、T县和Y县的部分乡村教师进行预调查。共收到问卷349份,剔除无效问卷8份,有效问卷341份。根据指标内涵并利用SPSS24.0对数据进行统计分析,最终确定68道题作为调查问卷的题目。

(二)调查对象

本调查采取地区类型调查法。调查对象的抽样采取整群抽样与分层抽样相结合的方式,分别在我国东部(浙江省)、中部(河北省)、西部(甘肃省)抽取15个县,对10 190名乡村教师进行了网络问卷调查。实际收回问卷9 562份,回收率为93.83%;剔除无效问卷77份,有效问卷9 484份,有效率为99.19%。

表4-1 调查对象的基本情况分析表

序号	问题	选项	人数	占比(%)
1	性别	男	4 599	48.49
		女	4 885	51.50
2	年龄	25岁及以下	645	6.80
		26~35岁	3 710	39.11
		36~45岁	2 953	31.14
		46~55岁	1 837	19.37
		56岁及以上	339	3.57
3	学历	初中及以下	34	0.36
		中专或高中	317	3.34
		大专	2 041	21.52
		大学本科	7 013	73.94
		硕士研究生及以上	79	0.83

(续表)

序号	问题	选项	人数	占比(%)
4	职称	未定级	1 371	14.45
		初级	3 639	38.37
		中级	3 523	37.14
		副高级	940	9.91
		正高级	11	0.12
5	学校类型	农村小学	5 136	54.15
		农村初中	2 809	29.62
		农村普高	669	7.05
		农村职高	736	7.76
		农村成人校	134	1.41
6	户籍所在地	本乡(镇)	3 255	34.32
		外乡(镇)	2 022	21.32
		县城	3 549	37.42
		地级市	607	6.40
		省城	51	0.54
7	家庭住址	本乡(镇)	2 839	29.93
		外乡(镇)	1 613	17.01
		县城	4 082	43.04
		地级市	881	9.29
		省城	69	0.73

(三) 调查与分析工具

本研究采用的工具主要有"乡村振兴战略中的乡村教师新乡贤角色担当现状调查问卷"、座谈访谈提纲和SPSS24.0统计软件。由于问卷调查设计的变量性质为定序变量,故采用卡方检验对乡村振兴战略中乡村教师担当的新乡贤角色现状与问题跟乡村教师不同属性维度进行相关性统计分析。

二 乡村振兴战略中乡村教师新乡贤角色担当的现状考察

前面已经论及，乡村教师是新乡贤的重要代表，在乡村振兴战略中担当乡村产业人才的培育者、乡村生态文明的传播者、乡风文明的守护者、乡村治理的协助者和乡民生活改造的领导者等重要社会角色。这里，首先对乡村振兴战略中乡村教师上述五种新乡贤角色担当的现状进行实证考察。

（一）乡村产业人才培育者角色担当的现状考察

产业兴旺是振兴乡村的首要任务和工作重点，产业兴旺与乡村人才振兴相辅相成。一方面，产业兴，人才必兴。乡村只有产业兴旺了，才能聚人气引人才。[1] 另一方面，人才兴，产业必兴。乡村人才是乡村振兴的关键，人才振兴势必促进产业兴旺。《中共中央 国务院关于实施乡村振兴战略的意见》中明确提出："要把人力资本开发放在首要位置，畅通智力、技术、管理下乡通道，造就更多乡土人才，聚天下人才而用之。"[2]作为乡村社会的知识分子群体，乡村教师是乡村产业振兴人才培育的主体之一，在乡村产业振兴人才培育中理应大有所为。但是，由于诸多条件的制约，乡村教师参与乡村产业振兴人才培育的频次不多，为乡村振兴产业人才培育的服务差强人意，乡村产业人才培育者角色不显。"您有给乡民新技术培训班授课吗？"这项调查结果显示，回答"非常多""比较多""一般""偶尔""没有"的占比分别是 1.3%、3.1%、10.2%、14.1%、71.3%（具体见表 4-2、表 4-4）。另外，对于"您在课堂教学中有涉及本地产业的相关因素吗？""您有参与本地农产品市场营销与策划吗？""您有通过网络帮助本地乡民出售农产品吗？"等问题的回答，表示"非常多"和"比较多"的占比均未超过 8%。

从乡村教师的性别、年龄与乡村产业人才培育者角色担当现状进行卡方检验分

---

[1] 吴忠权.基于乡村振兴的人力资本开发新要求与路径创新[J].理论与改革，2018(6).
[2] 中华人民共和国中央人民政府.中共中央 国务院关于实施乡村振兴战略的意见[EB/OL].(2018-02-04)[2020-02-22]http://www.gov.cn/zhengce/2018-02/04/content_5263807.htm.

析,绝大部分指标均达到极显著性水平。即从统计学角度来说,乡村教师的性别和年龄与乡村教师的乡村产业人才培育者角色担当存在相关性。从表4-2自身群体所占占比来看,乡村男教师回答"非常多""比较多""一般""偶尔""没有"的占比分别为1.4%、4.1%、12.5%、15.3%、66.8%,乡村女教师回答"非常多""比较多""一般""偶尔""没有"的占比分别为1.2%、2.1%、8.1%、13.1%、75.6%。从回答"非常多"和"比较多"占该选项总数的占比来看,乡村男教师分别为53.7%和64.6%,而乡村女教师分别为46.3%和35.4%。从表4-3可见,Pearson卡方和似然比卡方的双侧显著性检验$P=0.000$均小于0.01,达到极显著性水平。由此,在统计学上推断,乡村男教师和乡村女教师总体上参与乡民新技术培训活动都不频繁,他们承担的乡村产业人才培育者角色不显,但相比较而言,乡村男教师优于乡村女教师。从表4-4年龄段来看,"25岁及以下"至"56岁及以上"回答"非常多"的占比依次为2.3%、1.8%、1.0%、0.6%和0.9%。从表4-5可见,Pearson卡方和似然比卡方的双侧显著性检验$P=0.000$均小于0.01,达到极显著性水平。由此,在统计学上推断,乡村教师参与乡民新技术的培训活动随着其年龄段的增大而减少,服务乡民新技术水平的能力逐渐下降,担当乡村产业人才培育者的角色活动逐渐减弱。①

表4-2 乡村教师性别与给乡民新技术培训班授课情况交叉表②

		您有给乡民新技术培训班授课吗?					合计
		非常多	比较多	一般	偶尔	没有	
性别	计数	66	188	573	702	3 070	4 599
	性别中的占比	1.4%	4.1%	12.5%	15.3%	66.8%	100.0%
男	"您有给乡民新技术培训班授课吗?"中的占比	53.7%	64.6%	59.3%	52.4%	45.4%	48.5%
	总数的占比	.7%	2.0%	6.0%	7.4%	32.4%	48.5%

---

① 上述情况与访谈时了解到的情况相吻合,因为新技术的掌握者往往是男教师和年轻教师居多,比如一些现代化的仪器使用和手工操作等。
② 表中字母Q代表问卷设置的调查问题,紧跟Q后的数字是问题序号,以下表格出现的类似问题含义与此相同,注释略。

(续表)

		您有给乡民新技术培训班授课吗?					合计
		非常多	比较多	一般	偶尔	没有	
女	计数	57	103	394	638	3 693	4 885
	性别中的占比	1.2%	2.1%	8.1%	13.1%	75.6%	100.0%
	"您有给乡民新技术培训班授课吗?"中的占比	46.3%	35.4%	40.7%	47.6%	54.6%	51.5%
	总数的占比	.6%	1.1%	4.2%	6.7%	38.9%	51.5%
合计	计数	123	291	967	1 340	6 763	9 484
	性别中的占比	1.3%	3.1%	10.2%	14.1%	71.3%	100.0%
	"您有给乡民新技术培训班授课吗?"中的占比	100.0%	100.0%	100.0%	100.0%	100.0%	100.0%
	总数的占比	1.3%	3.1%	10.2%	14.1%	71.3%	100.0%

表4-3 乡村教师性别与给乡民新技术培训班授课情况卡方检验

	值	df	渐进 Sig.（双侧）
Pearson 卡方	110.544[a]	4	.000
似然比	111.083	4	.000
有效案例中的 N	9 484		

a. 0 单元格(0%)的期望计数少于5,最小期望计数为59.65。

表4-4 乡村教师年龄与乡民新技术培训班上授课情况交叉表

			您有给乡民新技术培训班授课吗?					合计
			非常多	比较多	一般	偶尔	没有	
年龄	25岁及以下	计数	15	21	86	111	412	645
		年龄中的占比	2.3%	3.3%	13.3%	17.2%	63.9%	100.0%
		"您有给乡民新技术培训班授课吗?"中的占比	12.2%	7.2%	8.9%	8.3%	6.1%	6.8%
		总数的占比	.2%	.2%	.9%	1.2%	4.3%	6.8%

（续表）

		您有给乡民新技术培训班授课吗？					合计
		非常多	比较多	一般	偶尔	没有	
26～35岁	计数	65	121	369	486	2 669	3 710
	年龄中的占比	1.8%	3.3%	9.9%	13.1%	71.9%	100.0%
	"您有给乡民新技术培训班授课吗？"中的占比	52.8%	41.6%	38.2%	36.3%	39.5%	39.1%
	总数的占比	0.7%	1.3%	3.9%	5.1%	28.1%	39.1%
36～45岁	计数	29	92	253	413	2 167	2 954
	年龄中的占比	1.0%	3.1%	8.6%	14.0%	73.4%	100.0%
	"您有给乡民新技术培训班上授课吗？"中的占比	23.6%	31.6%	26.2%	30.8%	32.0%	31.1%
	总数的占比	.3%	1.0%	2.7%	4.4%	22.8%	31.1%
46～55岁	计数	11	42	203	277	1 303	1 836
	年龄中的占比	.6%	2.3%	11.1%	15.1%	71.0%	100.0%
	"您有给乡民新技术培训班授课吗？"中的占比	8.9%	14.4%	21.0%	20.7%	19.3%	19.4%
	总数的占比	.1%	.4%	2.1%	2.9%	13.7%	19.4%
56岁及以上	计数	3	15	56	53	212	339
	年龄中的占比	.9%	4.4%	16.5%	15.6%	62.5%	100.0%
	"您有给乡民新技术培训班授课吗？"中的占比	2.4%	5.2%	5.8%	4.0%	3.1%	3.6%
	总数的占比	.0%	.2%	.6%	.6%	2.2%	3.6%
合计	计数	123	291	967	1 340	6 763	9 484
	年龄中的占比	1.3%	3.1%	10.2%	14.1%	71.3%	100.0%
	"您有给乡民新技术培训班授课吗？"中的占比	100.0%	100.0%	100.0%	100.0%	100.0%	100.0%
	总数的占比	1.3%	3.1%	10.2%	14.1%	71.3%	100.0%

表 4-5　乡村教师年龄与给乡民新技术培训班授课情况卡方检验

	值	df	渐进 Sig.（双侧）
Pearson 卡方	75.332[a]	16	.000
似然比	73.635	16	.000
线性和线性组合	3.042	1	.081
有效案例中的 N	9 484		

a. 1 单元格(4.0%)的期望计数少于 5，最小期望计数为 4.40。

（二）乡村生态文明传播者角色担当的现状考察

作为乡村振兴直接目标的生态宜居，强调全面提升乡村人居环境质量，建设乡民安居乐业的美丽乡村。为此，必须尊重自然、顺应自然、保护自然，推动乡村自然资本加快增值，实现百姓富、生态美的统一。必须持续推进乡村生态文明建设，培育乡村生态文化，加强乡村生态文明宣传教育。在乡村生态文明宣传教育中，乡村教师无疑是主力军。乡村教师不仅要将生态文明教育融入课内外、融入学生生活，以丰富的生态文明教育内容产生潜移默化的教育效果，让幼小的心田播下"可持续发展"的种子。而且还要躬身参与乡村绿化与美化，领跑广大乡民参与乡村生态文明建设，激发乡民对美丽乡村的渴求，提升乡民的生态文明意识和素养，共同打造美丽乡村。那么，乡村教师进行乡村生态文明教育的现状如何呢？"您有在综合实践活动中融入生态文明教育吗？"这项调查结果表明，回答"比较多"占比最大（32.2%），而回答"没有"的占比最小（8.1%）。这表明许多乡村教师参与了乡村生态建设，担当了乡村生态文明传播者的角色，积极发挥了乡村生态文明教育功能。但是回答"一般"的也占较大的占比（30.4%），这表明有较大部分的乡村教师参与了乡村生态建设，但还没有真正发挥乡村生态文明传播者的功能（具体见表 4-6、表 4-8）。另外，在"您有将生态文明教育融入课堂教学吗？""您有进行关于生态文明教育的校本课程开发吗？""您有参与本地生态文明教育活动吗？""您有参与本地自然景观设计活动吗？""您有参与本地人文景观设计活动吗？"等问题的回答，表示"非常多"和"比较多"的占比均未超过 15%。

从乡村教师的性别、年龄与担当乡村生态文明传播者角色现状进行卡方检验分析，绝大部分指标均达到极显著性水平，即从统计学角度来说，乡村教师的性别和年龄与乡村教师的乡村生态文明传播者角色担当现状存在相关性。从表 4-6 自身群体所占占比来看，乡村男教师回答"非常多""比较多""一般""偶尔""没有"的占比分别为12.1%、35.9%、30.4%、15.6%、6.0%，乡村女教师回答"非常多""比较多""一般""偶尔""没有"的占比分别为 9.2%、28.7%、30.4%、21.6%、10.1%。从回答"非常多"和"比较多"占该选项总数的占比来看，乡村男教师分别为 55.5% 和 54.1%，而乡村女教师分别为 44.5% 和 45.9%。从表 4-7 可见，Pearson 卡方和似然比卡方的双侧显著性检验 $P=0.000$ 均小于 0.01，达到极显著性水平。由此，在统计学上推断，乡村男教师和乡村女教师发挥的乡村生态文明传播者功能都不是十分明显。相比较而言，乡村男教师优于乡村女教师。从表 4-8 年龄段来看，"25 岁及以下"至"56 岁及以上"回答"非常多"的占比依次为 8.1%、9.5%、12.3%、10.0% 和 15.0%。从表 4-9 可见，Pearson 卡方、似然比卡方和线性和线性组合卡方的双侧显著性检验 $P=0.000$ 均小于 0.01，达到极显著性水平。由此，在统计学上推断，乡村教师发挥乡村生态文明传播者功能随着年龄段的增大而增强。[①]

表 4-6 乡村教师性别与在综合实践活动中融入生态文明教育现状交叉表

			您有在综合实践活动中融入生态文明教育吗？					合计
			非常多	比较多	一般	偶尔	没有	
性别	男	计数	558	1653	1398	716	274	4599
		性别中的占比	12.1%	35.9%	30.4%	15.6%	6.0%	100.0%

---

① 上述情况与访谈时了解到的情况相吻合。因为不少年长男教师在乡村土生土长的，记住乡愁，亲身体验到乡村生态环境的前后变化，深刻认识到保护乡村生态环境的重要性，故积极参与乡村生态文明建设，主动担当乡村生态文明传播者角色。

(续表)

		您有在综合实践活动中融入生态文明教育吗?					合计
		非常多	比较多	一般	偶尔	没有	
	"您有在综合实践活动中融入生态文明教育吗?"中的占比	55.5%	54.1%	48.5%	40.4%	35.6%	48.5%
	总数的占比	5.9%	17.4%	14.7%	7.5%	2.9%	48.5%
女	计数	447	1402	1486	1055	495	4885
	性别中的占比	9.2%	28.7%	30.4%	21.6%	10.1%	100.0%
	"综合实践活动中您有进行生态文明教育吗?"中的占比	44.5%	45.9%	51.5%	59.6%	64.4%	51.5%
	总数的占比	4.7%	14.8%	15.7%	11.1%	5.2%	51.5%
合计	计数	1005	3055	2884	1771	769	9484
	性别中的占比	10.6%	32.2%	30.4%	18.7%	8.1%	100.0%
	"您有在综合实践活动中融入生态文明教育吗?"中的占比	100.0%	100.0%	100.0%	100.0%	100.0%	100.0%
	总数的占比	10.6%	32.2%	30.4%	18.7%	8.1%	100.0%

表4-7　乡村教师性别与在综合实践活动中融入生态文明教育状况卡方检验

	值	df	渐进 Sig.（双侧）
Pearson 卡方	155.487[a]	4	.000
似然比	156.699	4	.000
有效案例中的 N	9484		

a. 0 单元格(.0%)的期望计数少于5，最小期望计数为372.90。

表4-8　乡村教师年龄与在综合实践活动中融入生态文明教育状况交叉表

			您有在综合实践活动中融入生态文明教育吗?					合计
			非常多	比较多	一般	偶尔	没有	
年龄	25岁及以下	计数	52	166	240	124	63	645
		年龄中的占比	8.1%	25.7%	37.2%	19.2%	9.8%	100.0%

(续表)

		您有在综合实践活动中融入生态文明教育吗?					合计
		非常多	比较多	一般	偶尔	没有	
	"您有在综合实践活动中融入生态文明教育吗?"中的占比	5.2%	5.4%	8.3%	7.0%	8.2%	6.8%
	总数的占比	.5%	1.8%	2.5%	1.3%	.7%	6.8%
26～35岁	计数	354	1 080	1 146	757	373	3 710
	年龄中的占比	9.5%	29.1%	30.9%	20.4%	10.1%	100.0%
	"您有在综合实践活动中融入生态文明教育吗?"中的占比	35.2%	35.4%	39.7%	42.7%	48.5%	39.1%
	总数的占比	3.7%	11.4%	12.1%	8.0%	3.9%	39.1%
36～45岁	计数	364	992	845	524	229	2 954
	年龄中的占比	12.3%	33.6%	28.6%	17.7%	7.8%	100.0%
	"您有在综合实践活动中融入生态文明教育吗?"中的占比	36.2%	32.5%	29.3%	29.6%	29.8%	31.1%
	总数的占比	3.8%	10.5%	8.9%	5.5%	2.4%	31.1%
46～55岁	计数	184	660	569	329	94	1 836
	年龄中的占比	10.0%	35.9%	31.0%	17.9%	5.1%	100.0%
	"您有在综合实践活动中融入生态文明教育吗?"中的占比	18.3%	21.6%	19.7%	18.6%	12.2%	19.4%
	总数的占比	1.9%	7.0%	6.0%	3.5%	1.0%	19.4%
56岁及以上	计数	51	157	84	37	10	339
	年龄中的占比	15.0%	46.3%	24.8%	10.9%	2.9%	100.0%
	"您有在综合实践活动中融入生态文明教育吗?"中的占比	5.1%	5.1%	2.9%	2.1%	1.3%	3.6%
	总数的占比	.5%	1.7%	.9%	.4%	.1%	3.6%
合计	计数	1 005	3 055	2 884	1 771	769	9 484
	年龄中的占比	10.6%	32.2%	30.4%	18.7%	8.1%	100.0%
	"您有在综合实践活动中融入生态文明教育吗?"中的占比	100.0%	100.0%	100.0%	100.0%	100.0%	100.0%
	总数的占比	10.6%	32.2%	30.4%	18.7%	8.1%	100.0%

表4-9 乡村教师年龄与在综合实践活动中融入生态文明教育状况卡方检验

	值	df	渐进 Sig.（双侧）
Pearson 卡方	160.319[a]	16	.000
似然比	164.605	16	.000
线性和线性组合	102.152	1	.000
有效案例中的 N	9484		

a. 0 单元格(.0%)的期望计数少于5,最小期望计数为27.49。

（三）乡风文明守护者角色担当的现状考察

乡风文明是乡村社会风气的进步状态,是乡村振兴战略的"灵魂"。乡风文明建设既要传承乡村文化中自然、淳朴、静谧的文化品格,又要培育发扬新时代中国特色社会主义先进文化对乡村文化的引领作用,培育乡民社会主义核心价值观,展现新时代中国特色社会主义先进文化因子。[①] 为此,必须坚持物质文明和精神文明一起抓,提升乡民精神风貌,培育文明乡风、良好家风、淳朴民风,不断提高乡村社会文明程度。乡村教师是乡风文明建设的重要先行者,是乡风文明建设的"灵魂"。在乡村振兴战略中,必须充分发挥乡村教师乡风文明守护者的重大职能和效应,使先进的思想文化占领整个乡村阵地,为乡村文明建设营造良好的社会文化氛围。[②] 那么,乡村教师乡风文明守护者角色担当的现状如何呢？"您有参与文明家风家训传承活动吗？"这项调查结果表明,回答"非常多""比较多""一般""偶尔""没有"的占比分别是 3.1%、9.1%、18.5%、17.4%、51.8%（具体见表4-10、表4-12）。另外,对"您有参与本地乡民核心价值观培育活动吗？""您有组织本地公共文化活动吗？""您有参与本地传统优秀文化传承活动吗？""您有将乡风文明建设内容融入课堂教学吗？""您有进行关于乡风文明建设的校本课程开发吗？"等问题的回答,表示"非常多"的占比均未超过5%,回答"比

---

① 蒲实,孙文营. 实施乡村振兴战略背景下乡村人才建设政策研究[J]. 中国行政管理,2018(11).
② 李定仁,肖正德. 基础教育在新农村建设中的战略地位[N]. 光明日报,2006-08-23.

较多"的占比没有超过15%。可见,乡村教师参与乡风文明建设的活动不多,为乡风文明建设服务差强人意,其乡风文明守护者的角色不显。

从乡村教师的性别和年龄与参与文明家风家训传承活动情况的卡方检验分析,绝大部分指标均达到极显著性水平。即从统计学角度来说,乡村教师的性别和年龄与乡村教师的乡风文明守护者角色担当存在相关性。从表4-10自身群体所占占比来看,男教师回答"偶尔""没有"的占比分别高达18.9%、42.9%,女教师回答"偶尔""没有"的占比分别高达15.9%、60.3%。从回答"非常多""比较多"占该选项总数的比例来看,乡村男教师分别为60.9%和63.2%,而乡村女教师分别为39.1%和36.8%。从表4-11可见,Pearson卡方和似然比卡方的双侧显著性检验$P=0.000$均小于0.01,达到极显著性水平。由此,在统计学上推断,乡村男教师和乡村女教师总体上参与文明家风家训传承活动都不频繁,他们担当乡风文明守护者的角色不显,相比较而言,男教师优于女教师。从表4-12年龄段来看,"25岁及以下"至"56岁及以上"回答"没有"的占比依次为51.8%、55.8%、51.1%、48.4%和33.6%。从表4-13可见,Pearson卡方、似然比卡方和线性和线性组合卡方的双侧显著性检验$P=0.000$均小于0.01,达到极显著性水平。由此,在统计学上推断,随着年龄段的增大,乡村教师发挥乡风文明守护者角色功能在增强。[①]

表4-10 乡村教师性别与参与传承文明家风家训活动情况交叉表

		您有参与文明家风家训传承活动吗?					合计
		非常多	比较多	一般	偶尔	没有	
性别 男	计数	181	546	1 030	870	1 972	4 599
	性别中的占比	3.9%	11.9%	22.4%	18.9%	42.9%	100.0%
	"您有参与文明家风家训传承活动吗?"中的占比	60.9%	63.2%	58.6%	52.8%	40.1%	48.5%
	总数的占比	1.9%	5.8%	10.9%	9.2%	20.8%	48.5%

---

① 上述情况与访谈时了解到的情况相吻合,因为不少年长男教师生于斯长于斯,对乡村的风土人情比较熟悉,与当地老百姓互动比较多,故有利于乡风文明守护者功能的发挥。

(续表)

		您有参与文明家风家训传承活动吗?					合计
		非常多	比较多	一般	偶尔	没有	
女	计数	116	318	728	779	2 944	4 885
	性别中的占比	2.4%	6.5%	14.9%	15.9%	60.3%	100.0%
	"您有参与文明家风家训传承活动吗?"中的占比	39.1%	36.8%	41.4%	47.2%	59.9%	51.5%
	总数的占比	1.2%	3.4%	7.7%	8.2%	31.0%	51.5%
合计	计数	297	864	1 758	1 649	4 916	9 484
	性别中的占比	3.1%	9.1%	18.5%	17.4%	51.8%	100.0%
	"您有参与文明家风家训传承活动吗?"中的占比	100.0%	100.0%	100.0%	100.0%	100.0%	100.0%
	总数的占比	3.1%	9.1%	18.5%	17.4%	51.8%	100.0%

表4-11 乡村教师性别与参与文明家风家训传承活动情况卡方检验

	值	df	渐进 Sig.(双侧)
Pearson 卡方	315.141[a]	4	.000
似然比	317.220	4	.000
有效案例中的 N	9 484		

a. 0 单元格(.0%)的期望计数少于5,最小期望计数为144.02。

表4-12 乡村教师年龄与参与传承文明家风家训活动情况交叉表

			您有参与文明家风家训传承活动吗?					合计
			非常多	比较多	一般	偶尔	没有	
年龄	25岁及以下	计数	14	61	137	99	334	645
		年龄中的占比	2.2%	9.5%	21.2%	15.3%	51.8%	100.0%
		"您有参与文明家风家训传承活动吗?"中的占比	4.7%	7.1%	7.8%	6.0%	6.8%	6.8%
		总数的占比	.1%	.6%	1.4%	1.0%	3.5%	6.8%

(续表)

		您有参与文明家风家训传承活动吗?					合计
		非常多	比较多	一般	偶尔	没有	
26～35岁	计数	112	270	688	569	2071	3710
	年龄中的占比	3.0%	7.3%	18.5%	15.3%	55.8%	100.0%
	"您有参与文明家风家训传承活动吗?"中的占比	37.7%	31.3%	39.1%	34.5%	42.1%	39.1%
	总数的占比	1.2%	2.8%	7.3%	6.0%	21.8%	39.1%
36～45岁	计数	117	286	516	526	1509	2954
	年龄中的占比	4.0%	9.7%	17.5%	17.8%	51.1%	100.0%
	"您有参与文明家风家训传承活动吗?"中的占比	39.4%	33.1%	29.4%	31.9%	30.7%	31.1%
	总数的占比	1.2%	3.0%	5.4%	5.5%	15.9%	31.1%
46～55岁	计数	40	186	338	384	888	1836
	年龄中的占比	2.2%	10.1%	18.4%	20.9%	48.4%	100.0%
	"您有参与文明家风家训传承活动吗?"中的占比	13.5%	21.5%	19.2%	23.3%	18.1%	19.4%
	总数的占比	.4%	2.0%	3.6%	4.0%	9.4%	19.4%
56岁及以上	计数	14	61	79	71	114	339
	年龄中的占比	4.1%	18.0%	23.3%	20.9%	33.6%	100.0%
	"您有参与文明家风家训传承活动吗?"中的占比	4.7%	7.1%	4.5%	4.3%	2.3%	3.6%
	总数的占比	.1%	.6%	.8%	.7%	1.2%	3.6%
合计	计数	297	864	1758	1649	4916	9484
	年龄中的占比	3.1%	9.1%	18.5%	17.4%	51.8%	100.0%
	"您有参与文明家风家训传承活动吗?"中的占比	100.0%	100.0%	100.0%	100.0%	100.0%	100.0%
	总数的占比	3.1%	9.1%	18.5%	17.4%	51.8%	100.0%

表4-13 乡村教师年龄与参与文明家风家训传承活动情况卡方检验

	值	df	渐进 Sig.（双侧）
Pearson 卡方	133.825ª	16	.000
似然比	130.462	16	.000
线性和线性组合	33.553	1	.000
有效案例中的 N	9 484		

a. 0 单元格(.0%)的期望计数少于 5,最小期望计数为 10.62。

（四）乡村治理协助者角色担当的现状考察

乡村振兴战略中必须把夯实基层基础作为固本之策，建立健全党委领导、政府负责、社会协同、公众参与、法治保障的现代乡村社会治理体制，坚持自治、法治、德治相结合，确保乡村社会充满活力、和谐有序。乡村治理作为乡村振兴的内生驱动力，不仅是维持乡村秩序的一系列规范体系，更是一种表现乡村社会结构的文化形态、一种乡民生活的意义选择。① 在现代乡村治理中，要统筹发挥社会力量的协同作用，打造乡村治理基础工程。作为乡村知识力量，乡村教师协助乡村治理既有悠久的历史传统，又有迫切的时代诉求。在乡村振兴战略中，乡村教师是乡村治理的主要社会力量，理应积极参与乡村公共事务，主动担当乡村治理协助者角色。那么，乡村振兴战略中乡村教师的乡村治理协助者角色担当的现状又如何呢？"您有参与本地德治建设宣传教育活动吗？"这项调查结果表明，回答"非常多""比较多""一般""偶尔""没有"的占比分别是 4.9%、18.7%、30.4%、22.0%、24.0%（具体见表 4-14、表 4-16）。另外，对"您有参与本地法治建设宣传教育活动吗？""您有给乡民讲解国家政策形势吗？""曾经有乡民请您为他们起草合同或契约吗？""曾经有乡民请您为他们解决日常纠纷吗？"等问题的回答，表示"非常多"的占比均未超过 5%，回答"比较多"的占比绝大部分没有超过 10%。可见，乡村教师参与乡村公共事务活动不多，协助乡村治理的能力偏弱，其

---

① 陈进华.健全自治法治德治相结合的乡村治理体系[N].光明日报，2018-10-23.

乡村治理协助者的角色不显。

从乡村教师的性别和年龄与参与本地德治建设宣传教育活动情况进行的卡方检验分析,绝大部分指标均达到极显著性水平。即从统计学角度来说,乡村教师的性别和年龄与乡村教师的乡村治理协助者角色担当存在相关性。从表4-14自身群体所占比例来看,乡村男教师回答"偶尔""没有"的占比分别为21.2%、19.3%,乡村女教师回答"偶尔""没有"的占比分别为22.8%、28.4%。从回答"非常多""比较多"占该选项总数的比例来看,乡村男教师分别为54.4%和57.3%,而乡村女教师分别为45.6%和42.7%。从表4-15可见,Pearson卡方和似然比卡方的双侧显著性检验$P=0.000$均小于0.01,达到极显著性水平。由此,在统计学上推断,乡村男教师和乡村女教师总体上参与社会治理的能力水平比较弱。相比较而言,乡村男教师优于乡村女教师。从表4-16年龄段来看,"25岁及以下"至"56岁及以上"回答"没有"的占比依次为30.1%、27.8%、21.7%、19.9%和12.7%。从表4-17可见,Pearson卡方、似然比卡方和线性和线性组合卡方的双侧显著性检验$P=0.000$均小于0.01,达到极显著性水平。由此,在统计学上推断,乡村教师随着年龄段的增大,参与乡村治理的能力水平在增强。①

表4-14 乡村教师性别与参与本地德治建设宣传教育活动情况交叉表

			您有参与本地德治建设宣传教育活动吗?					合计
			非常多	比较多	一般	偶尔	没有	
性别	男	计数	254	1 016	1 467	976	886	4 599
		性别中的占比	5.5%	22.1%	31.9%	21.2%	19.3%	100.0%
		"您有参与本地德治建设宣传教育活动吗?"中的占比	54.4%	57.3%	50.9%	46.7%	39.0%	48.5%
		总数的占比	2.7%	10.7%	15.5%	10.3%	9.3%	48.5%

---

① 上述情况与访谈时了解到的情况相吻合,因为不少年长男教师一直生活在乡村,对当地乡民的行为和思维方式非常熟悉,对当地乡民的思想意识非常了解,故有利于其协助乡村治理。

(续表)

			您有参与本地德治建设宣传教育活动吗?					合计
			非常多	比较多	一般	偶尔	没有	
女		计数	213	758	1 415	1 113	1 386	4 885
		性别中的占比	4.4%	15.5%	29.0%	22.8%	28.4%	100.0%
		"您有参与本地德治建设宣传教育活动吗?"中的占比	45.6%	42.7%	49.1%	53.3%	61.0%	51.5%
		总数的占比	2.2%	8.0%	14.9%	11.7%	14.6%	51.5%
合计		计数	467	1 774	2 882	2 089	2 272	9 484
		性别中的占比	4.9%	18.7%	30.4%	22.0%	24.0%	100.0%
		"您有参与本地德治建设宣传教育活动吗?"中的占比	100.0%	100.0%	100.0%	100.0%	100.0%	100.0%
		总数的占比	4.9%	18.7%	30.4%	22.0%	24.0%	100.0%

表4-15 乡村教师性别与参与本地德治建设宣传教育活动情况卡方检验

	值	df	渐进 Sig.(双侧)
Pearson 卡方	152.594[a]	4	.000
似然比	153.504	4	.000
有效案例中的 N	9 484		

a. 0 单元格(.0%)的期望计数少于 5,最小期望计数为 226.46。

表4-16 乡村教师年龄与参与本地德治建设宣传教育活动情况交叉表

			您有参与本地德治建设宣传教育活动吗?					合计
			非常多	比较多	一般	偶尔	没有	
年龄	25岁及以下	计数	27	89	215	120	194	645
		年龄中的占比	4.2%	13.8%	33.3%	18.6%	30.1%	100.0%
		"您有参与本地德治建设宣传教育活动吗?"中的占比	5.8%	5.0%	7.5%	5.7%	8.5%	6.8%
		总数的占比	.3%	.9%	2.3%	1.3%	2.0%	6.8%

(续表)

		您有参与本地德治建设宣传教育活动吗?					合计
		非常多	比较多	一般	偶尔	没有	
26～35岁	计数	174	629	1 117	760	1 030	3 710
	年龄中的占比	4.7%	17.0%	30.1%	20.5%	27.8%	100.0%
	"您有参与本地德治建设宣传教育活动吗?"中的占比	37.3%	35.5%	38.8%	36.4%	45.3%	39.1%
	总数的占比	1.8%	6.6%	11.8%	8.0%	10.9%	39.1%
36～45岁	计数	174	579	893	668	640	2 954
	年龄中的占比	5.9%	19.6%	30.2%	22.6%	21.7%	100.0%
	"您有参与本地德治建设宣传教育活动吗?"中的占比	37.3%	32.6%	31.0%	32.0%	28.2%	31.1%
	总数的占比	1.8%	6.1%	9.4%	7.0%	6.7%	31.1%
46～55岁	计数	75	376	555	465	365	1 836
	年龄中的占比	4.1%	20.5%	30.2%	25.3%	19.9%	100.0%
	"您有参与本地德治建设宣传教育活动吗?"中的占比	16.1%	21.2%	19.3%	22.3%	16.1%	19.4%
	总数的占比	.8%	4.0%	5.9%	4.9%	3.8%	19.4%
56岁及以上	计数	17	101	102	76	43	339
	年龄中的占比	5.0%	29.8%	30.1%	22.4%	12.7%	100.0%
	"您有参与本地德治建设宣传教育活动吗?"中的占比	3.6%	5.7%	3.5%	3.6%	1.9%	3.6%
	总数的占比	.2%	1.1%	1.1%	.8%	.5%	3.6%
合计	计数	467	1 774	2 882	2 089	2 272	9 484
	年龄中的占比	4.9%	18.7%	30.4%	22.0%	24.0%	100.0%
	"您有参与本地德治建设宣传教育活动吗?"中的占比	100.0%	100.0%	100.0%	100.0%	100.0%	100.0%
	总数的占比	4.9%	18.7%	30.4%	22.0%	24.0%	100.0%

表4-17 乡村教师年龄与参与本地德治建设宣传教育活动情况卡方检验

	值	df	渐进 Sig.(双侧)
Pearson 卡方	139.072ª	16	.000
似然比	139.148	16	.000
线性和线性组合	54.881	1	.000
有效案例中的 N	9484		

a. 0 单元格(.0%)的期望计数少于5,最小期望计数为16.69。

(五)乡民生活改造领导者角色担当的现状考察

乡村振兴最终目标要落实到乡民的生活富裕上,强调把乡民作为乡村美好生活的中心与重心,坚持在发展中保障与改善乡民生活,满足乡民"日益增长的对美好生活的需要"。亦即,促使乡民增收致富、提高乡民生活品质,创造乡村美好新生活。要坚持人人尽责、人人享有,按照抓重点、补短板、强弱项的要求,围绕乡民最关心最直接最现实的利益问题,一件事情接着一件事情办,一年接着一年干,把乡村建设成为幸福美丽新家园。乡村教师作为知识分子在乡村振兴战略中有着无法替代的作用,他们理应成为社会主义核心价值观的培育者、先进文化的弘扬者和现代生活方式的引领者,是改造乡民生活的灵魂,应主动担当乡民生活改造领导者角色。那么,乡村振兴战略中乡村教师的乡民生活改造领导者角色担当的现状又如何呢? 在对"您有参与提升乡民信息素养的培训活动吗?"这项调查结果表明,回答"非常多""比较多""一般""偶尔""没有"的占比分别是2.3%、7.5%、21.8%、16.5%、51.9%(具体见表4-18、表4-20)。另外,对"您有参与改变乡民旧观念的教育活动吗?""您有引领乡民使用现代产品吗?""您有帮助乡民在网上购物吗?"等问题,回答"非常多"的占比均未超过5%,回答"比较多"的占比绝大部分没有超过16%。可见,无论是乡民观念现代化建设和物质条件现代化建设,还是乡民信息素养建设,乡村教师从中帮助还是十分有限的,其担当的乡民生活改造领导者角色不显。

从乡村教师的性别和年龄与参与提升乡民信息素养的培训活动情况进行的卡方检验分析来看,绝大部分指标均达到极显著性水平。即从统计学角度来说,乡村教师的性别和年龄与乡村教师的乡民生活改造领导者角色担当存在相关性。从表 4-18 自身群体所占占比来看,乡村男教师回答"偶尔"和"没有"的占比分别高达 17.9%、46.2%,乡村女教师回答"偶尔"和"没有"的占比分别高达 15.1%、57.3%。从回答"非常多"和"比较多"占该选项总数的比例来看,乡村男教师分别为 52.8% 和 61.8%,而乡村女教师分别为 47.2% 和 38.2%。从表 4-19 可见,Pearson 卡方和似然比卡方的双侧显著性检验 $P = 0.000$ 均小于 0.01,达到极显著性水平。由此,在统计学上推断,乡村男教师和乡村女教师参与提升乡民信息素养的培训活动的能力水平比较弱。相比较而言,男教师优于女教师。从表 4-20 年龄段来看,"25 岁及以下"至"56 岁及以上"回答"没有"的占比依次为 48.8%、52.5%、53%、51.3% 和 45.1%。从表 4-21 可见,Pearson 卡方和似然比卡方的双侧显著性检验 $P = 0.000$ 均小于 0.01,达到极显著性水平。由此,在统计学上推断,乡村教师随着年龄段的增大,参与提升乡民信息素养培训活动的能力在减弱。亦即,乡村青年教师参与提升乡民信息素养培训活动的能力比乡村中老年教师要强。[①]

表 4-18　乡村教师性别与参与提升乡民信息素养的培训活动情况交叉表

			您有参与提升乡民信息素养的培训活动吗?					合计
			非常多	比较多	一般	偶尔	没有	
性别	男	计数	114	438	1 098	823	2 126	4 599
		性别中的占比	2.5%	9.5%	23.9%	17.9%	46.2%	100.0%
		"您有参与提升乡民信息素养的培训活动吗?"中的占比	52.8%	61.8%	53.0%	52.7%	43.2%	48.5%
		总数的占比	1.2%	4.6%	11.6%	8.7%	22.4%	48.5%
	女	计数	102	271	974	740	2 798	4 885
		性别中的占比	2.1%	5.5%	19.9%	15.1%	57.3%	100.0%
		"您有参与提升乡民信息素养的培训活动吗?"中的占比	47.2%	38.2%	47.0%	47.3%	56.8%	51.5%
		总数的占比	1.1%	2.9%	10.3%	7.8%	29.5%	51.5%

[①] 上述情况与访谈时了解到的情况相吻合,因为青年男教师的信息素养水平在乡村教师群体中属于比较高的。

(续表)

		您有参与提升乡民信息素养的培训活动吗?					合计
		非常多	比较多	一般	偶尔	没有	
合计	计数	216	709	2 072	1 563	4 924	9 484
	性别中的占比	2.3%	7.5%	21.8%	16.5%	51.9%	100.0%
	"您有参与提升乡民信息素养的培训活动吗?"中的占比	100.0%	100.0%	100.0%	100.0%	100.0%	100.0%
	总数的占比	2.3%	7.5%	21.8%	16.5%	51.9%	100.0%

表 4-19 乡村教师性别与参与提升乡民信息素养的培训活动情况卡方检验

	值	df	渐进 Sig.(双侧)
Pearson 卡方	135.040[a]	4	.000
似然比	135.581	4	.000
有效案例中的 N	9 484		

a. 0 单元格(.0%)的期望计数少于5,最小期望计数为104.74。

表 4-20 乡村教师年龄与参与提升乡民信息素养的培训活动情况交叉表

			您有参与提升乡民信息素养的培训活动吗?					合计
			非常多	比较多	一般	偶尔	没有	
年龄	25岁及以下	计数	17	51	178	84	315	645
		年龄中的占比	2.6%	7.9%	27.6%	13.0%	48.8%	100.0%
		"您有参与提升乡民信息素养的培训活动吗?"中的占比	7.9%	7.2%	8.6%	5.4%	6.4%	6.8%
		总数的占比	.2%	.5%	1.9%	.9%	3.3%	6.8%
	26~35岁	计数	83	265	860	553	1 949	3 710
		年龄中的占比	2.2%	7.1%	23.2%	14.9%	52.5%	100.0%
		"您有参与提升乡民信息素养的培训活动吗?"中的占比	38.4%	37.4%	41.5%	35.4%	39.6%	39.1%
		总数的占比	.9%	2.8%	9.1%	5.8%	20.6%	39.1%

(续表)

		您有参与提升乡民信息素养的培训活动吗?					合计
		非常多	比较多	一般	偶尔	没有	
36~45岁	计数	78	221	607	483	1 565	2 954
	年龄中的占比	2.6%	7.5%	20.5%	16.4%	53.0%	100.0%
	"您有参与提升乡民信息素养的培训活动吗?"中的占比	36.1%	31.2%	29.3%	30.9%	31.8%	31.1%
	总数的占比	.8%	2.3%	6.4%	5.1%	16.5%	31.1%
46~55岁	计数	32	139	356	367	942	1 836
	年龄中的占比	1.7%	7.6%	19.4%	20.0%	51.3%	100.0%
	"您有参与提升乡民信息素养的培训活动吗?"中的占比	14.8%	19.6%	17.2%	23.5%	19.1%	19.4%
	总数的占比	.3%	1.5%	3.8%	3.9%	9.9%	19.4%
56岁及以上	计数	6	33	71	76	153	339
	年龄中的占比	1.8%	9.7%	20.9%	22.4%	45.1%	100.0%
	"您有参与提升乡民信息素养的培训活动吗?"中的占比	2.8%	4.7%	3.4%	4.9%	3.1%	3.6%
	总数的占比	.1%	.3%	.7%	.8%	1.6%	3.6%
合计	计数	216	709	2 072	1 563	4 924	9 484
	年龄中的占比	2.3%	7.5%	21.8%	16.5%	51.9%	100.0%
	"您有参与提升乡民信息素养的培训活动吗?"中的占比	100.0%	100.0%	100.0%	100.0%	100.0%	100.0%
	总数的占比	2.3%	7.5%	21.8%	16.5%	51.9%	100.0%

表4-21 乡村教师年龄与参与提升乡民信息素养的培训活动情况卡方检验

	值	df	渐进 Sig.(双侧)
Pearson 卡方	64.581[a]	16	.000
似然比	63.040	16	.000
线性和线性组合	1.697	1	.193
有效案例中的 N	9 484		

a. 0 单元格(.0%)的期望计数少于5,最小期望计数为 7.72。

三 乡村振兴战略中乡村教师新乡贤角色担当的问题透视

自从实施乡村振兴战略以来,许多乡村教师积极参与乡村振兴战略,在一定程度上担当起新乡贤角色。但是受诸多因素的影响与制约,尚存在服务乡村振兴的意愿不强、服务乡村振兴的知识不足、服务乡村振兴的能力不济、融入乡村社会的程度不高、乡村民众的认同程度不高、角色担当的支持条件不利等突出问题。

(一) 服务乡村振兴的意愿不强

乡村教师作为乡村的新乡贤代表,理应是乡村振兴战略的重要参与者,要发挥这种重要角色的作用,需要乡村教师具有参与乡村振兴战略的强烈意愿。乡村教师服务乡村振兴的意愿是乡村教师对乡村振兴战略产生的看法或想法,并因此而产生的个人主观性思维。亦即,是乡村教师对乡村振兴战略的心意与愿望,是乡村教师服务乡村振兴心的方向与原动力。它对乡村教师服务乡村振兴战略的目标和方向起关键性作用。然而,通过调查发现,当下乡村教师服务乡村振兴战略意愿总体上还是属于低迷状态[①]。具体表现如下几个方面:

一是守望职业信念的占比偏低。乡村教师守望职业信念的状况与服务乡村振兴战略的意愿是密切相关的。无论乡村学校条件多么艰苦,乡村教师都甘于清贫,无私奉献,坚守职业信念,努力促进乡村教育的振兴与发展,那就表明其服务乡村振兴的意愿强烈。若是乡村教师抛弃职业守望信念,不愿扎根乡村教育,那何谈服务乡村振兴战略的意愿?调查结果显示,乡村教师对自身的职业缺少自豪感的占比为72.6%,觉得在乡村工资待遇太低的占比为74.2%,觉得在乡村自我发展机会受限的占比为76.3%,认为在乡村工作会影响孩子教育的占比为75.7%,认为在乡村难以实现自我

---

① 肖正德.乡村振兴战略中乡村教师新乡贤角色担当意愿的相关影响因素分析[J].华东师范大学学报(教育科学版),2021(7).

理想的占比为 69.8%,愿意调离乡村到城里工作的占比为 67.4%。可见,乡村教师对自身职业的认同感不高,扎根乡村教育和守望职业信念的占比偏低,那么他们显然就不会有强烈的服务乡村振兴战略的意愿。下面以"您愿意调离乡村到城里工作吗?"这一问题为例,通过乡村教师的性别、年龄与职业守望现状的交叉分析,推断这些因素与乡村教师服务乡村振兴战略意愿的相关关系。从表 4-22 性别来看,乡村男教师和乡村女教师回答"非常愿意""比较愿意""一般""不太愿意"和"不愿意"的占比分布特征与总体分布特征趋势一致。但是,乡村女教师回答"非常愿意"和"比较愿意"的占比高于乡村男教师。从表 4-24 年龄段来看,"25 岁及以下""26～35 岁"和"36～46 岁"三个年龄段回答"非常愿意""比较愿意"占比依次递增。而"46～55 岁"和"56 岁以上"两个年龄段回答"不太愿意""不愿意"的占比依次递增。从表 4-23 和表 4-25 可见,Pearson 卡方、似然比卡方以及线性和线性组合的双侧显著性检验 $P=0.000$ 均小于 0.01,达到极显著性水平。由此,在统计学上推断,乡村教师职业守望信念现状的调查数据分布特征与乡村教师的性别和年龄段存在相关性。乡村男教师比乡村女教师守望职业的信念强一些,扎根乡村的决心大一些,服务乡村振兴的意愿也强烈一些;乡村中老年教师比乡村青年教师守望职业的信念强一些,扎根乡村的决心大一些,服务乡村振兴的意愿也强烈一些。①

表 4-22 乡村教师性别与职业守望信念状况交叉表

		您愿意调离乡村到城里工作吗?					合计
		非常愿意	愿意	一般	不太愿意	不愿意	
性别 男	计数	1 564	1 311	823	630	271	4 599
	性别中的占比	34.0%	28.5%	17.9%	13.7%	5.9%	100.0%
	"您愿意调离乡村到城里工作吗?"中的占比	43.8%	46.4%	48.9%	63.3%	65.6%	48.5%
	总数的占比	16.5%	13.8%	8.7%	6.6%	2.9%	48.5%

---

① 肖正德.乡村振兴战略中乡村教师新乡贤角色担当意愿的相关影响因素分析[J].华东师范大学学报(教育科学版),2021(7).

(续表)

			您愿意调离乡村到城里工作吗？					合计
			非常愿意	愿意	一般	不太愿意	不愿意	
女		计数	2 003	1 514	860	366	142	4 885
		性别中的占比	41.0%	31.0%	17.6%	7.5%	2.9%	100.0%
		"您愿意调离乡村到城里工作吗？"中的占比	56.2%	53.6%	51.1%	36.7%	34.4%	51.5%
		总数的占比	21.1%	16.0%	9.1%	3.9%	1.5%	51.5%
合计		计数	3 567	2 825	1 683	996	413	9 484
		性别中的占比	37.6%	29.8%	17.7%	10.5%	4.4%	100.0%
		"您愿意调离乡村到城里工作吗？"中的占比	100.0%	100.0%	100.0%	100.0%	100.0%	100.0%
		总数的占比	37.6%	29.8%	17.7%	10.5%	4.4%	100.0%

表 4-23 乡村教师性别与职业守望信念状况卡方检验

	值	df	渐进 Sig.（双侧）
Pearson 卡方	171.230[a]	4	.000
似然比	172.748	4	.000
线性和线性组合	144.566	1	.000
有效案例中的 N	9 484		

a. 0 单元格(.0%)的期望计数少于 5，最小期望计数为 200.27。

表 4-24 乡村教师年龄与职业守望信念状况交叉表

			您愿意调离乡村到城里工作吗？					合计
			非常愿意	愿意	一般	不太愿意	不愿意	
年龄段	25岁及以下	计数	214	199	157	51	23	644
		年龄段中的占比	33.2%	30.9%	24.4%	7.9%	3.6%	100.0%
		"您愿意调离乡村到城里工作吗"中的占比	7.4%	7.7%	7.7%	4.8%	2.6%	6.8%
		总数的占比	2.3%	2.1%	1.7%	.5%	.2%	6.8%

(续表)

		您愿意调离乡村到城里工作吗?					合计
		非常愿意	愿意	一般	不太愿意	不愿意	
26～35岁	计数	1 354	1 120	783	263	186	3 706
	年龄段中的占比	36.5%	30.2%	21.1%	7.1%	5.0%	100.0%
	"您愿意调离乡村到城里工作吗"中的占比	47.1%	43.1%	38.4%	24.9%	20.9%	39.2%
	总数的占比	14.3%	11.8%	8.3%	2.8%	2.0%	39.2%
36～45岁	计数	951	871	635	295	201	2 953
	年龄段中的占比	32.2%	29.5%	21.5%	10.0%	6.8%	100.0%
	"您愿意调离乡村到城里工作吗"中的占比	33.1%	33.5%	31.1%	27.9%	22.6%	31.2%
	总数的占比	10.1%	9.2%	6.7%	3.1%	2.1%	31.2%
46～55岁	计数	318	364	402	358	376	1 818
	年龄段中的占比	17.5%	20.0%	22.1%	19.7%	20.7%	100.0%
	"您愿意调离乡村到城里工作吗"中的占比	11.1%	14.0%	19.7%	33.9%	42.3%	19.2%
	总数的占比	3.4%	3.8%	4.2%	3.8%	4.0%	19.2%
56岁及以上	计数	39	46	62	89	103	339
	年龄段中的占比	11.5%	13.6%	18.3%	26.3%	30.4%	100.0%
	"您愿意调离乡村到城里工作吗"中的占比	1.4%	1.8%	3.0%	8.4%	11.6%	3.6%
	总数的占比	.4%	.5%	.7%	.9%	1.1%	3.6%
合计	计数	3 567	2 825	1 683	996	413	9 484
	年龄段中的占比	37.6%	29.8%	17.7%	10.5%	4.4%	100.0%
	"您愿意调离乡村到城里工作吗"中的占比	100.0%	100.0%	100.0%	100.0%	100.0%	100.0%
	总数的占比	37.6%	29.8%	17.7%	10.5%	4.4%	100.0%

表 4-25 乡村教师年龄与职业守望信念状况卡方检验

	值	df	渐进 Sig.(双侧)
Pearson 卡方	1 050.159ª	16	.000
似然比	956.678	16	.000
线性和线性组合	731.972	1	.000
有效案例中的 N	9 460		

a. 0 单元格(.0%)的期望计数少于 5,最小期望计数为 31.86。

二是对乡村的风土人情兴趣不浓。乡土情怀是乡村教师扎根乡村教育、服务乡村社会的精神支柱,乡村教师的乡村情怀与服务乡村振兴战略的意愿是息息相关的。若是乡村教师的乡土情怀浓厚,对一方的风土人情饶有兴趣,对乡村有着强烈的归属感和认同感,那么服务乡村振兴战略的热情相对就高,参与乡村振兴的意愿就会强烈。反之,若是乡村教师的乡土情怀淡薄或缺失,对一方的风土人情漠然,对乡村的归属感和认同感偏低,那么服务乡村振兴战略的意愿就会低落。从表 4-26 可见,乡村教师对乡村风土人情的兴趣选项在"一般""不太有兴趣""没有兴趣"占比分别为 33.4%、5.7% 和 3.0%,累计高达 42.1%,即接近一半的乡村教师表示对乡村风土人情不感兴趣。按照常理,假如乡村教师对乡村风土人情不感兴趣,那么就很难指望他们会有强烈的意愿去服务乡村振兴战略。再从表 4-26 性别来看,男教师和女教师在"非常有兴趣""比较有兴趣""一般""不太有兴趣""没有兴趣"的数量占各自性别群体的比例分布趋势一致,与总体分布趋势也一致。但是,乡村男教师在"非常有兴趣"和"比较有兴趣"的数量占比高于乡村女教师。从表 4-28 年龄段来看,"25 岁及以下"至"56 岁及以上"的乡村教师表示"非常有兴趣"和"比较有兴趣"占各自年龄段群体的比例依次增长。从表 4-27 和表 4-29 可见,Pearson 卡方、似然比卡方以及线性和线性组合的双侧显著性检验 $P=0.000$ 均小于 0.01,达到极显著性水平。由此,在统计学上推断,乡村教师的乡土情怀与之相关的服务乡村振兴意愿跟其性别和年龄段存在相关性。从性别上看,乡村男教师的乡土情怀与之相关的服务乡村振兴战略意愿比乡村女教师要强烈;从年龄上看,随着年龄段增大,乡村教师的乡土情怀与之相关的服务乡村振兴战略意愿在增强。①

表 4-26 乡村教师性别与对乡村风土人情的兴趣度交叉表

		您对乡村风土人情感兴趣吗?					合计
		非常有兴趣	比较有兴趣	一般	不太有兴趣	没有兴趣	
性别	男 计数	750	2 189	1 342	205	113	4 599
	性别中的占比	16.3%	47.6%	29.2%	4.5%	2.5%	100.0%
	"您对乡村风土人情感兴趣吗?"中的占比	60.2%	51.5%	42.4%	38.0%	39.6%	48.5%
	总数的占比	7.9%	23.1%	14.2%	2.2%	1.2%	48.5%
	女 计数	495	2 060	1 824	334	172	4 885
	性别中的占比	10.1%	42.2%	37.3%	6.8%	3.5%	100.0%
	"您对乡村风土人情感兴趣吗?"中的占比	39.8%	48.5%	57.6%	62.0%	60.4%	51.5%
	总数的占比	5.2%	21.7%	19.2%	3.5%	1.8%	51.5%
合计	计数	1 245	4 249	3 166	539	285	9 484
	性别中的占比	13.1%	44.8%	33.4%	5.7%	3.0%	100.0%
	"您对乡村风土人情感兴趣吗?"中的占比	100.0%	100.0%	100.0%	100.0%	100.0%	100.0%
	总数的占比	13.1%	44.8%	33.4%	5.7%	3.0%	100.0%

表 4-27 乡村教师性别与对乡村风土人情的兴趣度卡方检验

	值	df	渐进 Sig.(双侧)
Pearson 卡方	164.139[a]	4	.000
似然比	165.037	4	.000
有效案例中的 N	9 484		

a. 0 单元格(.0%)的期望计数少于 5,最小期望计数为 138.20。

① 肖正德. 乡村振兴战略中乡村教师新乡贤角色担当意愿的相关影响因素分析[J]. 华东师范大学学报(教育科学版),2021(7).

表 4-28 乡村年龄与对乡村风土人情的兴趣度交叉表

			您对乡村的风土人情感兴趣吗?					合计
			非常有兴趣	比较有兴趣	一般	不太有兴趣	没有兴趣	
年龄	25岁及以下	计数	77	261	227	41	39	645
		年龄中的占比	11.9%	40.5%	35.2%	6.4%	6.0%	100.0%
		"您对乡村风土人情感兴趣吗?"中的占比	6.2%	6.1%	7.2%	7.6%	13.7%	6.8%
		总数的占比	.8%	2.8%	2.4%	.4%	.4%	6.8%
	26~35岁	计数	449	1570	1290	248	153	3710
		年龄中的占比	12.1%	42.3%	34.8%	6.7%	4.1%	100.0%
		"您对乡村风土人情感兴趣吗?"中的占比	36.1%	36.9%	40.7%	46.0%	53.7%	39.1%
		总数的占比	4.7%	16.6%	13.6%	2.6%	1.6%	39.1%
	36~45岁	计数	412	1337	997	150	58	2954
		年龄中的占比	13.9%	45.3%	33.8%	5.1%	2.0%	100.0%
		"您对乡村风土人情感兴趣吗?"中的占比	33.1%	31.5%	31.5%	27.8%	20.4%	31.1%
		总数的占比	4.3%	14.1%	10.5%	1.6%	.6%	31.1%
	46~55岁	计数	242	904	565	95	30	1836
		年龄中的占比	13.2%	49.2%	30.8%	5.2%	1.6%	100.0%
		"您对乡村风土人情感兴趣吗?"中的占比	19.4%	21.3%	17.8%	17.6%	10.5%	19.4%
		总数的占比	2.6%	9.5%	6.0%	1.0%	.3%	19.4%
	56岁及以上	计数	65	177	87	5	5	339
		年龄中的占比	19.2%	52.2%	25.7%	1.5%	1.5%	100.0%
		"您对乡村风土人情感兴趣吗?"中的占比	5.2%	4.2%	2.7%	.9%	1.8%	3.6%
		总数的占比	.7%	1.9%	.9%	.1%	.1%	3.6%

(续表)

		您对乡村的风土人情感兴趣吗?					合计
		非常有兴趣	比较有兴趣	一般	不太有兴趣	没有兴趣	
合计	计数	1 245	4 249	3 166	539	285	9 484
	年龄中的占比	13.1%	44.8%	33.4%	5.7%	3.0%	100.0%
	"您对乡村风土人情感兴趣吗?"中的占比	100.0%	100.0%	100.0%	100.0%	100.0%	100.0%
	总数的占比	13.1%	44.8%	33.4%	5.7%	3.0%	100.0%

表 4-29 乡村教师年龄与对乡村风土人情的兴趣度卡方检验

	值	df	渐进 Sig.(双侧)
Pearson 卡方	127.956[a]	16	.000
似然比	129.604	16	.000
线性和线性组合	87.862	1	.000
有效案例中的 N	9 484		

a. 0 单元格(.0%)的期望计数少于 5,最小期望计数为 10.19。

三是对乡村振兴战略关注不够。乡村教师对乡村振兴战略的关注度跟服务乡村振兴战略的意愿也是密切相关的。若是乡村教师对乡村振兴战略密切关注,并深刻认识服务乡村振兴战略的价值意蕴,那么就会主动服务乡村振兴战略,参与乡村振兴的意愿自然就会变得强烈。若是乡村教师对乡村振兴战略事不关己,高高挂起,那何谈服务乡村振兴战略的意愿? 从表 4-30 和表 4-32 可见,乡村教师在"你之前听闻过乡村振兴战略这一决策吗?"的情况选项在"偶尔""没有"的数量占比分别为 10.7%和 4.4%,累计达到 15.1%。2017 年 10 月 18 日党的十九大报告首次提出乡村振兴战略[①],2018 年 1 月 2 日颁布《中共中央 国务院关于实施乡村振兴战略的意见》[②]。本问卷调查从

[①] 习近平. 决胜全面建成小康社会夺取新时代中国特色社会主义伟大胜利——在中国共产党第十九次全国代表大会上的报告[R]. 北京:人民出版社,2017:32.
[②] 中华人民共和国中央人民政府. 中共中央 国务院关于实施乡村振兴战略的意见[EB/OL]. (2018-01-02)[2020-01-28]. http://www.gov.cn/zhengce/2018-02/04/content_5263807.htm.

2019年11月8日开始至2019年12月8日结束。从党中央提出乡村振兴战略和出台具体政策至调研伊始,时间已经过去两年之久,期间各大媒体有海量的关于乡村振兴的信息持续不断地发布出来。作为事关乡村每一位百姓切身利益的重大信息,居然还有15.1%的乡村教师对此几乎"充耳不闻",这就不得不让人怀疑这部分乡村教师缺乏服务乡村振兴战略的意愿。再从表4-30性别来看,男教师和女教师回答"非常多""比较多""一般""偶尔""没有"的占比分布特征趋势一致,与总体分布特征趋势也一致。但是,男教师回答"非常多""比较多"的占比高于女教师。从表4-32年龄段来看,"25岁及以下"至"56岁及以上",回答"非常多"和"比较多"占比大体依次增加。从表4-31和表4-33可见,Pearson卡方、似然比卡方以及线性和线性组合的双侧显著性检验 $P = 0.000$ 或 $P = 0.003$ 均小于0.01,达到极显著性水平。由此,在统计学上推断,乡村教师对乡村振兴战略关注度的调查数据分布特征与乡村教师的性别和年龄段存在相关性,乡村男教师比乡村女教师了解多一些,随着年龄段增大,乡村教师对乡村振兴战略的了解在增加。

表4-30 乡村教师性别与对乡村振兴战略的关注度交叉表

			您之前听闻过乡村振兴战略这一决策吗?					合计
			非常多	比较多	一般	偶尔	没有	
性别	男	计数	1 240	1 884	999	343	133	4 599
		性别中的占比	27.0%	41.0%	21.7%	7.5%	2.9%	100.0%
		"您之前听闻过乡村振兴战略这一决策吗?"中的占比	58.7%	53.2%	41.8%	33.8%	31.6%	48.5%
		总数的占比	13.1%	19.9%	10.5%	3.6%	1.4%	48.5%
	女	计数	874	1 659	1 393	671	288	4 885
		性别中的占比	17.9%	34.0%	28.5%	13.7%	5.9%	100.0%
		"您之前听闻过乡村振兴战略这一决策吗?"中的占比	41.3%	46.8%	58.2%	66.2%	68.4%	51.5%
		总数的占比	9.2%	17.5%	14.7%	7.1%	3.0%	51.5%

(续表)

		您之前听闻过乡村振兴战略这一决策吗?					合计
		非常多	比较多	一般	偶尔	没有	
合计	计数	2 114	3 543	2 392	1 014	421	9 484
	性别中的占比	22.3%	37.4%	25.2%	10.7%	4.4%	100.0%
	"您之前听闻过乡村振兴战略这一决策吗?"中的占比	100.0%	100.0%	100.0%	100.0%	100.0%	100.0%
	总数的占比	22.3%	37.4%	25.2%	10.7%	4.4%	100.0%

表4-31 乡村教师性别与对乡村振兴战略的关注度卡方检验

	值	df	渐进 Sig.(双侧)
Pearson 卡方	297.364[a]	4	.000
似然比	301.016	4	.000
有效案例中的 N	9 484		

a. 0 单元格(.0%)的期望计数少于5,最小期望计数为204.15。

表4-32 乡村教师年龄与对乡村振兴战略的关注度交叉表

			您之前听闻过乡村振兴战略这一决策吗?					合计
			非常多	比较多	一般	偶尔	没有	
年龄	25岁及以下	计数	193	214	164	51	23	645
		年龄中的占比	29.9%	33.2%	25.4%	7.9%	3.6%	100.0%
		"您之前听闻过乡村振兴战略这一决策吗?"中的占比	9.1%	6.0%	6.9%	5.0%	5.5%	6.8%
		总数的占比	2.0%	2.3%	1.7%	.5%	.2%	6.8%
	26~35岁	计数	783	1 356	973	413	185	3 710
		年龄中的占比	21.1%	36.5%	26.2%	11.1%	5.0%	100.0%
		"您之前听闻过乡村振兴战略这一决策吗?"中的占比	37.0%	38.3%	40.7%	40.7%	43.9%	39.1%
		总数的占比	8.3%	14.3%	10.3%	4.4%	2.0%	39.1%

(续表)

		您之前听闻过乡村振兴战略这一决策吗?					合计
		非常多	比较多	一般	偶尔	没有	
36～45岁	计数	636	1 069	752	354	143	2 954
	年龄中的占比	21.5%	36.2%	25.5%	12.0%	4.8%	100.0%
	"您之前听闻过乡村振兴战略这一决策吗?"中的占比	30.1%	30.2%	31.4%	34.9%	34.0%	31.1%
	总数的占比	6.7%	11.3%	7.9%	3.7%	1.5%	31.1%
46～55岁	计数	402	750	446	174	64	1 836
	年龄中的占比	21.9%	40.8%	24.3%	9.5%	3.5%	100.0%
	"您之前听闻过乡村振兴战略这一决策吗?"中的占比	19.0%	21.2%	18.6%	17.2%	15.2%	19.4%
	总数的占比	4.2%	7.9%	4.7%	1.8%	.7%	19.4%
56岁及以上	计数	100	154	57	22	6	339
	年龄中的占比	29.5%	45.4%	16.8%	6.5%	1.8%	100.0%
	"您之前听闻过乡村振兴战略这一决策吗?"中的占比	4.7%	4.3%	2.4%	2.2%	1.4%	3.6%
	总数的占比	1.1%	1.6%	.6%	.2%	.1%	3.6%
合计	计数	2 114	3 543	2 392	1 014	421	9 484
	年龄中的占比	22.3%	37.4%	25.2%	10.7%	4.4%	100.0%
	"您之前听闻过乡村振兴战略这一决策吗?"中的占比	100.0%	100.0%	100.0%	100.0%	100.0%	100.0%
	总数的占比	22.3%	37.4%	25.2%	10.7%	4.4%	100.0%

表 4-33 乡村教师年龄与对乡村振兴战略的关注度卡方检验

	值	df	渐进 Sig.(双侧)
Pearson 卡方	88.310[a]	16	.000
似然比	90.001	16	.000
线性和线性组合	8.633	1	.003
有效案例中的 N	9 484		

a. 0 单元格(.0%)的期望计数少于5,最小期望计数为 15.05。

四是乡村公共事务的介入度不高。乡村公共事务介入度与服务乡村振兴战略的意愿也是直接相关的。乡村教师深度介入乡村公共事务,积极主动服务乡村振兴战略,这就表明乡村教师的公共精神高扬,服务乡村振兴战略的意愿强烈。反之,若是乡村教师对认为乡村公共事务与己无关,袖手旁观于乡村公共事务,那无疑表明乡村教师的公共精神旁落,服务乡村振兴战略的意愿不强,甚至可以说缺失服务乡村振兴战略的意愿。从表4-34和表4-36可见,乡村教师对"您有兴趣参与乡村公共事务的决策讨论吗?"的选项,回答"不太有兴趣""没有兴趣"占比分别为22.5%和31.9%,累计高达54.4%,即超过一半的乡村教师对参与乡村公共事务的决策讨论缺乏兴趣,这就不得不让人怀疑这部分乡村教师对服务乡村振兴战略缺乏强烈的意愿。从表4-34性别来看,乡村男教师和乡村女教师在"非常有兴趣""比较有兴趣""一般""不太有兴趣""没有兴趣"的占比分布特征趋势一致,与总体分布特征趋势也一致。但是,乡村男教师在回答"非常有兴趣"和"比较有兴趣"的数量占乡村男教师群体的占比高于女教师。从表4-36年龄段来看,"25岁及以下"至"56岁及以上",表示"非常有兴趣"和"比较有兴趣"的占比均是先增加后降低。从表4-35和表4-37可见,Pearson卡方、似然比卡方以及线性和线性组合的双侧显著性检验$P=0.000$均小于0.01,达到极显著性水平。由此,在统计学上推断,乡村教师公共精神与之相关的服务乡村振兴意愿跟其性别、年龄段存在相关性。从性别上看,乡村男教师比乡村女教师公共精神高扬一些,服务乡村振兴战略的意愿强烈一些;从年龄上看,处于"26~35岁"和"36~45岁"的乡村教师参与乡村社会公共事务的意愿高于其余年龄段的乡村教师,表明这两个年龄段的乡村教师公共精神高扬一些,服务乡村振兴战略的意愿强烈一些。[1]

---

[1] 肖正德.乡村振兴战略中乡村教师新乡贤角色担当意愿的相关影响因素分析[J].华东师范大学学报(教育科学版),2021(7).

表 4-34 乡村教师性别与乡村社会公共事务的介入度交叉表

			您有兴趣参与乡村公共事务的决策讨论吗?					合计
			非常有兴趣	比较有兴趣	一般	不太有兴趣	没有兴趣	
性别	男	计数	461	863	1 070	953	1 252	4 599
		性别中的占比	10.0%	18.8%	23.3%	20.7%	27.2%	100.0%
		"您有兴趣参与乡村公共事务的决策讨论吗?"中的占比	66.0%	57.5%	50.4%	44.6%	41.4%	48.5%
		总数的占比	4.9%	9.1%	11.3%	10.0%	13.2%	48.5%
	女	计数	238	638	1 053	1 184	1 772	4 885
		性别中的占比	4.9%	13.1%	21.6%	24.2%	36.3%	100.0%
		"您有兴趣参与乡村公共事务的决策讨论吗?"中的占比	34.0%	42.5%	49.6%	55.4%	58.6%	51.5%
		总数的占比	2.5%	6.7%	11.1%	12.5%	18.7%	51.5%
合计		计数	699	1 501	2 123	2 137	3 024	9 484
		性别中的占比	7.4%	15.8%	22.4%	22.5%	31.9%	100.0%
		"您有兴趣参与乡村公共事务的决策讨论吗?"中的占比	100.0%	100.0%	100.0%	100.0%	100.0%	100.0%
		总数的占比	7.4%	15.8%	22.4%	22.5%	31.9%	100.0%

表 4-35 乡村教师性别与乡村社会公共事务的介入度卡方检验

	值	df	渐进 Sig.(双侧)
Pearson 卡方	210.962[a]	4	.000
似然比	212.650	4	.000
有效案例中的 N	9 484		

a. 0 单元格(.0%)的期望计数少于 5,最小期望计数为 338.96。

表 4-36 乡村教师年龄与乡村社会公共事务的介入度交叉表

			您有兴趣参与乡村公共事务的决策讨论吗?					合计
			非常有兴趣	比较有兴趣	一般	不太有兴趣	没有兴趣	
年龄	25岁及以下	计数	47	106	198	128	166	645
		年龄中的占比	7.3%	16.4%	30.7%	19.8%	25.7%	100.0%
		"您有兴趣参与乡村公共事务的决策讨论吗?"中的占比	6.7%	7.1%	9.3%	6.0%	5.5%	6.8%
		总数的占比	.5%	1.1%	2.1%	1.3%	1.8%	6.8%
	26~35岁	计数	314	610	893	746	1 147	3 710
		年龄中的占比	8.5%	16.4%	24.1%	20.1%	30.9%	100.0%
		"您有兴趣参与乡村公共事务的决策讨论吗?"中的占比	44.9%	40.6%	42.1%	34.9%	37.9%	39.1%
		总数的占比	3.3%	6.4%	9.4%	7.9%	12.1%	39.1%
	36~45岁	计数	224	474	631	648	977	2 954
		年龄中的占比	7.6%	16.0%	21.4%	21.9%	33.1%	100.0%
		"您有兴趣参与乡村公共事务的决策讨论吗?"中的占比	32.0%	31.6%	29.7%	30.3%	32.3%	31.1%
		总数的占比	2.4%	5.0%	6.7%	6.8%	10.3%	31.1%
	46~55岁	计数	97	251	339	540	609	1 836
		年龄中的占比	5.3%	13.7%	18.5%	29.4%	33.2%	100.0%
		"您有兴趣参与乡村公共事务的决策讨论吗?"中的占比	13.9%	16.7%	16.0%	25.3%	20.1%	19.4%
		总数的占比	1.0%	2.6%	3.6%	5.7%	6.4%	19.4%
	56岁及以上	计数	17	60	62	75	125	339
		年龄中的占比	5.0%	17.7%	18.3%	22.1%	36.9%	100.0%
		"您有兴趣参与乡村公共事务的决策讨论吗?"中的占比	2.4%	4.0%	2.9%	3.5%	4.1%	3.6%
		总数的占比	.2%	.6%	.7%	.8%	1.3%	3.6%

(续表)

		您有兴趣参与乡村公共事务的决策讨论吗?					合计
		非常有兴趣	比较有兴趣	一般	不太有兴趣	没有兴趣	
合计	计数	699	1 501	2 123	2 137	3 024	9 484
	年龄中的占比	7.4%	15.8%	22.4%	22.5%	31.9%	100.0%
	"您有兴趣参与乡村公共事务的决策讨论吗?"中的占比	100.0%	100.0%	100.0%	100.0%	100.0%	100.0%
	总数的占比	7.4%	15.8%	22.4%	22.5%	31.9%	100.0%

表4-37 乡村教师年龄与乡村社会公共事务的介入度卡方检验

	值	df	渐进 Sig.(双侧)
Pearson 卡方	132.471[a]	16	.000
似然比	130.180	16	.000
线性和线性组合	48.462	1	.000
有效案例中的 N	9 484		

a. 0 单元格(.0%)的期望计数少于5,最小期望计数为24.99。

(二) 服务乡村振兴的知识不足

乡村教师要服务乡村振兴战略,发挥新乡贤角色的功能,就需要了解与熟悉当地的产业状况、自然风光、风土人情、乡土文化、乡民的生活状态等,具备足够的乡村地方性知识,累积发挥新乡贤社会功能的文化资本。然而,通过调查发现,乡村教师的地方性知识储备不足,缺少发挥新乡贤社会功能的文化资本。

一是对乡村产业状况了解不多。从表4-38和表4-40可见,乡村教师对"您了解本地产业状况吗?"的回答表示"不了解""了解"的占比分别为54.4%和45.6%。即表明超过一半的乡村教师对乡村产业状况不了解,这充分反映了乡村教师服务乡村振兴战略的地方性知识储备不够。另外,从表4-38和表4-40可见,不管是小学就读学校所在地还是初中就读学校所在地,从"村庄""乡镇政府所在地""县城""地级市""省城"

各自的地域选项中,对乡村产业状况"不了解"的占比依次递增;反之,对乡村产业状况"了解"的占比依次递减。例如,在小学就读所在地是村庄的维度上,表示"不了解"和"了解"的占比分别是 49.1% 和 50.9%;"乡镇政府所在地"的维度上,表示"不了解"和"了解"的占比分别是 56.5% 和 43.5%;"县城"的维度上,表示"不了解"和"了解"的占比分别是 69.4% 和 30.6%;"地级市"的维度上,表示"不了解"和"了解"的占比分别是 79.7% 和 20.3%;"省城"的维度上,表示"不了解"和"了解"的占比分别是 81.6% 和 18.4%。从表 4-39 和表 4-41 可见,Pearson 卡方和似然比卡方的双侧显著性检验 $P = 0.000$ 均小于 0.01,达到极显著性水平。由此,在统计学上推断,乡村教师了解乡村产业状况与乡村教师小学或初中就读学校所在地存在相关性,小学或初中就读学校所在地越接近乡村的,对乡村地方性知识了解得越多;反之,小学或初中就读学校所在地越疏离乡村的,对乡村地方性知识越不了解。

表 4-38 乡村教师就读小学的地址与对乡村产业状况了解度交叉表

			就读小学的地址					合计
			村庄	乡/镇政府所在地	县城	地级市	省城	
您了解本地产业状况吗?	不了解	计数	2 783	1 322	831	188	31	5 155
		"您了解本地产业状况吗?"中的占比	54.0%	25.6%	16.1%	3.6%	.6%	100.0%
		就读小学地址中的占比	49.1%	56.5%	69.4%	79.7%	81.6%	54.4%
		总数的占比	29.3%	13.9%	8.8%	2.0%	.3%	54.4%
	了解	计数	2 889	1 019	366	48	7	4 329
		"您了解本地产业状况吗?"中的占比	66.7%	23.5%	8.5%	1.1%	.2%	100.0%
		就读小学地址中的占比	50.9%	43.5%	30.6%	20.3%	18.4%	45.6%
		总数的占比	30.5%	10.7%	3.9%	.5%	.1%	45.6%
合计		计数	5 672	2 341	1 197	236	38	9 484
		"您了解本地产业状况吗?"中的占比	59.8%	24.7%	12.6%	2.5%	.4%	100.0%
		就读小学地址中的占比	100.0%	100.0%	100.0%	100.0%	100.0%	100.0%
		总数的占比	59.8%	24.7%	12.6%	2.5%	.4%	100.0%

表4-39 乡村教师就读小学的地址与对乡村产业状况了解度卡方检验

	值	df	渐进 Sig(双侧)
Pearson 卡方	250.003[a]	4	.000
似然比	259.906	4	.000
有效案例中的 N	9 484		

a. 0 单元格(.0%)的期望计数少于 5,最小期望计数为 17.35。

表4-40 乡村教师就读初中的地址与对乡村产业状况了解度交叉制表

			就读初中地址					合计
			村庄	乡/镇政府所在地	县城	地级市	省城	
您了解本地产业状况吗?	不了解	计数	657	2 930	1 301	225	42	5 155
		"您了解本地产业状况吗?"中的占比	12.7%	56.8%	25.2%	4.4%	.8%	100.0%
		就读初中地址中的占比	47.3%	51.0%	65.3%	74.0%	79.2%	54.4%
		总数的占比	6.9%	30.9%	13.7%	2.4%	.4%	54.4%
	了解	计数	732	2 817	690	79	11	4 329
		"您了解本地产业状况吗?"中的占比	16.9%	65.1%	15.9%	1.8%	.3%	100.0%
		就读初中地址中的占比	52.7%	49.0%	34.7%	26.0%	20.8%	45.6%
		总数的占比	7.7%	29.7%	7.3%	.8%	.1%	45.6%
合计		计数	1 389	5 747	1 991	304	53	9 484
		"您了解本地产业状况吗?"中的占比	14.6%	60.6%	21.0%	3.2%	.6%	100.0%
		就读初中地址中的占比	100.0%	100.0%	100.0%	100.0%	100.0%	100.0%
		总数的占比	14.6%	60.6%	21.0%	3.2%	.6%	100.0%

表4-41 乡村教师就读初中的地址与对乡村产业状况了解度卡方检验

	值	df	渐进 Sig.(双侧)
Pearson 卡方	211.692[a]	4	.000

(续表)

	值	df	渐进 Sig.（双侧）
似然比	217.246	4	.000
有效案例中的 N	9484		

a. 0 单元格(.0%)期望计数少于 5，最小期望计数为 24.19。

二是对乡村整体状况的了解也不够。本调查研究除了专项设计乡村教师对乡村产业状况的了解度外，还设计了乡村教师对乡村整体状况了解度的问卷。题干是"您对本地农业新技术、特色农产品、乡村自然景观、乡村人文景观、乡土文化、乡村社会风尚、乡村社会治理方式、乡民生活方式等均不了解"，回答选项为"不是"或"是的"。从表 4-42 和表 4-44 可见，乡村教师对于以上所列关于乡村整体状况的回答，表示"均不了解"的占比为 6.5%。若是孤立地看这个占比，并不算高，但这个占比反映的内涵是对以上各项乡村整体状况的全部不了解，那么这个占比就不容忽视了，这足以反映乡村教师服务乡村振兴战略的乡村地方性知识储备不够。另外，从表 4-42 和表 4-44 可见，不管是小学就读学校所在地还是初中就读学校所在地，从"村庄""乡镇政府所在地""县城""地级市""省城"各自的地域选项中，对"以上各项均不了解"的占比依次升高；反之，回答"不是"的占比依次降低。例如，在小学就读所在地是"村庄"的维度上，"是的"和"不是"的占比分别是 94.5% 和 5.5%，"乡镇政府所在地"的维度上的占比分别是 93.6% 和 6.4%，"县城"的维度上的占比分别是 91.0% 和 9.0%，"地级市"的维度上的占比分别是 84.7% 和 15.3%，"省城"的维度上的占比分别是 84.2% 和 15.8%。从表 4-43 和表 4-45 可见，Pearson 卡方和似然比卡方的双侧显著性检验 $P=0.000$ 均小于 0.01，达到极显著性水平。由此，在统计学上推断，乡村教师对乡村整体状况的了解度与乡村教师小学或初中就读学校所在地存在相关性，小学或初中就读学校所在地越接近乡村的，对乡村地方性知识越了解；反之，小学或初中就读学校所在地距离乡村越远的，对乡村地方性知识越不了解。这个结果与前面对乡村产业状况的了解度的调查结果是一致的。

表 4-42　乡村教师就读小学地址与对乡村整体了解度交叉制表

			就读小学地址					合计
			村庄	乡/镇政府所在地	县城	地级市	省城	
以上事项均不了解	不是	计数	5 360	2 191	1 089	200	32	8 872
		"以上事项均不了解"中的占比	60.4%	24.7%	12.3%	2.3%	.4%	100.0%
		就读小学地址中的占比	94.5%	93.6%	91.0%	84.7%	84.2%	93.5%
		总数的占比	56.5%	23.1%	11.5%	2.1%	.3%	93.5%
	是的	计数	312	150	108	36	6	612
		"以上事项均不了解"中的占比	51.0%	24.5%	17.6%	5.9%	1.0%	100.0%
		就读小学地址中的占比	5.5%	6.4%	9.0%	15.3%	15.8%	6.5%
		总数的占比	3.3%	1.6%	1.1%	.4%	.1%	6.5%
合计		计数	5 672	2 341	1 197	236	38	9 484
		"以上事项均不了解"中的占比	59.8%	24.7%	12.6%	2.5%	.4%	100.0%
		就读小学地址中的占比	100.0%	100.0%	100.0%	100.0%	100.0%	100.0%
		总数的占比	59.8%	24.7%	12.6%	2.5%	.4%	100.0%

表 4-43　乡村教师就读小学地址与对乡村整体了解度卡方检验

	值	df	渐进 Sig.（双侧）
Pearson 卡方	57.392[a]	4	.000
似然比	47.116	4	.000
有效案例中的 N	9 484		

a. 1 单元格（10.0%）的期望计数少于 5，最小期望计数为 2.45。

表 4-44　乡村教师就读初中地址与对乡村整体了解度交叉制表

			就读初中地址					合计
			村庄	乡/镇政府所在地	县城	地级市	省城	
以上事项均不了解	不是	计数	1 300	5 459	1 805	263	45	8 872
		"以上事项均不了解"中的占比	14.7%	61.5%	20.3%	3.0%	.5%	100.0%

(续表)

		就读初中地址					合计
		村庄	乡/镇政府所在地	县城	地级市	省城	
是的	就读初中地址中的占比	93.6%	95.0%	90.7%	86.5%	84.9%	93.5%
	总数的占比	13.7%	57.6%	19.0%	2.8%	.5%	93.5%
	计数	89	288	186	41	8	612
	"以上事项均不了解"中的占比	14.5%	47.1%	30.4%	6.7%	1.3%	100.0%
	就读初中地址中的占比	6.4%	5.0%	9.3%	13.5%	15.1%	6.5%
	总数的占比	.9%	3.0%	2.0%	.4%	.1%	6.5%
合计	计数	1389	5747	1991	304	53	9484
	"以上事项均不了解"中的占比	14.6%	60.6%	21.0%	3.2%	.6%	100.0%
	就读初中地址中的占比	100.0%	100.0%	100.0%	100.0%	100.0%	100.0%
	总数的占比	14.6%	60.6%	21.0%	3.2%	.6%	100.0%

表 4-45 乡村教师就读小学地址与对乡村整体了解度卡方检验

	值	df	渐进 Sig.(双侧)
Pearson 卡方	78.793[a]	4	.000
似然比	69.934	4	.000
有效案例中的 N	9484		

a. 1 单元格(10.0%)的期望计数少于 5,最小期望计数为 3.42。

(三) 服务乡村振兴的能力不济

乡村教师要在乡村振兴战略发挥新乡贤示范引领作用,除了具备参与乡村振兴战略的强烈意愿和服务乡村社会建设的必要地方性知识外,还需要具备服务乡村振兴战略的特殊能力。调查研究发现,乡村教师在促进乡村产业兴旺、开展乡村生态文明教育、参与乡风文明建设、协助乡村社会治理及领导乡民改造生活等方面的能力均比较薄弱。

一是促进乡村产业兴旺能力不足。为了调查乡村教师促进乡村产业兴旺的能力，本研究编制了"您知道本地有以下哪些产业？""您有参与乡村产业劳动或经营活动吗？""您知道本地有以下哪些新技术？""您有帮助本地乡民通过网络出售农产品吗？"等问题。调查结果发现，乡村教师促进乡村产业兴旺能力严重不足。下面以"您有参与乡村产业劳动或经营活动吗？"这一问题来着重说明。从表4-46和表4-48可见，乡村教师参与乡村产业劳动或经营活动的选项在"偶尔""没有"上的占比分别为18.9%和48.3%，累计高达67.2%，即约有2/3的乡村教师很少或没有参与乡村产业劳动或经营活动。由此，有理由认为多数乡村教师已经脱离了乡村产业的劳动或经营。俗话说"拳不离手曲不离口"，假如让长期脱离乡村产业劳动或经营的乡村教师去指导乡民的产业生产或经营，显然是难以胜任的。换言之，多数乡村教师促进产业兴旺的能力严重不足，因而在很大程度上影响乡村教师的乡村产业人才培育者角色功能的发挥。从表4-46性别来看，男教师和女教师在"非常多""比较多""一般""偶尔""没有"选项上的回答占比分布趋势一致，与总体分布趋势也一致。但是，男教师在"非常多""比较多"选项上的选择数量占乡村男教师群体的比例高于女教师。从表4-48年龄段来看，"25岁及以下"至"56岁及以上"，"非常多""比较多"两项选择数之和占各自年龄段群体的占比依次增加。从表4-47和表4-49可见，Pearson卡方、似然比卡方以及线性和线性组合的双侧显著性检验 $P=0.000$ 均小于0.01，达到极显著性水平。由此，在统计学上推断，乡村教师参与乡村产业劳动或经营的调查数据分布特征与乡村教师的性别和年龄段存在相关性，乡村男教师比乡村女教师参与程度高一些。随着年龄段增大，乡村教师在各自年龄段内的参与占比依次增长，处于"56岁及以上"的乡村教师选择"非常多""比较多"两项数量之和占比最高，为23.3%。[①]

[①] 卢尚建.乡村教师服务乡村振兴战略的能力结构问题调查研究[J].当代教育与文化，2021(3).

表4-46 乡村教师性别与参与乡村产业劳动或经营活动情况交叉表

			您有参与乡村产业劳动或经营活动吗?					合计
			非常多	比较多	一般	偶尔	没有	
性别	男	计数	214	567	1043	834	1941	4599
		性别中的占比	4.7%	12.3%	22.7%	18.1%	42.2%	100.0%
		"您有参与乡村产业劳动或经营活动吗?"中的占比	68.2%	70.2%	52.5%	46.6%	42.3%	48.5%
		总数的占比	2.3%	6.0%	11.0%	8.8%	20.5%	48.5%
	女	计数	100	241	945	956	2643	4885
		性别中的占比	2.0%	4.9%	19.3%	19.6%	54.1%	100.0%
		"您有参与乡村产业劳动或经营活动吗?"中的占比	68.2%	29.8%	47.5%	53.4%	57.7%	51.5%
		总数的占比	1.1%	2.5%	10.0%	10.1%	27.9%	51.5%
合计		计数	314	808	1988	1790	4584	9484
		性别中的占比	3.3%	8.5%	21.0%	18.9%	48.3%	100.0%
		"您有参与乡村产业劳动或经营活动吗?"中的占比	68.2%	100.0%	100.0%	100.0%	100.0%	100.0%
		总数的占比	3.3%	8.5%	21.0%	18.9%	48.3%	100.0%

表4-47 乡村性别与参与乡村产业劳动或经营活动情况卡方检验

	值	df	渐进 Sig.(双侧)
Pearson 卡方	285.204[a]	4	.000
似然比	290.161	4	.000
有效案例中的 N	9484		

a. 0 单元格(.0%)的期望计数少于5,最小期望计数为152.27。

表 4-48 乡村教师年龄与参与乡村产业劳动或经营活动情况交叉表

			您有参与乡村产业劳动或经营活动吗?					合计
			非常多	比较多	一般	偶尔	没有	
年龄	25岁及以下	计数	26	36	165	131	287	645
		年龄中的占比	4.0%	5.6%	25.6%	20.3%	44.5%	100.0%
		"您有参与乡村产业劳动或经营活动吗?"中的占比	8.3%	4.5%	8.3%	7.3%	6.3%	6.8%
		总数的占比	.3%	.4%	1.7%	1.4%	3.0%	6.8%
	26~35岁	计数	96	287	789	694	1844	3710
		年龄中的占比	2.6%	7.7%	21.3%	18.7%	49.7%	100.0%
		"您有参与乡村产业劳动或经营活动吗?"中的占比	30.6%	35.5%	39.7%	38.8%	40.2%	39.1%
		总数的占比	1.0%	3.0%	8.3%	7.3%	19.4%	39.1%
	36~45岁	计数	114	257	550	569	1464	2954
		年龄中的占比	3.9%	8.7%	18.6%	19.3%	49.6%	100.0%
		"您有参与乡村产业劳动或经营活动吗?"中的占比	36.3%	31.8%	27.7%	31.8%	31.9%	31.1%
		总数的占比	1.2%	2.7%	5.8%	6.0%	15.4%	31.1%
	46~55岁	计数	61	166	413	343	853	1836
		年龄中的占比	3.3%	9.0%	22.5%	18.7%	46.5%	100.0%
		"您有参与乡村产业劳动或经营活动吗?"中的占比	19.4%	20.5%	20.8%	19.2%	18.6%	19.4%
		总数的占比	.6%	1.8%	4.4%	3.6%	9.0%	19.4%
	56岁及以上	计数	17	62	71	53	136	339
		年龄中的占比	5.0%	18.3%	20.9%	15.6%	40.1%	100.0%
		"您有参与乡村产业劳动或经营活动吗?"中的占比	5.4%	7.7%	3.6%	3.0%	3.0%	3.6%
		总数的占比	.2%	.7%	.7%	.6%	1.4%	3.6%

(续表)

		您有参与乡村产业劳动或经营活动吗？					合计
		非常多	比较多	一般	偶尔	没有	
合计	计数	314	808	1988	1790	4584	9484
	年龄中的占比	3.3%	8.5%	21.0%	18.9%	48.3%	100.0%
	"您有参与乡村产业劳动或经营活动吗？"中的占比	100.0%	100.0%	100.0%	100.0%	100.0%	100.0%
	总数的占比	3.3%	8.5%	21.0%	18.9%	48.3%	100.0%

表4-49　乡村年龄与参与乡村产业劳动或经营活动情况卡方检验

	值	df	渐进 Sig.（双侧）
Pearson 卡方	90.250^a	16	.000
似然比	81.887	16	.000
线性和线性组合	15.145	1	.000
有效案例中的 N	9484		

a. 0 单元格(.0%)的期望计数少于5，最小期望计数为11.22。

二是进行生态文明教育能力偏弱。为了调查乡村教师进行生态文明教育的能力，本研究编制了"您认为本地的哪些自然生态环境有遭受破坏？""您了解本地的自然生态环境遭受破坏的原因吗？""您有将生态文明教育融入课堂教学吗？""您有进行关于生态文明教育的校本课程开发吗？""您有对当地乡民进行关于生态文明的教育活动吗？"等问题。调查结果显示，乡村教师进行生态文明教育能力偏弱，因而在很大程度上影响乡村教师乡村生态文明传播者角色功能的发挥。下面以"您有将生态文明教育融入课堂教学吗？"这一问题来重点描述。从表4-50和表4-52可见，乡村教师将生态文明教育融入课堂教学的选项在"偶尔""没有"的占比分别为18.0%和4.4%，累计高达22.4%，即接近1/4的乡村教师很少或没有将生态文明教育融入课堂教学。虽然这一占比不算非常高，但是相对于我国在新世纪以来对生态文明教育的重视程度来说，尤其是党和国家在新时代明确倡导生态文明是可持续发展的前提条件以来，还出现这个占比显然是比较高的。尤其生态文明建设问题在乡村存在的严重程度超过城市,作为乡村教师理应在自己的课堂教学中自觉地融入生态文明教育。再者,当下的中小学教材涉及生态和环境保护的素材也相当丰富,乡村教师没有任何理由忽视这一重大问题。从表4-50性别来看,乡村男教师和乡村女教师在"非常多""比较多""一般""偶尔"和"没有"选项上的占比分布趋势一致,与总体分布趋势也一致。但是,乡村男教师对"非常多""比较多"选项的占比高于乡村女教师。从表4-52年龄段来看,"25岁及以下"至"56岁及以上","非常多""比较多"两项选择数量之和占各自年龄段群体的比例依次增长。从表4-51和表4-53可见,Pearson卡方、似然比卡方以及线性和线性组合的双侧显著性检验$P=0.000$均小于0.01,达到极显著性水平。由此,在统计学上推断,乡村教师将生态文明教育融入课堂教学的调查数据分布特征与乡村教师的性别和年龄段存在相关性,乡村男教师比乡村女教师融入度高一些。随着年龄段增大,乡村教师在各自年龄将生态文明教育融入课堂教学的占比依次增加,处于"56岁及以上"的乡村教师选择"非常多"和"比较多"两项选择数量之和为61.7%,在各年龄段占比最高。[①]

表4-50 乡村性别与将生态文明教育融入课堂教学情况交叉表

			您有将生态文明教育融入课堂教学吗?					合计
			非常多	比较多	一般	偶尔	没有	
性别	男	计数	699	1 914	1 177	647	162	4 599
		性别中的占比	15.2%	41.6%	25.6%	14.1%	3.5%	100.0%
		"您有将生态文明教育融入课堂教学吗?"中的占比	57.1%	52.7%	47.0%	37.9%	38.8%	48.5%
		总数的占比	7.4%	20.2%	12.4%	6.8%	1.7%	48.5%
	女	计数	525	1 718	1 327	1 059	256	4 885
		性别中的占比	10.7%	35.2%	27.2%	21.7%	5.2%	100.0%
		"您有将生态文明教育融入课堂教学吗?"中的占比	42.9%	47.3%	53.0%	62.1%	61.2%	51.5%
		总数的占比	5.5%	18.1%	14.0%	11.1%	2.7%	51.5%

---

① 卢尚建.乡村教师服务乡村振兴战略的能力结构问题调查研究[J].当代教育与文化,2021(3).

(续表)

		您有将生态文明教育融入课堂教学吗?					合计
		非常多	比较多	一般	偶尔	没有	
合计	计数	1 224	3 632	2 504	1 706	418	9 484
	性别中的占比	12.9%	38.3%	26.4%	18.0%	4.4%	100.0%
	"您有将生态文明教育融入课堂教学吗?"中的占比	100.0%	100.0%	100.0%	100.0%	100.0%	100.0%
	总数的占比	12.9%	38.3%	26.4%	18.0%	4.4%	100.0%

表 4-51 乡村性别与将生态文明教育融入课堂教学情况卡方检验

	值	df	渐进 Sig.(双侧)
Pearson 卡方	156.453[a]	4	.000
似然比	157.576	4	.000
有效案例中的 N	9 484		

a. 0 单元格(.0%)的期望计数少于 5,最小期望计数为 202.70。

表 4-52 乡村年龄与将生态文明教育融入课堂教学情况交叉表

		您有将生态文明教育融入课堂教学吗?					合计
		非常多	比较多	一般	偶尔	没有	
年龄	25 岁及以下						
	计数	51	211	227	124	32	645
	年龄中的占比	7.9%	32.7%	35.2%	19.2%	5.0%	100.0%
	"您有将生态文明教育融入课堂教学吗?"中的占比	4.2%	5.8%	9.1%	7.3%	7.7%	6.8%
	总数的占比	.5%	2.2%	2.4%	1.3%	.3%	6.8%
	26~35 岁						
	计数	431	1 347	1 007	723	202	3 710
	年龄中的占比	11.6%	36.3%	27.1%	19.5%	5.4%	100.0%
	"您有将生态文明教育融入课堂教学吗?"中的占比	35.2%	37.1%	40.2%	42.4%	48.3%	39.1%
	总数的占比	4.5%	14.2%	10.6%	7.6%	2.1%	39.1%

(续表)

		您有将生态文明教育融入课堂教学吗?					合计
		非常多	比较多	一般	偶尔	没有	
36～45岁	计数	439	1 177	714	505	119	2 954
	年龄中的占比	14.9%	39.8%	24.2%	17.1%	4.0%	100.0%
	"您有将生态文明教育融入课堂教学吗?"中的占比	35.9%	32.4%	28.5%	29.6%	28.5%	31.1%
	总数的占比	4.6%	12.4%	7.5%	5.3%	1.3%	31.1%
46～55岁	计数	238	753	475	313	57	1 836
	年龄中的占比	13.0%	41.0%	25.9%	17.0%	3.1%	100.0%
	"您有将生态文明教育融入课堂教学吗?"中的占比	19.4%	20.7%	19.0%	18.3%	13.6%	19.4%
	总数的占比	2.5%	7.9%	5.0%	3.3%	.6%	19.4%
56岁及以上	计数	65	144	81	41	8	339
	年龄中的占比	19.2%	42.5%	23.9%	12.1%	2.4%	100.0%
	"您有将生态文明教育融入课堂教学吗?"中的占比	5.3%	4.0%	3.2%	2.4%	1.9%	3.6%
	总数的占比	.7%	1.5%	.9%	.4%	.1%	3.6%
合计	计数	1 224	3 632	2 504	1 706	418	9 484
	年龄中的占比	12.9%	38.3%	26.4%	18.0%	4.4%	100.0%
	"您有将生态文明教育融入课堂教学吗?"中的占比	100.0%	100.0%	100.0%	100.0%	100.0%	100.0%
	总数的占比	12.9%	38.3%	26.4%	18.0%	4.4%	100.0%

表4-53 乡村教师年龄与将生态文明教育融入课堂教学情况卡方检验

	值	df	渐进 Sig.（双侧）
Pearson 卡方	113.293[a]	16	.000
似然比	113.908	16	.000
线性和线性组合	70.121	1	.000
有效案例中的 N	9 484		

a. 0 单元格(.0%)的期望计数少于5，最小期望计数为14.94。

三是参与乡风文明建设能力偏低。为了调查乡村教师参与乡风文明建设能力，本研究编制了"您认为本地有哪些特色文化？""您曾经为乡民书写春联吗？""您有参与本地乡民核心价值观培育活动吗？""您有给乡民讲解国家政策形势或国内外新闻吗？""您有参与本地公益活动吗？""您有参与本地传统优秀文化传承活动吗？"等问题。调查结果显示，乡村教师参与乡风文明建设能力不足，从而影响乡村教师的乡风文明守护者角色功能的发挥。以下以"您曾经为乡民书写春联吗？"这个问题说明乡村教师在乡风文明建设能力方面存在的问题。从表4-54和表4-56可见，乡村教师曾经为乡民书写春联的选项在"偶尔""没有"选项上的占比分别为17.6%和59.3%，累计高达76.9%，即超过3/4的乡村教师很少或没有为乡民书写春联。春联是我国传统文化的常见符号，乡村教师作为乡村社会的知识分子群体，按照常理，应该是这一喜闻乐见的文化活动的主要承担者。然而，事实并非如此，乡村教师可能缺乏这方面的能力。从表4-54性别来看，乡村男教师和乡村女教师在"非常多""比较多""一般""偶尔""没有"选项上的选择数量占各自性别群体的比例分布趋势一致，与总体分布趋势也一致。但是，乡村男教师在"非常多""比较多"选项上的选择数量占乡村男教师群体的比例高于乡村女教师。从表4-56年龄段来看，"25岁及以下"至"56岁及以上"，选择"非常多""比较多"两项的数量占各自年龄段群体的占比依次增加。从表4-55和表4-57可见，Pearson卡方、似然比卡方以及线性和线性组合的双侧显著性检验 $P=0.000$ 均小于0.01，达到极显著性水平。由此，在统计学上推断，乡村教师曾为乡民书写春联的数据分布特征与乡村教师的性别和年龄段存在相关性，乡村男教师比乡村女教师更多一些，随着年龄段的增大，乡村教师在各自年龄段内的占比依次增加，"56岁及以上"的乡村教师占比最高。[1]

---

[1] 卢尚建.乡村教师服务乡村振兴战略的能力结构问题调查研究[J].当代教育与文化,2021(3).

表 4-54 乡村教师性别与为乡民书写春联情况交叉表

			您曾经为乡民书写春联吗?					合计
			非常多	比较多	一般	偶尔	没有	
性别	男	计数	240	569	765	1 116	1 909	4 599
		性别中的占比	5.2%	12.4%	16.6%	24.3%	41.5%	100.0%
		"您曾经为乡民书写春联吗?"中的占比	77.2%	76.0%	68.1%	66.7%	33.9%	48.5%
		总数的占比	2.5%	6.0%	8.1%	11.8%	20.1%	48.5%
	女	计数	71	180	359	557	3 718	4 885
		性别中的占比	1.5%	3.7%	7.3%	11.4%	76.1%	100.0%
		"您曾经为乡民书写春联吗?"中的占比	22.8%	24.0%	31.9%	33.3%	66.1%	51.5%
		总数的占比	.7%	1.9%	3.8%	5.9%	39.2%	51.5%
合计		计数	311	749	1 124	1 673	5 627	9 484
		性别中的占比	3.3%	7.9%	11.9%	17.6%	59.3%	100.0%
		"您曾经为乡民书写春联吗?"中的占比	100.0%	100.0%	100.0%	100.0%	100.0%	100.0%
		总数的占比	3.3%	7.9%	11.9%	17.6%	59.3%	100.0%

表 4-55 乡村教师性别与为乡民书写春联情况卡方检验

	值	df	渐进 Sig.(双侧)
Pearson 卡方	1 201.332[a]	4	.000
似然比	1 233.094	4	.000
有效案例中的 N	9 484		

a. 0 单元格(.0%)的期望计数少于 5,最小期望计数为 150.81。

表 4-56 乡村年龄与为乡民书写春联情况交叉表

			您曾经为乡民书写春联吗?					合计
			非常多	比较多	一般	偶尔	没有	
年龄	25岁及以下	计数	10	25	81	56	473	645
		年龄中的占比	1.6%	3.9%	12.6%	8.7%	73.3%	100.0%
		"您曾经为乡民书写春联吗?"中的占比	3.2%	3.3%	7.2%	3.3%	8.4%	6.8%
		总数的占比	.1%	.3%	.9%	.6%	5.0%	6.8%
	26~35岁	计数	78	200	361	426	2645	3710
		年龄中的占比	2.1%	5.4%	9.7%	11.5%	71.3%	100.0%
		"您曾经为乡民书写春联吗?"中的占比	25.1%	26.7%	32.1%	25.5%	47.0%	39.1%
		总数的占比	.8%	2.1%	3.8%	4.5%	27.9%	39.1%
	36~45岁	计数	109	237	363	633	1612	2954
		年龄中的占比	3.7%	8.0%	12.3%	21.4%	54.6%	100.0%
		"您曾经为乡民书写春联吗?"中的占比	35.0%	31.6%	32.3%	37.8%	28.6%	31.1%
		总数的占比	1.1%	2.5%	3.8%	6.7%	17.0%	31.1%
	46~55岁	计数	75	199	260	469	833	1836
		年龄中的占比	4.1%	10.8%	14.2%	25.5%	45.4%	100.0%
		"您曾经为乡民书写春联吗?"中的占比	24.1%	26.6%	23.1%	28.0%	14.8%	19.4%
		总数的占比	.8%	2.1%	2.7%	4.9%	8.8%	19.4%
	56岁及以上	计数	39	88	59	89	64	339
		年龄中的占比	11.5%	26.0%	17.4%	26.3%	18.9%	100.0%
		"您曾经为乡民书写春联吗?"中的占比	12.5%	11.7%	5.2%	5.3%	1.1%	3.6%
		总数的占比	.4%	.9%	.6%	.9%	.7%	3.6%

(续表)

		您曾经为乡民书写春联吗?					合计
		非常多	比较多	一般	偶尔	没有	
合计	计数	311	749	1 124	1 673	5 627	9 484
	年龄中的占比	3.3%	7.9%	11.9%	17.6%	59.3%	100.0%
	"您曾经为乡民书写春联吗?"中的占比	100.0%	100.0%	100.0%	100.0%	100.0%	100.0%
	总数的占比	3.3%	7.9%	11.9%	17.6%	59.3%	100.0%

表4-57 乡村教师年龄与为乡民书写春联情况卡方检验

	值	df	渐进 Sig.（双侧）
Pearson 卡方	819.777[a]	16	.000
似然比	786.007	16	.000
线性和线性组合	493.282	1	.000
有效案例中的 N	9 484		

a. 0 单元格(.0%)的期望计数少于5,最小期望计数为11.12。

四是协助乡村治理能力存在缺陷。为了调查乡村教师协助乡村社会治理能力，本研究编制"您有参与本地法治建设宣传教育活动吗？""您有参与本地德治建设宣传教育活动吗？""曾经有乡民请您为他们起草合同或契约吗？""您有参与乡间日常纠纷的调解活动吗？"等问题。调查结果表明，乡村教师协助乡村社会治理能力存在缺陷，因而在很大程度上影响乡村教师的乡村治理协助者角色功能的发挥。以"曾经有乡民请您为他们起草合同或契约吗？"这一问题来着重说明乡村教师在协助乡村治理能力方面存在的问题。从表4-58和表4-60可见，乡村教师曾经为乡民起草合同或契约的选项在"偶尔""没有"上的占比分别为17.5%和58.3%，累计高达75.8%，即超过3/4的乡村教师没有或很少为乡民起草合同或契约。合同或契约是社会生活中经常应用的一种文书，乡村教师作为乡村社会的知识分子和新乡贤代表，按照常理，在乡村社会生活中应该是这一常见的应用文书应用的主要承担者。

但事实并非如此,因为乡村教师缺乏这方面的能力。从表4-58性别来看,乡村男教师和乡村女教师在"非常多""比较多""一般""偶尔""没有"选项上的选择占比分布趋势一致,与总体分布趋势也一致。但是,乡村男教师在"非常多"和"比较多"两项上的选择数量占乡村男教师群体的比例高于乡村女教师。从表4-60年龄段来看,"25岁及以下"至"56岁及以上",选择"比较多"选项的占比依次增加。从表4-59和表4-61可见,Pearson卡方、似然比卡方以及线性和线性组合的双侧显著性检验$P=0.000$均小于0.01,达到极显著性水平。由此,在统计学上推断,乡村教师曾经为乡民起草合同或契约的调查数据分布特征与乡村教师的性别和年龄段存在相关性,乡村男教师比乡村女教师更多一些;随着年龄段的增大,乡村教师在各自年龄段里边选择"比较多"选项的数量占比依次增加,处于"56岁及以上"的乡村教师占比最高。[1]

表4-58 乡村性别与为乡民起草合同或契约情况交叉表

			曾经有乡民请您为他们起草合同或契约吗?					合计
			非常多	比较多	一般	偶尔	没有	
性别	男	计数	121	417	912	1 162	1 987	4 599
		性别中的占比	2.6%	9.1%	19.8%	25.3%	43.2%	100.0%
		"曾经有乡民请您为他们起草合同或契约吗?"中的占比	56.5%	69.3%	61.8%	70.0%	35.9%	48.5%
		总数的占比	1.3%	4.4%	9.6%	12.3%	21.0%	48.5%
	女	计数	93	185	563	499	3 545	4 885
		性别中的占比	1.9%	3.8%	11.5%	10.2%	72.6%	100.0%
		"曾经有乡民请您为他们起草合同或契约吗?"中的占比	43.5%	30.7%	38.2%	30.0%	64.1%	51.5%
		总数的占比	1.0%	2.0%	5.9%	5.3%	37.4%	51.5%

---

[1] 卢尚建.乡村教师服务乡村振兴战略的能力结构问题调查研究[J].当代教育与文化,2021(3).

(续表)

		曾经有乡民请您为他们起草合同或契约吗?					合计
		非常多	比较多	一般	偶尔	没有	
合计	计数	214	602	1 475	1 661	5 532	9 484
	性别中的占比	2.3%	6.3%	15.6%	17.5%	58.3%	100.0%
	"曾经有乡民请您为他们起草合同或契约吗?"中的占比	100.0%	100.0%	100.0%	100.0%	100.0%	100.0%
	总数的占比	2.3%	6.3%	15.6%	17.5%	58.3%	100.0%

表4-59 乡村性别与为乡民起草合同或契约情况卡方检验

	值	df	渐进 Sig.(双侧)
Pearson 卡方	871.244[a]	4	.000
似然比	887.116	4	.000
有效案例中的 N	9 484		

a. 0 单元格(.0%)的期望计数少于5,最小期望计数为103.77。

表4-60 乡村教师年龄与为乡民起草合同或契约情况交叉表

			曾经有乡民请您为他们起草合同或契约吗?					合计
			非常多	比较多	一般	偶尔	没有	
年龄	25岁及以下	计数	20	34	123	44	424	645
		年龄中的占比	3.1%	5.3%	19.1%	6.8%	65.7%	100.0%
		"曾经有乡民请您为他们起草合同或契约吗?"中的占比	9.3%	5.6%	8.3%	2.6%	7.7%	6.8%
		总数的占比	.2%	.4%	1.3%	.5%	4.5%	6.8%
	26~35岁	计数	91	215	554	422	2 428	3 710
		年龄中的占比	2.5%	5.8%	14.9%	11.4%	65.4%	100.0%
		"曾经有乡民请您为他们起草合同或契约吗?"中的占比	42.5%	35.7%	37.6%	25.4%	43.9%	39.1%
		总数的占比	1.0%	2.3%	5.8%	4.4%	25.6%	39.1%

(续表)

		曾经有乡民请您为他们起草合同或契约吗?					合计
		非常多	比较多	一般	偶尔	没有	
36～45岁	计数	76	186	432	609	1 651	2 954
	年龄中的占比	2.6%	6.3%	14.6%	20.6%	55.9%	100.0%
	"曾经有乡民请您为他们起草合同或契约吗?"中的占比	35.5%	30.9%	29.3%	36.7%	29.8%	31.1%
	总数的占比	.8%	2.0%	4.6%	6.4%	17.4%	31.1%
46～55岁	计数	23	121	304	467	921	1 836
	年龄中的占比	1.3%	6.6%	16.6%	25.4%	50.2%	100.0%
	"曾经有乡民请您为他们起草合同或契约吗?"中的占比	10.7%	20.1%	20.6%	28.1%	16.6%	19.4%
	总数的占比	.2%	1.3%	3.2%	4.9%	9.7%	19.4%
56岁及以上	计数	4	46	62	119	108	339
	年龄中的占比	1.2%	13.6%	18.3%	35.1%	31.9%	100.0%
	"曾经有乡民请您为他们起草合同或契约吗?"中的占比	1.9%	7.6%	4.2%	7.2%	2.0%	3.6%
	总数的占比	.0%	.5%	.7%	1.3%	1.1%	3.6%
合计	计数	214	602	1 475	1 661	5 532	9 484
	年龄中的占比	2.3%	6.3%	15.6%	17.5%	58.3%	100.0%
	"曾经有乡民请您为他们起草合同或契约吗?"中的占比	100.0%	100.0%	100.0%	100.0%	100.0%	100.0%
	总数的占比	2.3%	6.3%	15.6%	17.5%	58.3%	100.0%

表4-61 乡村教师年龄与为乡民起草合同或契约情况卡方检验

	值	df	渐进 Sig.(双侧)
Pearson 卡方	422.270[a]	16	.000
似然比	426.041	16	.000
线性和线性组合	55.420	1	.000
有效案例中的 N	9 484		

a. 0 单元格(.0%)的期望计数少于5,最小期望计数为7.65。

五是领导乡民改造生活能力偏弱。为了调查乡村教师领导乡民改造生活的能力,本研究编制"您有参与改变乡民民旧观念的教育活动吗?""您有向乡民宣讲卫生保健知识吗?""您有组织当地群众开展文化娱乐活动吗?""您有引领乡民使用现代科技产品吗?"等问题。调查发现,乡村教师领导乡民改造生活的能力比较薄弱,在很大程度上影响乡村教师的乡民生活改造领导者角色功能的发挥。以"您有引领乡民使用现代科技产品吗?"这一问题来说明乡村教师在领导乡民改造生活能力方面存在的问题。从表4-62和表4-64可见,乡村教师有引领乡民使用现代科技产品的选项在"偶尔""没有"上的占比分别为19.2%和39.5%,累计高达58.7%,即超过半数乡村教师很少或没有引领乡民使用现代科技产品。在我国现阶段,有不少乡民的文化程度和科技素养还是比较低,乡村教师作为乡村社会的新乡贤和掌握现代科技的代表,按照常理,应该是广大乡民使用现代科技产品从而达到改善生活质量的引领者和帮助者,但事实并非如此,乡村教师缺乏这方面的能力。从表4-62性别来看,乡村男教师和乡村女教师在"非常多""比较多""一般""偶尔""没有"选项上的占比分布趋势一致,与总体分布趋势也一致。但是,乡村男教师在"非常多""比较多"两项上的选择数量占乡村男教师群体的比例略高于乡村女教师。从表4-64年龄段来看,"25岁及以下"至"56岁及以上",选择"非常多""比较多"两项的数量之和占各自年龄段群体的比例基本上依次升高。从表4-63和表4-65可见,Pearson卡方、似然比卡方以及线性和线性组合的双侧显著性检验 $P = 0.000$ 或 0.001 均小于 0.01,达到极显著性水平。由此,在统计学上推断,乡村教师领导乡民使用现代科技产品的调查数据分布特征与乡村教师的性别和年龄段存在相关性,乡村男教师比乡村女教师略多一些。随着年龄段增大,乡村教师在各自年龄段选择"非常多"和"比较多"两项的数量之和的占比依次升高。[①]

---

① 卢尚建. 乡村教师服务乡村振兴战略的能力结构问题调查研究[J]. 当代教育与文化,2021(3).

表 4-62　乡村教师性别与引领乡民使用现代科技产品情况交叉表

			您有引领乡民使用现代科技产品吗?					合计
			非常多	比较多	一般	偶尔	没有	
性别	男	计数	124	648	1 475	1 004	1 348	4 599
		性别中的占比	2.7%	14.1%	32.1%	21.8%	29.3%	100.0%
		"您有引领乡民使用现代科技产品吗?"中的占比	56.1%	61.8%	55.8%	55.0%	36.0%	48.5%
		总数的占比	1.3%	6.8%	15.6%	10.6%	14.2%	48.5%
	女	计数	97	400	1 169	821	2 398	4 885
		性别中的占比	2.0%	8.2%	23.9%	16.8%	49.1%	100.0%
		"您有引领乡民使用现代科技产品吗?"中的占比	43.9%	38.2%	44.2%	45.0%	64.0%	51.5%
		总数的占比	1.0%	4.2%	12.3%	8.7%	25.3%	51.5%
合计		计数	221	1 048	2 644	1 825	3 746	9 484
		性别中的占比	2.3%	11.1%	27.9%	19.2%	39.5%	100.0%
		"您有引领乡民使用现代科技产品吗?"中的占比	100.0%	100.0%	100.0%	100.0%	100.0%	100.0%
		总数的占比	2.3%	11.1%	27.9%	19.2%	39.5%	100.0%

表 4-63　乡村教师性别与引领乡民使用现代科技产品情况卡方检验

	值	df	渐进 Sig.(双侧)
Pearson 卡方	401.805[a]	4	.000
似然比	406.098	4	.000
有效案例中的 N	9 484		

a. 0 单元格(.0%)的期望计数少于 5,最小期望计数为 107.17。

表 4-64　乡村教师年龄与引领乡民使用现代科技产品情况交叉表

			您有引领乡民使用现代科技产品吗?					合计
			非常多	比较多	一般	偶尔	没有	
年龄	25岁及以下	计数	16	63	190	96	280	645
		年龄中的占比	2.5%	9.8%	29.5%	14.9%	43.4%	100.0%
		"您有引领乡民使用现代科技产品吗?"中的占比	7.2%	6.0%	7.2%	5.3%	7.5%	6.8%
		总数的占比	0.2%	.7%	2.0%	1.0%	3.0%	6.8%
	26～35岁	计数	74	387	1070	610	1569	3710
		年龄中的占比	2.0%	10.4%	28.8%	16.4%	42.3%	100.0%
		"您有引领乡民使用现代科技产品吗?"中的占比	33.5%	36.9%	40.5%	33.4%	41.9%	39.1%
		总数的占比	.8%	4.1%	11.3%	6.4%	16.5%	39.1%
	36～45岁	计数	89	332	780	603	1150	2954
		年龄中的占比	3.0%	11.2%	26.4%	20.4%	38.9%	100.0%
		"您有引领乡民使用现代科技产品吗?"中的占比	40.3%	31.7%	29.5%	33.0%	30.7%	31.1%
		总数的占比	.9%	3.5%	8.2%	6.4%	12.1%	31.1%
	46～55岁	计数	32	204	501	429	670	1836
		年龄中的占比	1.7%	11.1%	27.3%	23.4%	36.5%	100.0%
		"您有引领乡民使用现代科技产品吗?"中的占比	14.5%	19.5%	18.9%	23.5%	17.9%	19.4%
		总数的占比	.3%	2.2%	5.3%	4.5%	7.1%	19.4%
	56岁及以上	计数	10	62	103	87	77	339
		年龄中的占比	2.9%	18.3%	30.4%	25.7%	22.7%	100.0%
		"您有引领乡民使用现代科技产品吗?"中的占比	4.5%	5.9%	3.9%	4.8%	2.1%	3.6%
		总数的占比	.1%	.7%	1.1%	.9%	.8%	3.6%

(续表)

		您有引领乡民使用现代科技产品吗？					合计
		非常多	比较多	一般	偶尔	没有	
合计	计数	221	1 048	2 644	1 825	3 746	9 484
	年龄中的占比	2.3%	11.1%	27.9%	19.2%	39.5%	100.0%
	"您有引领乡民使用现代科技产品吗？"中的占比	100.0%	100.0%	100.0%	100.0%	100.0%	100.0%
	总数的占比	2.3%	11.1%	27.9%	19.2%	39.5%	100.0%

表4-65 乡村教师年龄与引领乡民使用现代科技产品情况卡方检验

	值	df	渐进 Sig.（双侧）
Pearson 卡方	120.092^a	16	.000
似然比	121.113	16	.000
线性和线性组合	18.854	1	.000
有效案例中的 N	9 484		

a. 0 单元格(.0%)的期望计数少于5，最小期望计数为7.90。

此外，服务乡村振兴战略的自信力不够。乡村教师服务乡村振兴战略的能力除了以上五个方面的特殊能力外，还可以从其服务乡村社会的综合能力来分析。为此，本调查还特别设计了"您认为自己能胜任村官工作吗？"这一问题。从调查结果来看，大半乡村教师自认为不能胜任村官工作，对服务乡村振兴战略不够自信。从表4-66和表4-68可见，乡村教师认为自己胜任村官工作的选项在"不太胜任""不胜任""不知道"上的占比分别为25.8%、12.7%%和13.6%，累计高达52.1%，即超过一半的乡村教师缺乏担任村官工作的信心。从表4-66性别来看，乡村男教师在"非常胜任""比较胜任"两项上的占比远高于乡村女教师。从表4-68年龄段来看，选择"非常胜任""比较胜任"两项的占比随着年龄段的增大而提高。从表4-67和表4-69可见，Pearson 卡方、似然比卡方以及线性和线性组合的双侧显著性检验 $P=0.000$ 均小于0.01，达到极显著性水平。由此，可以统计学上推断，乡村教师担任村官工作的自信力调查数据分布特征与乡村教师的性别和年龄段存在相关性,乡村男教师远高于乡村女教师;随着年龄段的增大,乡村教师在各自年龄段选择"非常胜任""比较胜任"两项的数量占比依次增加,"56岁及以上"的乡村教师占比最高,分别为8.8%和26.0%。

表4-66 乡村教师性别与担任村官自信力状况交叉表

			您认为自己能胜任村官工作吗?						合计
			非常胜任	比较胜任	一般	不太胜任	不胜任	不知道	
性别	男	计数	574	1180	977	965	429	474	4599
		性别中的占比	12.5%	25.7%	21.2%	21.0%	9.3%	10.3%	100.0%
		"您认为自己能胜任村官工作吗?"中的占比	73.1%	65.1%	50.5%	39.4%	35.5%	36.7%	48.5%
		总数的占比	6.1%	12.4%	10.3%	10.2%	4.5%	5.0%	48.5%
	女	计数	211	633	959	1484	779	819	4885
		性别中的占比	4.3%	13.0%	19.6%	30.4%	15.9%	16.8%	100.0%
		"您认为自己能胜任村官工作吗?"中的占比	26.9%	34.9%	49.5%	60.6%	64.5%	63.3%	51.5%
		总数的占比	2.2%	6.7%	10.1%	15.6%	8.2%	8.6%	51.5%
合计		计数	785	1813	1936	2449	1208	1293	9484
		性别中的占比	8.3%	19.1%	20.4%	25.8%	12.7%	13.6%	100.0%
		"您认为自己能胜任村官工作吗?"中的占比	100.0%	100.0%	100.0%	100.0%	100.0%	100.0%	100.0%
		总数的占比	8.3%	19.1%	20.4%	25.8%	12.7%	13.6%	100.0%

表4-67 乡村教师性别与担任村官自信力状况卡方检验

	值	df	渐进 Sig.(双侧)
Pearson 卡方	628.457[a]	5	.000
似然比	640.477	5	.000
有效案例中的 N	9484		

a. 0 单元格(.0%)的期望计数少于5,最小期望计数为380.66。

表 4-68 乡村教师年龄与担任村官自信力状况交叉表

			您认为自己能胜任村官工作吗?						合计
			非常胜任	比较胜任	一般	不太胜任	不胜任	不知道	
年龄	25岁及以下	计数	26	105	177	159	72	106	645
		年龄中的占比	4.0%	16.3%	27.4%	24.7%	11.2%	16.4%	100.0%
		"您认为自己能胜任村官工作吗?"中的占比	3.3%	5.8%	9.1%	6.5%	6.0%	8.2%	6.8%
		总数的占比	.3%	1.1%	1.9%	1.7%	.8%	1.1%	6.8%
	26～35岁	计数	300	620	843	916	464	567	3 710
		年龄中的占比	8.1%	16.7%	22.7%	24.7%	12.5%	15.3%	100.0%
		"您认为自己能胜任村官工作吗?"中的占比	38.2%	34.2%	43.5%	37.4%	38.4%	43.9%	39.1%
		总数的占比	3.2%	6.5%	8.9%	9.7%	4.9%	6.0%	39.1%
	36～45岁	计数	276	595	559	771	375	378	2 954
		年龄中的占比	9.3%	20.1%	18.9%	26.1%	12.7%	12.8%	100.0%
		"您认为自己能胜任村官工作吗?"中的占比	35.2%	32.8%	28.9%	31.5%	31.0%	29.2%	31.1%
		总数的占比	2.9%	6.3%	5.9%	8.1%	4.0%	4.0%	31.1%
	46～55岁	计数	153	405	281	531	260	206	1 836
		年龄中的占比	8.3%	22.1%	15.3%	28.9%	14.2%	11.2%	100.0%
		"您认为自己能胜任村官工作吗?"中的占比	19.5%	22.3%	14.5%	21.7%	21.5%	15.9%	19.4%
		总数的占比	1.6%	4.3%	3.0%	5.6%	2.7%	2.2%	19.4%
	56岁及以上	计数	30	88	76	72	37	36	339
		年龄中的占比	8.8%	26.0%	22.4%	21.2%	10.9%	10.6%	100.0%
		"您认为自己能胜任村官工作吗?"中的占比	3.8%	4.9%	3.9%	2.9%	3.1%	2.8%	3.6%
		总数的占比	.3%	.9%	.8%	.8%	.4%	.4%	3.6%

(续表)

		您认为自己能胜任村官工作吗?						合计
		非常胜任	比较胜任	一般	不太胜任	不胜任	不知道	
合计	计数	785	1 813	1 936	2 449	1 208	1 293	9 484
	年龄中的占比	8.3%	19.1%	20.4%	25.8%	12.7%	13.6%	100.0%
	"您认为自己能胜任村官工作吗?"中的占比	100.0%	100.0%	100.0%	100.0%	100.0%	100.0%	100.0%
	总数的占比	8.3%	19.1%	20.4%	25.8%	12.7%	13.6%	100.0%

表4-69 乡村教师年龄与担任村官自信力状况卡方检验

	值	df	渐进 Sig.(双侧)
Pearson 卡方	143.062[a]	20	.000
似然比	146.182	20	.000
线性和线性组合	23.669	1	.000
有效案例中的 N	9 484		

a. 0 单元格(.0%)的期望计数少于5,最小期望计数为28.06。

(四) 融入乡村社会的程度不深

乡村教师在乡村振兴战略中要真正发挥新乡贤角色的社会功能,就得诉求乡村教师扎根乡土,贴近乡民,与乡民有良性的互动。唯有如此,才能深入乡村百姓生活,深度融入乡村社会,真切了解与解决乡村社会问题,真诚服务于乡村振兴战略,真正成为乡村振兴战略中的新乡贤。然而,通过对乡村教师的户籍所在地、家庭住址所在地及与乡民的文化交往活动情况三方面的调查发现,乡村教师融入乡村社会的程度不深。

一是乡村教师的户籍所在地分析其融入乡村社会程度。地域性是新乡贤文化的重要特征之一。"无论是在地或非在地的乡贤,其成长或多或少受到所在地的地理环境、发展阶段、治理结构等因素的影响,具有一定的地域文化特征。"①乡村教师新乡贤文化具有鲜明的地域性。从表4-70和表4-72可见,乡村教师的户籍所在地处于县城、地级市、省城的数量占乡村教师群体的占比分别为37.4%、6.4%和0.5%,累计高达44.3%,即接近一半的乡村教师没有落户在乡村。众所周知,在我国现代户籍管理制度中,户籍是允许国家事业单位工作人员随迁工作单位属地的。乡村教师户籍没有随迁到工作单位属地,可能是出于各种现实因素的考虑,其中大部分乡村教师可能终究还是要调离乡村的。即表明其没有计划扎根乡村,完全融入乡村社会。从表4-70性别来看,乡村男教师和乡村女教师在"本乡(镇)""外乡(镇)""县城""地级市""省城"的数量占各自性别群体的比例分布趋势一致,与总体分布趋势也一致。但是,乡村男教师户籍所在地处于"县城""地级市""省城"的数量占乡村男教师群体的比例低于乡村女教师。从表4-72年龄段来看,"25岁及以下"至"56岁及以上",户籍在"本乡(镇)"占各自年龄段群体的比例基本上在增加,户籍在"外乡(镇)"的占比依次下降。从表4-71可见,Pearson卡方和似然比卡方的双侧显著性检验$P=0.000$均小于0.01,达到极显著性水平。从表4-73可见,Pearson卡方和似然比卡方的双侧显著性检验$P=0.000$均小于0.01,达到极显著性水平。同时,线性和线性组合卡方的双侧显著性检验$P=0.015$小于0.05,达到显著性水平。由此,可以统计学上推断,乡村教师户籍地的分布特征与其性别、年龄段存在相关性。从性别上看,乡村女教师户籍地在乡镇的占比低于乡村男教师,表明其融入乡村社会的程度低于乡村男教师;从年龄上看,乡村青年教师户籍地在乡镇的低于乡村中老年教师,表明其融入乡村社会的程度低于乡村中老年教师。②

---

① 刘丽华,林明水,王莉莉.新乡贤参与乡村振兴的角色感知与参与意向研究[J].福建论坛(人文社会科学版),2018(11).
② 肖正德.乡村振兴战略中乡村教师新乡贤角色担当意愿的相关影响因素分析[J].华东师范大学学报(教育科学版),2021(7).

表 4-70 乡村教师性别与户籍所在地交叉表

			户籍所在地					合计
			本乡(镇)	外乡(镇)	县城	地级市	省城	
性别	男	计数	1 751	1 083	1 506	238	21	4 599
		性别中的占比	38.1%	23.5%	32.7%	5.2%	.5%	100.0%
		户籍所在地中的占比	53.8%	53.6%	42.4%	39.2%	41.2%	48.5%
		总数的占比	18.5%	11.4%	15.9%	2.5%	.2%	48.5%
	女	计数	1 504	939	2 043	369	30	4 885
		性别中的占比	30.8%	19.2%	41.8%	7.6%	.6%	100.0%
		户籍所在地中的占比	46.2%	46.4%	57.6%	60.8%	58.8%	51.5%
		总数的占比	15.9%	9.9%	21.5%	3.9%	.3%	51.5%
合计		计数	3 255	2 022	3 549	607	51	9 484
		性别中的占比	34.3%	21.3%	37.4%	6.4%	.5%	100.0%
		户籍所在地中的占比	100.0%	100.0%	100.0%	100.0%	100.0%	100.0%
		总数的占比	34.3%	21.3%	37.4%	6.4%	.5%	100.0%

表 4-71 乡村教师性别与户籍所在地卡方检验

	值	df	渐进 Sig.(双侧)
Pearson 卡方	131.607[a]	4	.000
似然比	132.058	4	.000
有效案例中 N	9 484		

a. 0 单元格(.0%)的期望计数少于 5,最小期望计数为 24.73。

表 4-72 乡村教师年龄与户籍所在地交叉表

			户籍所在地					合计
			本乡(镇)	外乡(镇)	县城	地级市	省城	
年龄	25 岁及以下	计数	240	200	159	44	2	645
		年龄中的占比	37.2%	31.0%	24.7%	6.8%	.3%	100.0%
		户籍所在地中的占比	7.4%	9.9%	4.5%	7.2%	3.9%	6.8%
		总数的占比	2.5%	2.1%	1.7%	.5%	.0%	6.8%

(续表)

		户籍所在地					合计
		本乡(镇)	外乡(镇)	县城	地级市	省城	
26~35岁	计数	1 119	1 060	1 250	259	22	3 710
	年龄中的占比	30.2%	28.6%	33.7%	7.0%	.6%	100.0%
	户籍所在地中的占比	34.4%	52.4%	35.2%	42.7%	43.1%	39.1%
	总数的占比	11.8%	11.2%	13.2%	2.7%	.2%	39.1%
36~45岁	计数	962	484	1 314	178	16	2 954
	年龄中的占比	32.6%	16.4%	44.5%	6.0%	.5%	100.0%
	户籍所在地中的占比	29.6%	23.9%	37.0%	29.3%	31.4%	31.1%
	总数的占比	10.1%	5.1%	13.9%	1.9%	.2%	31.1%
46~55岁	计数	728	238	745	115	10	1 836
	年龄中的占比	39.7%	13.0%	40.6%	6.3%	.5%	100.0%
	户籍所在地中的占比	22.4%	11.8%	21.0%	18.9%	19.6%	19.4%
	总数的占比	7.7%	2.5%	7.9%	1.2%	.1%	19.4%
56岁及以上	计数	206	40	81	11	1	339
	年龄中的占比	60.8%	11.8%	23.9%	3.2%	.3%	100.0%
	户籍所在地中的占比	6.3%	2.0%	2.3%	1.8%	2.0%	3.6%
	总数的占比	2.2%	.4%	.9%	.1%	.0%	3.6%
合计	计数	3 255	2 022	3 549	607	51	9 484
	年龄中的占比	34.3%	21.3%	37.4%	6.4%	.5%	100.0%
	户籍所在地中的占比	100.0%	100.0%	100.0%	100.0%	100.0%	100.0%
	总数的占比	34.3%	21.3%	37.4%	6.4%	.5%	100.0%

表4-73 乡村教师年龄与户籍所在地卡方检验

	值	df	渐进 Sig.(双侧)
Pearson 卡方	447.428[a]	16	.000
似然比	443.462	6	.000
线性和线性组合	5.971	1	.015
有效案例中的 N	9 484		

a. 2 单元格(8.0%)的期望计数少于5,最小期望计数为1.82。

二是从乡村教师的家庭住址分析其融入乡村社会程度。从表4-74和表4-76可见,乡村教师的家庭住址所在地处于"县城""地级市""省城"的占比分别为43.0%、9.3%和0.7%,累计高达53.0%,即超过一半的乡村教师的家庭住址所在地不在乡村。作为"走教"老师,"身在曹营心在汉",显然全身心融入乡村社会的可能性就比较小。从表4-74性别来看,乡村男教师和乡村女教师在"本乡(镇)""外乡(镇)""县城""地级市""省城"的数量占各自性别群体的比例分布趋势一致,与总体分布趋势也一致。但是,乡村男教师家庭住址所在地处于"县城""地级市""省城"的数量占乡村男教师群体的比例低于乡村女教师。从表4-76年龄段来看,"25岁及以下"至"56岁及以上",家庭住址所在地在"本乡(镇)"占各自年龄段群体的占比基本上在增加,家庭住址所在地在"外乡(镇)"的占比依次下降。从表4-75和表4-77可见,Pearson卡方和似然比卡方的双侧显著性检验 $P=0.000$ 均小于0.01,达到极显著性水平。从性别上分析,乡村男教师居住地在乡镇的占比大于乡村女教师,表明其融入乡村社会的程度高于乡村女教师;从年龄上分析,乡村中老年教师居住地在乡镇的占比大于乡村青年教师,表明其融入乡村社会的程度高于乡村青年教师。[①]

表4-74 乡村教师性别与家庭住址交叉表

			家庭住址					合计
			本乡(镇)	外乡(镇)	县城	地级市	省城	
性别	男	计数	1 589	908	1 717	357	28	4 599
		性别中的占比	34.6%	19.7%	37.3%	7.8%	.6%	100.0%
		家庭住址中的占比	56.0%	56.3%	42.1%	40.5%	40.6%	48.5%
		总数的占比	16.8%	9.6%	18.1%	3.8%	.3%	48.5%
	女	计数	1 250	705	2 365	524	41	4 885
		性别中的占比	25.6%	14.4%	48.4%	10.7%	.8%	100.0%

---

① 肖正德. 乡村振兴战略中乡村教师新乡贤角色担当意愿的相关影响因素分析[J]. 华东师范大学学报(教育科学版),2021(7).

(续表)

		家庭住址					合计
		本乡(镇)	外乡(镇)	县城	地级市	省城	
	家庭住址中的占比	44.0%	43.7%	57.9%	59.5%	59.4%	51.5%
	总数的占比	13.2%	7.4%	24.9%	5.5%	.4%	51.5%
合计	计数	2 839	1 613	4 082	881	69	9 484
	性别中的占比	29.9%	17.0%	43.0%	9.3%	.7%	100.0%
	家庭住址中的占比	100.0%	100.0%	100.0%	100.0%	100.0%	100.0%
	总数的占比	29.9%	17.0%	43.0%	9.3%	.7%	100.0%

表4-75 乡村教师性别与家庭住址卡方检验

	值	df	渐进 Sig.(双侧)
Pearson 卡方	194.552[a]	4	.000
似然比	195.182	4	.000
有效案例中的 N	9 484		

a. 0 单元格(.0%)的期望计数少于5,最小期望计数为33.46。

表4-76 乡村教师年龄与家庭住址交叉表

			家庭住址					合计
			本乡(镇)	外乡(镇)	县城	地级市	省城	
年龄	25岁及以下	计数	226	177	181	58	3	645
		年龄中的占比	35.0%	27.4%	28.1%	9.0%	.5%	100.0%
		家庭住址中的占比	8.0%	11.0%	4.4%	6.6%	4.3%	6.8%
		总数的占比	2.4%	1.9%	1.9%	.6%	.0%	6.8%
	26~35岁	计数	981	861	1 462	377	29	3 710
		年龄中的占比	26.4%	23.2%	39.4%	10.2%	.8%	100.0%
		家庭住址中的占比	34.6%	53.4%	35.8%	42.8%	42.0%	39.1%
		总数的占比	10.3%	9.1%	15.4%	4.0%	.3%	39.1%

(续表)

			家庭住址					合计
			本乡（镇）	外乡（镇）	县城	地级市	省城	
36～45岁		计数	806	360	1 507	259	22	2 954
		年龄中的占比	27.3%	12.2%	51.0%	8.8%	.7%	100.0%
		家庭住址中的占比	28.4%	22.3%	36.9%	29.4%	31.9%	31.1%
		总数的占比	8.5%	3.8%	15.9%	2.7%	.2%	31.1%
46～55岁		计数	632	175	845	170	14	1 836
		年龄中的占比	34.4%	9.5%	46.0%	9.3%	.8%	100.0%
		家庭住址中的占比	22.3%	10.8%	20.7%	19.3%	20.3%	19.4%
		总数的占比	6.7%	1.8%	8.9%	1.8%	.1%	19.4%
56岁及以上		计数	194	40	87	17	1	339
		年龄中的占比	57.2%	11.8%	25.7%	5.0%	.3%	100.0%
		家庭住址中的占比	6.8%	2.5%	2.1%	1.9%	1.4%	3.6%
		总数的占比	2.0%	.4%	.9%	.2%	.0%	3.6%
合计		计数	2 839	1 613	4 082	881	69	9 484
		年龄中的占比	29.9%	17.0%	43.0%	9.3%	.7%	100.0%
		家庭住址中的占比	100.0%	100.0%	100.0%	100.0%	100.0%	100.0%
		总数的占比	29.9%	17.0%	43.0%	9.3%	.7%	100.0%

表4-77 乡村教师年龄与家庭住址卡方检验

	值	df	渐进 Sig.（双侧）
Pearson 卡方	484.157[a]	16	.000
似然比	475.832	16	.000
线性和线性组合	3.686	1	.055
有效案例中的 N	9 484		

a. 2 单元格(8.0%)的期望计数少于5，最小期望计数为2.47。

三是从乡村教师与乡民的文化交往活动分析其融入乡村社会程度。乡村教师要在乡村振兴战略中充分发挥新乡贤角色的社会功能，除了具有服务乡村振兴战略的热情和具备必要的乡土知识以及特殊的服务能力外,还需要与乡村百姓有良性的互动。唯有如此,才能深入乡村百姓生活,深度融入乡村社会,真切了解与解决乡村社会问题,真正服务于乡村振兴战略。本调查从分析乡村教师与乡民的文化交往活动出发,发现乡村教师与乡民的互动过少,难以深度融入乡村社会。从表4-78和表4-80可见,乡村教师参与乡村公共文化活动的选项在"偶尔"和"没有"上的占比分别为30.0%和25.1%,累计高达50.1%,即有一半的乡村教师没有或很少参与乡村公共文化活动。我国的乡村公共文化活动是比较常见的,例如各种传统节日民俗活动、各种地方特色文艺或庆典活动等。乡村教师作为乡村社会的知识分子和新乡贤的代表,按照常理,应该是这些文化活动的积极参与者,甚至是指导者和主持者。但事实并非如此,乡村教师与乡民互动过少,在一定程度上可以说是与乡民处于疏离状态。从表4-78性别来看,乡村男教师和乡村女教师在"非常多""比较多""一般""偶尔"和"没有"的数量占各自性别群体的比例分布趋势一致,与总体分布趋势也一致。但是,乡村男教师在"非常多"和"比较多"的数量占乡村男教师群体的比例高于乡村女教师。从表4-80年龄段来看,"25岁及以下"至"56岁及以上",回答"非常多""比较多"占各自年龄段群体的比例依次增加。从表4-79和表4-81可见,Pearson卡方、似然比卡方以及线性和线性组合的双侧显著性检验$P=0.000$均小于0.01,达到极显著性水平。由此可从统计学上推断,乡村教师参与乡村公共文化活动的调查数据分布特征与乡村教师的性别和年龄段存在相关性,乡村男教师比乡村女教师更多一些,随着年龄段的增大,乡村教师选择"非常多""比较多"的在各自年龄段内的占比依次增长,处于"56岁及以上"的乡村教师占比最高,为5.0%和22.7%。

表4-78 乡村教师性别与参与乡村公共文化活动情况交叉表

			您有参与乡村公共文化活动吗?					合计
			非常多	比较多	一般	偶尔	没有	
性别	男	计数	181	700	1 482	1 319	917	4 599
		性别中的占比	3.9%	15.2%	32.2%	28.7%	19.9%	100.0%
		"您有参与乡村公共文化活动吗?"的占比	59.0%	58.5%	53.7%	46.4%	38.6%	48.5%

(续表)

		您有参与乡村公共文化活动吗?					合计
		非常多	比较多	一般	偶尔	没有	
	总数的占比	1.9%	7.4%	15.6%	13.9%	9.7%	48.5%
女	计数	126	496	1 276	1 526	1 461	4 885
	性别中的占比	2.6%	10.2%	26.1%	31.2%	29.9%	100.0%
	"您有参与乡村公共文化活动吗?"的占比	41.0%	41.5%	46.3%	53.6%	61.4%	51.5%
	总数的占比	1.3%	5.2%	13.5%	16.1%	15.4%	51.5%
合计	计数	307	1 196	2 758	2 845	2 378	9 484
	性别中的占比	3.2%	12.6%	29.1%	30.0%	25.1%	100.0%
	"您有参与乡村公共文化活动吗?"的占比	100.0%	100.0%	100.0%	100.0%	100.0%	100.0%
	总数的占比	3.2%	12.6%	29.1%	30.0%	25.1%	100.0%

表 4-79 乡村教师性别与参与乡村公共文化活动情况卡方检验

	值	df	渐进 Sig.(双侧)
Pearson 卡方	191.094[a]	4	.000
似然比	192.279	4	.000
有效案例中的 N	9 484		

a. 0 单元格(.0%)的期望计数少于5,最小期望计数为 148.87。

表 4-80 乡村教师年龄与参与乡村公共文化活动情况交叉表

			您有参与乡村公共文化活动吗?					合计
			非常多	比较多	一般	偶尔	没有	
年龄	25岁及以下	计数	17	66	207	139	216	645
		年龄中的占比	2.6%	10.2%	32.1%	21.6%	33.5%	100.0%
		"您有参与乡村公共文化活动吗?"的占比	5.5%	5.5%	7.5%	4.9%	9.1%	6.8%
		总数的占比	.2%	.7%	2.2%	1.5%	2.3%	6.8%

（续表）

		您有参与乡村公共文化活动吗？					合计
		非常多	比较多	一般	偶尔	没有	
26～35岁	计数	115	421	1 007	1 076	1 091	3 710
	年龄中的占比	3.1%	11.3%	27.1%	29.0%	29.4%	100.0%
	"您有参与乡村公共文化活动吗？"的占比	37.5%	35.2%	36.5%	37.8%	45.9%	39.1%
	总数的占比	1.2%	4.4%	10.6%	11.3%	11.5%	39.1%
36～45岁	计数	110	388	863	928	665	2 954
	年龄中的占比	3.7%	13.1%	29.2%	31.4%	22.5%	100.0%
	"您有参与乡村公共文化活动吗？"的占比	35.8%	32.4%	31.3%	32.6%	28.0%	31.1%
	总数的占比	1.2%	4.1%	9.1%	9.8%	7.0%	31.1%
46～55岁	计数	48	244	577	605	362	1 836
	年龄中的占比	2.6%	13.3%	31.4%	33.0%	19.7%	100.0%
	"您有参与乡村公共文化活动吗？"的占比	15.6%	20.4%	20.9%	21.3%	15.2%	19.4%
	总数的占比	.5%	2.6%	6.1%	6.4%	3.8%	19.4%
56岁及以上	计数	17	77	104	97	44	339
	年龄中的占比	5.0%	22.7%	30.7%	28.6%	13.0%	100.0%
	"您有参与乡村公共文化活动吗？"的占比	5.5%	6.4%	3.8%	3.4%	1.9%	3.6%
	总数的占比	.2%	.8%	1.1%	1.0%	.5%	3.6%
合计	计数	307	1 196	2 758	2 845	2 378	9 484
	年龄中的占比	3.2%	12.6%	29.1%	30.0%	25.1%	100.0%
	"您有参与乡村公共文化活动吗？"的占比	100.0%	100.0%	100.0%	100.0%	100.0%	100.0%
	总数的占比	3.2%	12.6%	29.1%	30.0%	25.1%	100.0%

表 4-81　乡村教师年龄与参与乡村公共文化活动情况卡方检验

	值	df	渐进 Sig.（双侧）
Pearson 卡方	174.165[a]	16	.000
似然比	173.282	16	.000
线性和线性组合	76.333	1	.000
有效案例中的 N	9484		

a. 0 单元格（.0%）的期望计数少于 5，最小期望计数为 10.97。

（五）角色担当的支持条件不利

乡村教师担当好新乡贤角色，充分发挥新乡贤示范引领作用，除了具备参与乡村振兴战略的强烈意愿、服务乡村社会建设的必要地方性知识和特殊能力等主观条件之外，还需要来自地方政府、社区、学校层面的客观条件支持。调查结果显示，当下尚未构建起乡村教师新乡贤角色担当的社会支持系统，乡村教师新乡贤角色担当的条件不利。[①]具体表现于如下几个方面：

一是缺失支持政策制定。乡村教师担当新乡贤角色，不仅要具备自我支持条件，而且还要政策支持力度。这能够促使乡村教师在乡村振兴战略中展现新乡贤的合理角色，发挥新乡贤的示范引领作用，进而推进乡村教师公共身份的重新入席。然而，通过调查发现，乡村振兴战略中乡村教师新乡贤角色担当缺失政策支持，致使乡村教师新乡贤角色担当缺失强硬的后台支撑。大多数乡村教师认为，自己担当新乡贤角色无章可循、无法可依。在"您觉得乡村振兴战略乡村教师新乡贤角色担当无章可循、有法可依吗？"这项调查中，乡村教师回答"有"的只占 7.3%（具体见表4-82）。

---

① 肖正德.乡村教师新乡贤角色担当支持条件的问题考察与系统构建[J].教育发展研究，2021(8).

表 4-82 乡村教师新乡贤角色担当政策支持情况调查统计表

		频率	百分比(%)	有效百分比(%)	累积百分比(%)
有效	有	692	7.3	7.3	7.3
	无	8 792	92.7	92.2	100.0
	合计	9 484	100.0	100.0	

二是缺少行为规范建设。角色规范是指角色担当者在享受权利和履行义务过程中必须遵循的行为规范或准则。角色规范保证角色权利的运用和角色义务的履行,防止角色担当行为越轨;限制与约束个人的行为,使之成为能为社会所接受的行为,在社会影响个人中起中介作用;使社会规范落实为个人社会模式,保持社会生活的稳定有序。[①] 乡村振兴战略中的乡村教师新乡贤角色担当,同样需要角色规范建设。重视乡村振兴战略中乡村教师新乡贤角色担当的角色规范建设,以便于乡村教师能够更快地适应新乡贤角色,使之行为符合乡村振兴战略需求。然而,通过调查发现,乡村振兴战略中乡村教师新乡贤角色担当缺少角色规范建设。在"当地政府有制定乡村教师新乡贤角色担当的行为规范吗?"这项调查中,乡村教师回答"有"的只占 4.4%(具体见表4-83)。

表 4-83 地方政府建设乡村教师新乡贤角色规范情况调查统计表

		频率	百分比(%)	有效百分比(%)	累积百分比(%)
有效	有	417	4.4	4.4	4.4
	无	9 067	95.6	95.6	100.0
	合计	9 484	100.0	100.0	

三是缺少乡民心理配合。乡村教师担当好乡村振兴战略中的新乡贤角色,乡村教师除了具备服务乡村振兴战略的主观条件外,还需乡村民众的主观心理配合。然

---

① 丁水木,张绪山.社会角色论[M].上海:上海社会科学院出版社,1992:51—57.

而,由于许多乡村教师道德修养、知识和能力诸方面存在一定的问题,因此在乡村振兴战略中难孚众望,乡民的认同度不高,有的甚至面临着深刻的角色认同危机。因此,乡村振兴战略中乡村教师新乡贤角色担当难以赢得乡民的主观心理配合。在"您认为乡民对乡村教师担当新乡贤角色的主观心理配合程度如何?"这项调查中,乡村教师回答"非常配合""比较配合"的分别只占6.3%、10.8%(具体见表4-84)。

表4-84 乡民对乡村教师新乡贤角色主观心理配合情况调查统计表

		频率	百分比(%)	有效百分比(%)	累积百分比(%)
有效	非常配合	597	6.3	6.3	6.3
	比较配合	1 024	10.8	10.8	17.1
	一般	1 821	19.2	19.2	36.3
	不太配合	3 281	34.6	34.6	70.9
	不配合	2 760	29.1	29.1	100.0
	合计	9 483	100.0	100.0	

四是缺少社区平台搭建。从社区支持条件来看,乡村教师担当好新乡贤角色,需要乡民的主观心理配合外,还需要乡村社区搭建供其施展的平台,并提供必要的客观资源。社区搭建良好的平台、提供充裕的资源能为乡村教师新乡贤角色担当提供强有力的支撑。然而,由于诸多客观条件所囿,乡村振兴战略中乡村教师新乡贤角色担当缺少社区为其搭建施展舞台、提供必要的客观资源。在"您认为社区为乡村教师新乡贤角色担当搭建好平台了吗?"这项调查中,乡村教师回答"搭建好了"的只占6.5%;在"您认为社区提供乡村教师新乡贤角色担当所需的客观资源情况如何?"这项调查中,乡村教师回答"非常丰富""比较丰富"的分别只占7.2%、12.5%(具体见表4-85)。

表 4-85 社区提供乡村教师新乡贤角色担当所需资源情况调查统计表

		频率	百分比(%)	有效百分比(%)	累积百分比(%)
有效	非常丰富	683	7.2	7.2	7.2
	比较丰富	1 186	12.5	12.5	19.7
	一般	1 736	18.3	18.3	38.0
	不太丰富	3 424	36.1	36.1	74.1
	不丰富	2 456	25.9	25.9	100.0
	合计	9 485	100.0	100.0	

五是缺少必要的时间保证。时间是乡村教师担当好乡村振兴战略中新乡贤角色的重要保证。然而,乡村教师除了担负繁重的教学任务外,还要管理寄宿生、参加会议、进修学习等。尤其是一些乡村小规模学校,由于编制紧缺,教师基本上都要包班上课,教学工作处于超负荷状态。另外,"走教"的乡村教师还要将不少的时间耗费在往返学校的路途上。乡村教师繁忙的工作与学习,导致参与乡村振兴的时间不济。在"您认为学校提供教师担当新乡贤角色的时间状况如何?"这项调查中,乡村教师回答"非常充足""比较充足"的分别只占5.9%、8.6%(具体见表4-86)。

表 4-86 乡村学校提供乡村教师担当新乡贤角色担当时间情况调查统计表

		频率	百分比(%)	有效百分比(%)	累积百分比(%)
有效	非常充足	560	6.0	6.0	6.0
	比较充足	816	8.8	8.8	14.8
	一般	1 142	12.3	12.3	27.1
	不太充足	3 547	38.2	38.2	65.4
	不充足	3 215	34.6	34.6	100.0
	合计	9 280	100.0	100.0	

六是缺少学校的合理评价。构建科学合理的评价体系是促进乡村学校发展的根本,也是促进乡村教师担当好乡村振兴战略中新乡贤角色的根本。但是,由于受应试

教育的牵制,乡村学校评价教师的绩效同样是以分数和升学率为主要指标,至于乡村教师在乡村振兴战略中发挥的新乡贤示范引领作用,学校在对他们进行绩效评价时是不会予以考虑的。有的乡村学校领导甚至认为,教师参与乡村社会工作会影响学校教学工作、影响学生成绩的提高,因而反对教师参加与服务乡村振兴。在"您认为学校对教师担当新乡贤角色的评价合理吗?"这项调查中,乡村教师回答"非常合理""比较合理"的分别只占4.7%、9.8%(具体见表4-87)。

表4-87 乡村学校对乡村教师新乡贤角色担当评价情况调查统计表

		频率	百分比(%)	有效百分比(%)	累积百分比(%)
有效	非常合理	446	4.7	4.7	4.7
	比较合理	929	9.8	9.8	14.5
	一般	1356	14.3	14.3	28.8
	不太合理	3642	38.4	38.4	67.2
	不合理	3111	32.8	32.8	100.0
	合计	9484	100.0	100.0	

通过上面对问卷调查数据的统计分析,客观地描述了乡村振兴战略中乡村教师新乡贤角色当下情状及突出问题。从乡村振兴战略中乡村教师新乡贤角色担当的相关影响因素分析中,我们还有如下两方面的重要发现:

一方面,乡村教师的性别、年龄、来源地构成与乡村振兴战略中新乡贤角色担当状况具有显著差异。通过乡村教师的性别、年龄、来源地构成与乡村振兴战略中新乡贤角色担当意愿的交叉分析发现,其性别、年龄、来源地与乡村振兴战略中新乡贤角色担当状况具有显著差异。因此,充分发挥乡村教师在乡村振兴战略中新乡贤示范引领作用,需要充分考虑此三个因素的作用。一是从乡村教师的性别与乡村教师的职业守望、乡土情怀和公共精神现状的交叉分析发现,由于受性别角色、社会期待和时间精力的限制,乡村女教师在乡村振兴战略中新乡贤示范引领作用弱于乡村男教师。然而,乡村女教师在乡村社会建设中具有独特的优势,因此要增强乡村振兴战略中乡村女教师新乡贤角色担当的意愿,积极发挥"她力量"在乡村振兴战略中的"半边天"作用。二是从乡村教师的年龄与乡村教师的职业守望、公共精神和乡土情怀现状的交叉分析发现,虽然乡村青年教师专业水平相对更高,但是往往不熟悉乡村事务与习俗,与乡村社会存在着疏离感,乡村振兴战略中乡村青年教师新乡贤示范引领作用弱于乡村中老年教师。因此,既要发挥有道德情操、具备服务乡村振兴的知识和能力、服膺乡间的乡村中老年教师在乡村振兴战略中新乡贤的引领示范作用,又要重视对乡村青年教师服务乡村振兴的鼓励与引导,激发青年"新生力量"在乡村振兴战略中的中坚作用。三是从乡村教师的性别、年龄与来源地的交叉分析发现,在总体上乡村教师融入乡村社会程度不深,乡村振兴战略中新乡贤角色担当的意愿不强。一般说来,只有真正融入乡村社会的乡村教师才有可能具有对乡村社会持续的、足够的热爱和情怀,才有可能在乡村振兴战略中担当新乡贤角色。鉴于此,要继续做好农村定向师范生的培养工作,真正培养出适应乡村学校教育教学的"下得去、留得住、教得好"的乡村教师,真正培养出具有对乡村社会持续的、足够的热爱和情怀的乡村教师,促使他们真正融入乡村社会,热忱和真情服务于乡村振兴战略,积极发挥新乡贤的示范引领作用。

另一方面,乡村教师的职业守望、公共精神、乡土情怀与乡村振兴战略中新乡贤角色担当状况呈正相关。通过乡村教师的职业守望、公共精神、乡土情怀的现状与乡村振兴战略中新乡贤角色担当意愿的交叉分析发现,其职业守望、公共精神、乡土情怀与乡村振兴战略中新乡贤角色担当状况呈正相关。坚守职业理想、公共精神强烈、乡土情怀浓厚的乡村教师,其乡村振兴战略中新乡贤角色担当的意愿显然强烈,新乡贤的示范引领作用较大;反之,职业理想抛弃、公共精神旁落、乡土情怀缺失的乡村教师,其乡村振兴战略中新乡贤角色担当的意愿显然低迷,新乡贤的示范引领作用较弱。前面已述,当下许多乡村教师抛弃职业理想,缺失乡土情怀,旁落公共精神,直接导致乡村振兴战略中新乡贤角色担当的意愿低迷,未能很好发挥其新乡贤的示范引领作用。故此,新时代乡村振兴战略诉求乡村教师坚守职业信念,振作公共精神,厚植乡土情怀,以增强乡村振兴战略中新乡贤角色担当的意愿,以充分发挥在乡村振兴战略中的新乡贤示范引领作用。

第五章

乡村振兴战略中的乡村教师新乡贤角色认同之个案研究

第五章 乡村振兴战略中的
乡村教师新乡贤角色认同之个案研究

乡村教师作为乡村社会的知识分子群体,一方面是乡村儿童智识的启蒙者、教育者,另一方面又是乡村社会文化建设的中坚力量。乡村教师能否在乡村振兴战略中充分发挥新乡贤的引领示范作用,在很大程度上取决于他们对新乡贤角色的认同。全面推进乡村振兴,加快发展乡村产业,加强乡风文明和乡村生态文明建设,深化乡村治理改革,改善乡民生活,这是新时代一场伟大的乡村社会变革。面对这场社会变革浪潮,乡村教师的认知态度和行动状况是有显著差异的,他们有的高度认同乡村振兴战略中的新乡贤角色,因而主动出击,积极担当;有的对乡村振兴战略中的新乡贤角色认同度不高或不认同,因而或被动应付,或消极逃避。本部分通过对两类乡村教师个案的深度访谈,分别描述了乡村振兴战略中乡村教师新乡贤角色认同及其认同问题的现状,并对个中缘由进行文化社会学诠释。

一 个案研究设计

(一) 研究个案的选取

陈向明教授在对目的性抽样进行界定时指出"在这个类别里,抽样的标准是:所选择的样本是否具有完成研究任务的特性及功能"①。因此,本研究本着便利性和有效性的原则,采用目的性抽样的方式,分别选择浙江省永嘉县 20 名乡村教师和河北省井陉县 10 名乡村教师作为研究个案。选择这些乡村教师作为研究个案的原因:(1)浙江省永嘉县是课题负责人肖正德的家乡,其生于斯,长于斯,并曾在永嘉一所乡村中学工作过 13 年,对乡村教师的工作与生活有着深刻的感受,这便于与当地的乡村教师沟

---

① 陈向明.质的研究方法与社会科学研究[M].北京:教育科学出版社,2000:105.

通与交流;河北省井陉县是主要访谈员张琦的家乡,她就读的小学和初中是井陉县的乡村学校,而且她的父亲是井陉县教育局一名干事,这使我们较为容易接触到自己想要调查的乡村教师。(2)这些乡村教师都愿意为我们分享自己的故事。(3)这些乡村教师具有一定的代表性,既有新手教师,又有骨干教师,还有退休教师,从他们身上可以获取不同的资料,这些资料便于我们分析不同类型乡村教师对乡村振兴中新乡贤角色担当的不同想法,同时也能够丰富本研究所需要的资料。通过对这些个案的深度访谈,描述与分析乡村振兴战略中乡村教师新乡贤角色担当现状及其角色认同问题。

(二) 研究的实施过程

我们的个案访谈分三个阶段进行:2019年12月5日至2020年1月8日,我们对浙江省永嘉县7名乡村教师进行深度访谈;2020年7月9日至9月3日,我们对河北省井陉县10名乡村教师进行深度访谈;2021年6月22日至8月1日,我们对浙江省永嘉县的13名乡村教师进行补充性集中访谈,对河北省井陉县的4名乡村教师进行补充性回访。为了节省篇幅,这里以表格的形式呈现接触过程(表5-1)。

表5-1 与乡村教师的接触过程①

接触对象	性别	所在学校	接触时间	接触地点
NZKM老师	女	浙江省永嘉县巽宅镇中心小学	2019年12月5日	永嘉县巽宅镇中心小学会议室
RWGX老师	男	浙江省永嘉县巽宅镇中心小学	2019年12月5日	永嘉县巽宅镇中心小学会议室
NYXK老师	男	浙江省永嘉县四川职业高级中学	2019年12月5日	永嘉县四川职业高级中学会议室
BLZD老师	男	浙江省永嘉县碧莲镇中学	2019年12月6日	永嘉县碧莲镇中学会议室

---

① 表5-1的首字母"N"代表乡村学校中的新手教师,首字母"B"代表乡村学校中的骨干教师,首字母"R"代表退休教师,其余字母是访谈乡村教师姓名的缩写。

（续表）

接触对象	性别	所在学校	接触时间	接触地点
BJZG 老师	男	浙江省永嘉县四川职业高级中学	2019年12月18日	永嘉县四川职业高级中学会议室
RCZR 老师	男	浙江省永嘉县碧莲镇中学	2020年1月7日	永嘉县碧莲镇中学会议室
BXD 老师	女	浙江省永嘉县巽宅镇中心小学	2020年1月8日	永嘉县巽宅镇中心小学会议室
BLJP 老师	女	河北省井陉县第一中学（曾在）	2020年7月9日	井陉县微水镇实验中学会议室
NZYM 老师	女	河北省井陉县南王庄乡小学	2020年7月11日	井陉县微水镇冶河西路55号
BLJH 老师	女	河北省井陉县秀林镇梅庄小学	2020年7月12日	井陉县微水镇富达山庄居民住宅区
BGSL 老师	男	河北省井陉县南王庄乡南王庄教学点	2020年7月13日	井陉县微水镇滨河华府5号楼
BGYM 老师	女	河北省井陉县南王庄乡割子(髭)岭小学	2020年7月14日	井陉县南王庄乡割子(髭)岭村
BQYP 老师	女	河北省井陉县微水镇职教中心	2020年7月20日	井陉县微水镇滨河华府5号楼
RLWK 老师	男	河北省井陉县南障城镇大梁江小学（曾在）	2020年7月26日	井陉县南障城镇大梁江村大梁江游客接待中心
BSJM 老师	男	河北省井陉县上安西小学	2020年8月9日	井陉县微水镇实验中学会议室
RJJD 老师	男	河北省井陉县吴家窑乡小学	2020年8月25日	井陉县微水镇教育局办公室
BWBS 老师	男	河北省井陉县微水镇良都小学	2020年9月3日	井陉县微水镇良都村居民住宅区
BZHJ 老师	女	浙江省永嘉县鹤盛乡中心小学	2021年6月22日	永嘉县鹤盛乡中心小学会议室
BYYY 老师	女			
BXBB 老师	女			
NXAN 老师	女			
NLJQ 老师	男			
NTXX 老师	女			

(续表)

接触对象	性别	所在学校	接触时间	接触地点
BZD 老师	男	浙江省永嘉县鹤盛中学	2021 年 6 月 22 日	永嘉县鹤盛中学会议室
BZAQ 老师	男			
BZY 老师	男			
NCSQ 老师	男			
BZXY 老师	男			
BGHP 老师	男			
NCYP 老师	女			
RJJD 老师	男	河北省井陉县吴家窑乡小学	2021 年 7 月 22 日	井陉县微水镇滨河华府
BLJH 老师	女	河北省井陉县秀林镇梅庄小学	2021 年 7 月 24 日	井陉县微水镇金宸家园
BSJM 老师	男	河北省井陉县上安西小学	2021 年 7 月 27 日	井陉县微水镇上安西村
BGSL 老师	男	河北省井陉县南径中心学区	2021 年 8 月 1 日	河北省井陉县南径村

(三) 资料的收集、整理与分析

在研究的过程中,笔者结合学者们对于乡村振兴中乡村教师新乡贤角色研究的相关资料,制定出相应的访谈提纲,采用结构性访谈与非结构性访谈相结合的方式搜集有关的资料,并用类属分析与情境分析相结合的方式分析收集到的资料。其中在类属分析方面,相关资料分为乡村教师对乡村振兴战略中新乡贤角色的认同和认同问题两大类;在对结果进行分析时以社会学中的角色理论为研究基础,并结合故事性、情境性的描述,以使研究的资料更加丰富,研究的结果更加明确。

二 乡村振兴战略中乡村教师新乡贤角色认同的表现与动因

通过访谈了解到,有一部分乡村教师能够适应新时代的诉求,能够带着对乡土的热爱、对乡民的赤诚,主动担当起乡村振兴战略中新乡贤角色,在完成其专业工作的同时不忘积极投身于服务乡村振兴的社会实践活动之中。下面对他们在乡村振兴战略中新乡贤角色认同及担当的表现及成因进行描述与分析。

(一) 乡村振兴战略中乡村教师新乡贤角色认同的具体表现

乡村教师有其自身的职业特点,不同类别的乡村教师对乡村振兴战略中新乡贤角色内涵的理解有所不同,担当新乡贤的条件具有各自的差异性。因而在现实生活当中,服务乡村振兴的方式也是多种多样的。通过对乡村教师的访谈与分析,我们发现乡村教师服务乡村振兴战略的方式主要表现为如下几类。

1. 扎根乡村立德树人,培养乡村振兴人才

"知识分子是为人类社会的公共利益而葆有批判良知,能够依托一定的科学文化知识,敢于对公共事务发表深刻而独到见解的专业化社群或个体。他们以运用自身专业知识为根基,以实现人类生活安康为原点,以增扩社会公共福祉为己任,勇于批判不公、不义或异化现象,具有强烈的时代使命感与社会责任感。"[①]乡村教师作为乡村知识分子群体,拥有一定的文化底蕴和专业素养,他们在乡村振兴战略时代使命感与社会责任感的感召下,根据自身工作的特点,结合乡村的实际情况,扎根乡村立德树人,着力培养乡村振兴人才。

"我是本村土生土长的,我一直在本校教学,我的本职工作就是给乡村的孩子们传授知识和技能,促使他们成为乡村建设的有用之才。除此之外,我还负责培养乡村新教师,除了培养他们一定的教育教学技能外,还要培育他们的道德修养和乡土情怀,促

---

① 余宏亮,吴海涛. 教师作为知识分子:公共性、可能性与实践性[J]. 教育学报,2014(5).

使他们愿意守望在乡村,为乡村振兴助力。"(BLJP老师个人访谈,2020年7月9日)

"乡村学校虽然不如城镇学校条件好,可是在教育教学这方面我们一直都是尽心尽力的。我自己其实入职时间还不长,有许多问题需要向其他有经验的老师请教。为了尽快提升自己的水平,我经常搬着板凳带着笔记本去听其他老师的课。学校但凡提供了教学交流的机会,自己就赶紧抓住机会学习。在日常教学工作中,由于村里孩子们的学习基础比较薄弱,所以我们学校非常注重抓孩子们的基础。与此同时,我们会在有限的资源下尽量为学生拓展课堂,开展他们感兴趣的手工剪纸课、诗词欣赏课……在村里或是学校不免听到让学生努力学习将来跳出农门的言论,我觉得咱们乡村教育不仅仅是让孩子们走出乡村,最重要的是培养他们对家乡的深切情感,使得他们走出去还能够回流以回报生养他们的家乡。"(NZYM老师个人访谈,2020年7月11日)

"我觉得乡村教师服务乡村振兴战略,最主要的还是教好乡村孩子。为了更好地教好乡村孩子,我首要的工作就是主动去了解他们。于是我给自己定下每周家访两次的计划,以了解每个孩子的实际状况,然后因材施教,促成乡村孩子健康快乐成长。"(RLJH老师个人访谈,2020年7月12日)

"我觉得乡村教师对乡村振兴战略的主要贡献就是提升农村人口的素质。教育本来就是一项立德树人的事业,我觉得我们乡村教师最主要的工作就是把村子里的娃娃们教育好、培养好,将来服务于乡村振兴。"(BZHJ老师个人访谈,2021年6月22日)

扎根乡村立德树人是乡村教师服务乡村振兴最主要的方式,他们凭借自己的乡村知识分子的身份,给乡村孩子传授知识技能,帮助他们成为有知识、有技术的文化人。同时,帮助乡村孩子树立在困境中成才的信心,增强服务乡村建设的意愿。简言之,他们扎根乡村立德树人,为乡村振兴奠定人才基础。

2. 参与乡村生产活动,助推乡村产业振兴

乡村教师作为乡村的一支重要人才队伍,作为乡村的一种重要的知识力量,直接或间接参与乡村生产活动,助推乡村产业振兴。比如BLZD和BQYP老师,通过为乡民带来先进的知识和技术服务乡村产业振兴;RLWK老师则是通过宣传当地文化,推

动当地旅游业的发展,进而为乡村带来更多的经济收益;RJJD 老师则是在退休后以自身积累的知识和人脉为基础,利用当地的资源搞好养殖业,直接带动乡村产业振兴。

"我们学校所在村是香柚这种名优农产品生产基地,于是我校成立一个课题组,专门研究香柚栽培、管理与采摘技术,这是我们乡村教师直接为地方产业振兴服务的活动。课题组里有一位老师还发明了一件采摘香柚的新工具,深受本地乡民青睐,并得到广泛推广和应用。"(BLZD 老师个人访谈,2019 年 12 月 6 日)

"咱们职教中心的立足点,自然也要为乡村产业振兴服务。我们会根据乡村产业发展状况,对学校的专业进行适时调整。像现在咱们县呼吁打造乡村特色旅游业,井陉县刚刚举行旅发大会,以旅游来带动乡村经济发展,我们学校今年马上就新开了旅游专业,希望能为乡村产业振兴做出更大的贡献。"(BQYP 老师个人访谈,2020 年 7 月 20 日)

"随着我们对文化的宣传,近年来大梁江的旅游业也越来越好,使得一些乡民放下锄头走上街头,做起小买卖来,卖自家的果子和蔬菜,我们这里很多农家乐发展得特别好。村里就业人数越来越多,很多人加入到我们旅游行业中来。所以,我们积极宣传家乡的文化,促进乡村旅游业发展,带动乡村产业振兴。"(RLWK 老师个人访谈,2020 年 7 月 26 日)

"退休后自己有了闲暇时间,能干一些自己没有干过的事情。再有我的家乡是一个依山傍水的地方,适合搞养殖业,所以我就与自家兄弟承包下来了。村里也比较支持我们搞养殖业,这样能吸引与解决更多乡民就业,乡民也能够得到多一份收入。"(RJJD 老师个人访谈,2020 年 8 月 25 日)

可见,乡村教师凭借其知识技术资本和人脉优势,参与乡村生产活动,助推乡村产业振兴。乡村教师是带动乡村经济发展的一股潜在力量,对于乡村产业振兴而言,其作用不容小觑。

3. 传承优秀传统文化,服务乡村文化振兴

乡村优秀传统文化是在乡村发展历史上积淀下来的具有稳定形态并不断发展变

化和进步的优秀文化,它有着丰富的艺术、手工艺、舞蹈、音乐等文化形式,口口传唱的劳动号子,工艺精湛的民间剪纸,极具渲染力的秧歌、戏曲等,蕴含着优秀的传统文化基因。[①]"乡村教师由于自身在乡村社会中的文化优势,使得他们在融入乡村社会的过程中,逐渐发展为乡村社会的知识精英阶层。他们不仅通过教育教学传承传统文化,而且在学习与发展中创造着新的文化,成为先进文化的传播者、引领者和创造者。"[②]通过访谈了解到,乡村教师服务乡村文化振兴有两种方式:一是将传承乡村优秀传统文化作为自己最主要的工作。如 RLW 老师退休后就专门研究与宣传家乡文化,以讲解作为手段达到弘扬乡村优秀传统文化的目的;二是将乡村优秀传统文化作为重要的教学资源,将其与教学内容有机融合,进而在完成基本教学任务的同时培养乡村孩子对家乡文化的热爱。如 BSG 老师不仅亲自参与村里的文化活动,而且将乡村特色文化带进校园,使得学校真正发挥传承乡村优秀传统文化的作用。

"我退休后,主要从事文化宣传工作,把我们大梁江村山色嵯峨、佳木蔚秀、居民淳朴、仁谦成风的民俗文化传承下去,让这'中国历史文化名村'被更多人知道。……我是大梁江人,我热爱我家乡的文化,大梁江的一草一木、一山一石都是历史的产物。我希望更多的人能走近我们的文化,了解这些文化,使这些优秀传统文化得以传承。所以,我退休后在村子里到处搜集资料,整理家乡的文化资料,出版了《梁老师说大梁江前世今生》这本书。光出版没有人来看还是不行,所以我就尝试着自己讲解这些文化。县里、镇里有领导考察,我就会去讲解,希望政府帮忙宣传自己的家乡。有游客到我的家乡来,我就会主动给他们讲解,有的游客帮我录下讲解视频上传到网上去,让越来越多的人知道我们大梁江,我觉得这是我最乐意为村里做的事儿,也是我被乡村老百姓称颂的主要原因。"(RLWK 老师个人访谈,2020 年 7 月 26 日)

"武术是上安西村最著名的传统文化,至今已有 2000 多年的历史。学生们在学校除了学习知识还应发展体能,如果能够在学校好好运用上安西的武术文化,不仅能让

---

① 肖正德.乡村振兴所需人才培养与大农村教育体系构建[J].新华文摘,2021(13).
② 黄俊官.乡村教师"去乡村化"情结及其化解[J].当代教育科学,2020(11).

教师和学生们受益,而且能够使之发展成为学校的特色。……咱们村里负责武术文化的两位前辈许××和刘××,所闻学校意欲发展武术,便主动走进我们学校,利用活动课时间,义务指导师生发扬武术文化,现在武术已经成为我们学校的特色课间操。不仅如此,学校还成立了上安西武术队,让孩子们的武术技艺精起来。还真有一些孩子们对武术特别感兴趣,就自己在课下勤学苦练,多次在县里、市里获奖。我们学校还在井陉县运动会的开幕式上表演背水之战,让大家领略到上安西武术的魅力。"(BSJM老师个人访谈,2020年8月9日)

"我的老家庄旺村被称为绵河边的画卷乡村,是中国传统村落。每年农历正月十九,庄旺村都要放荷花灯来祭奠河神,祭河神文化至今已有800余年的历史了。……每年我会主动向村委会申请担任活动主持人,自己还会主动对活动进行策划与安排,比如自己写稿子,设计参与活动的人的服装和花灯的花样。因为我是老师,所以能够在活动中自觉加入一些文化元素,比如号召活动人员穿汉服,晚上放花灯时配上张若虚的《春江花月夜》等。活动办得好,村里人更有自信,村外人则慕名而来,咱们这里的文化就自然而然传扬出去。……因为自己是亲身参与村里这些活动的,我深知这些活动给人带来的影响要比学校任何一堂课都来得实在,所以我就希望这些实践活动也能够成为学生课堂教学的一部分,成为促进他们成长的一股内在力量。于是我就在布置假期作业的时候,专门留有一项作业,即做一项有意义的社会实践活动。让咱们学校的教师、学生都积极参与进来,培养他们对于自己家乡文化的关注与热爱。我所了解到的就是一些老师和学生过年过节会主动参与村里举办的武术表演、拉花表演、诗朗诵等。虽然他们所做的都是小事,可是正因为他们能够亲身经历这些事情,他们便有机会从中看到自己的力量,知道原来自己还可以凭着这样的方式来为家乡做贡献,这也是很有意义的。"(BSJM老师个人访谈,2020年8月9日)

"我们学校每年儿童节、元旦节啊,都会组织孩子们编排文艺节目,开展文艺汇演,届时都会邀请乡民进学校观看。还有我们学校旁边有个文化活动站,叫永嘉鹤盛乡镇文化综合站,之前乡镇里都会定期邀请一些文化专家过来给乡民进行文化宣讲,我们每次都会主动负责去动员学生家长参加,进行文化活动宣传。虽然没有要求我们上台去进行文化宣讲,但是我们老师也在其中发挥了动员、组织作用,这些我们参与、组织的文化活动也在一定程度上丰富了这里乡民的文化生活吧。"(NXBB 老师个人访谈,2021 年 6 月 22 日)

"关于我们当地的文化,比较出名的就是我们的'鹤'文化了,这在我们学校文化建设中也是有所体现的。比如我们学校的校训就是'人行如四灵,业泽于世',这与当地强调人的品行与人对社会的作用这一理念不无联系,学校很多标语也是与当地文化相关联的。除此之外,学校还专门开设校本课程来宣传本地的传统文化,课程的名称就叫'话说鹤盛'。我们学校把这种课程归到学生的语文学习中去了,主要通过语文老师来引导孩子们了解本地的传统文化,并建立他们对家乡文化的自信。这种课程主要通过引导学生们朗诵诗歌和创作诗歌来进行的,大多是在三年级之后再开展。我们还有一些课题研究都是围绕着本地文化开展的,一方面能锻炼我们的科研能力,另一方面能够加深我们对本地文化的理解。"(BYYY 老师个人访谈,2021 年 6 月 22 日)

乡村教师是乡村文化振兴的主力军,他们或结合自身教育教学工作积极传承乡村优秀传统文化,或不断创新与发展乡村优秀传统文化,这对于乡村文化振兴起到了举足轻重的作用。

4. 参与乡风文明建设,打造生态宜居乡村

乡风文明是乡村社会风气的进步状态,是乡风中摒弃了消极成分后的精华部分,是乡村优秀文化的重要组成部分。加强乡风文明建设是实现乡村全面振兴的内在要求,是促进乡村全面发展的重要推动力。[1] 加强乡风文明建设就必须传承乡村文化中自然、淳朴、静谧的文化品格,发扬新时代中国特色社会主义先进文化对乡村文化的引领作用,展现新时代中国特色社会主义先进文化因子。[2] 因为它可以引导乡民养成科学文明的生产生活方式,帮助乡民提高思想道德素质,为乡村振兴提供思想保证和精神动力。乡村振兴战略中,许多乡村教师主动发挥自身优势,为乡风文明建设贡献聪

---

[1] 徐学庆.乡村振兴战略背景下乡风文明建设的意义及其路径[J].中州学刊,2018(9).
[2] 蒲实,孙文营.实施乡村振兴战略背景下乡村人才建设政策研究[J].中国行政管理,2018(11).

明才智。

"其实作为乡村教师,自己能为村里做的都是一些力所能及的小事。比如过年回家,我会主动买红纸写春联送乡民,尤其是村里那些留守老人,有时过年了亲人也没回来,我就一边送春联,一边探望他们,给他们送上温暖。"(BWBS 老师个人访谈,2020年9月3日)

"乡村文化生活枯燥,乡民文化素养偏低,乡民闲暇时间喜欢凑在一起打牌九、搓麻将,甚至还赌钱。为了改变这种陋习,我们三位音乐和体育老师在村里组织了一支舞蹈队,免费为乡民提供舞蹈培训。开始只有五名妇女扭扭捏捏参加,后来影响逐渐扩大,现在有三十多人参加了,甚至有一半是男性。现在村子里的打牌声、搓麻将声被音乐声所取代,这不但改变了乡民的陋习,给村里带来文明的风气,而且对于乡村孩子而言,也起到社会环境净化的作用,我觉得这作用真的很大!"(BJZG 老师个人访谈,2019 年 12 月 18 日)

绿色是乡村发展和乡村振兴的底色,生态宜居是乡村振兴的直接目标。乡村振兴实现生态宜居就必须贯彻落实绿色发展理念,贯彻落实"绿水青山就是金山银山"理念,加强乡村资源环境治理与保护,维护好人与自然和谐共生的关系。建设好生态宜居的美丽乡村,让广大乡民在乡村振兴中有更多获得感、幸福感。① 乡村振兴战略中,许多乡村教师积极参与乡村生态文明建设,共同打造生态宜居的美丽乡村。

"在乡村生态环境保护方面,咱们学校教育这块主要是负责养成人们保护环境的意识。在课堂上,我们就环境问题对学生加以引导,教导学生爱护周边环境,多做保护环境的事儿。在课外,学校会专门打印环境保护相关的宣传材料,比如森林保护、森林防火等,让学生把宣传材料带回家让家长共同学习。"(BWBS 老师个人访谈,2020 年 9 月 3 日)

"许多乡民习惯焚烧稻草、麦秸和垃圾,我就主动跑去制止他们的行为。开始他们不理解,都说祖祖辈辈都是这样干的,还嘲笑我多管闲事。我耐心地向他们讲解这样

---

① 肖正德.乡村振兴所需人才培养与大农村教育体系构建[J].新华文摘,2021(13).

会污染环境,危害身体健康,最终他们被我说服了,改变了焚烧稻草、麦秸和垃圾的生产惯习。"(NZKM老师个人访谈,2019年12月5日)

"楠溪江是我们这儿的母亲河,'保护楠溪江,保护母亲河'是我校老师自愿发起的活动,我校有二十九名党员老师一起组成了党员志愿队,定期去江边捡垃圾。有时候也会组织学生参与到捡垃圾的活动当中,想通过这些具体的实践行动加强学生们的生态文明教育,毕竟楠溪江是我们大家的嘛,得靠我们一起保护。看着现在楠溪江又变得干净清澈了,我们打心眼里高兴。"(BZD老师个人访谈,2021年6月22日)

可见,在乡村振兴战略中,乡村教师在乡风文明建设和乡村生态文明建设方面发挥着重要的示范引领作用。

5. 协助乡村社会治理,改造乡村民众生活

实现乡村治理有效,是国家有效治理的基石,也是我国社会建设的基石。在当前乡村社会结构深刻转型的背景下,我国乡村治理中出现了不同程度的权力个人化、随意化和基层腐败等治理乱象。针对乡村治理中的问题,党的十九大提出加强健全自治、法治、德治相结合的乡村治理体系,达到治理有效的奋斗目标。[①] 要实现这一目标,就需要一支政治立场坚定、道德水平高、法治意识强,同时具有一定的威望、敢担当、且真心为群众的乡村社会治理人才。[②] 乡村教师作为乡村社会的知识分子群体,一方面是乡村儿童智识的启蒙者、教育者,另一方面又是乡村社会文化的象征和代表,其拥有的文化资本为其参与乡村社会治理提供了良好条件。

"我在鹤盛这个地方待了这么多年,家就住在鹤盛中学附近,既是学校的一名老师,也是这里的居民。除了在校给孩子们上课,每天也要与村里人打交道,所以他们有些大大小小的事也会经常找我帮忙。因为在乡亲们看来,我是老师,文化水平比他们高,见的世面比他们广,懂得道理比他们通透,特别是遇到写大字、立契约、排纠纷等事儿,他们总爱找我帮忙。他们来请我,一般都是先给我'戴戴高帽子',表示对我尊重,

---

[①] 赵永平.干好乡村事尤需真感情[J].农村·农业·农民(A版),2017(11).
[②] 肖正德.乡村振兴所需人才培养与大农村教育体系构建[J].新华文摘,2021(13).

再请我出面。我也就不推辞,乐呵地去帮他们。比如之前我们村里有两兄弟因为自家房子宅基地分配问题闹了矛盾,吵了好久也没商讨出个所以然,他们就找到我,让我出面主持公道。我就先对他们两兄弟做了思想工作,接着协助他们制定了一个具体的分配方案,最后还帮他们起草一份协议书,最终妥善地解决了他们兄弟俩的矛盾。"(BZAQ 老师个人访谈,2021 年 6 月 22 日)

"我们在学校教育教学工作之余,也帮助地方政府做点力所能及的事儿。譬如,在新冠疫情暴发期间,每个村的进出口都会派人进行检测、看守,由于当时政府人手不够,我们学校老师,包括我自己都被抽调过去,负责在村的进出口进行看守和来往人员的登记、检测等工作。"(BXBB 老师个人访谈,2021 年 6 月 22 日)

乡村教师作为乡村中知识与文明的带头人和先进技术的掌握者,除了参与乡村治理外,还对促进乡民生活改造、服务乡民幸福生活起着示范带头作用。通过访谈得知,乡村教师往往通过对乡民进行技术上的培训和生活方式的改变逐渐改善乡民的生活。

"我可算是咱村里的秀才,邻居在生活和生产过程中经常叫我帮忙。比如,为他们手机下载 App、为他们讲解药品说明书,尤其是在现代科技产品使用中遇到一些问题,肯定是要找我解决。有时我没放学或出差了,他们都要干等着我回来。在邻居的眼里,我似乎是个百事通。"(BXD 老师个人访谈,2020 年 1 月 8 日)

"职业教育在乡村振兴中大有作为,既可为乡村培养一大批中级技能型人才,为乡村振兴注入基础性的力量,又可送教下乡,为乡村带去现代科学技术。2010 年,国家出台了送教下乡政策。当时我们学校为响应国家的政策,就积极与村里联系,搞双带头人,即职业技术学校出知识带头人村里也出几个牵线的人,把知识送下乡。比如我们洛阳村,我们送去 200 多名学生让他们到村里各个地方培训老百姓相关的专业知识和技能,这样就把先进技术给送了下去。"(BQYP 老师个人访谈,2020 年 7 月 20 日)

"我退休后虽然不从事教育工作了,但是也不想就这样消停下来,也希望找些事情做。我觉得在过去经济不发达的时候,自己能不给村里拖后腿就行,现在自己发展得不错,应该多为村里做些事儿。村里到我们养殖场工作的,我们免费给他们进行相应的员工培训。他们在这里既能学到一些养殖技能,又能挣到钱补贴家用,这样也算为

乡村振兴尽了绵薄之力。"(RJJD 老师个人访谈,2020 年 8 月 25 日)

由此可见,乡村教师不仅能够向乡民传播现代科学技术,帮助乡民改造旧有生产方式和生活方式,而且能促进农业增效和乡民增收,促使乡民过上幸福生活。

(二) 乡村振兴战略中乡村教师新乡贤角色认同的动力因素

人对某一角色的认同与担当背后总会存在着一定的原因,无论是角色本身带给个体的吸引,还是外部因素的影响带动个体去主动选择角色,这些都属于个体角色担当的动力因素。通过访谈可以了解到,支撑乡村教师新乡贤角色担当的动力因素包括职业素养的内在要求、乡土情怀的内在驱力、相关政策的支持鼓励及乡村社区的认可服膺。

1. 道德素养是乡村振兴战略中乡村教师新乡贤角色担当的动力之本

道德素养是一名好教师的关键素养,决定着教师的工作态度、工作质量及对学生发挥的榜样作用。教师首先必须是学生行事的榜样,视听言动的模范。"师,所以模范人伦者也。"[1]师模或师范的意义,就在于他直接影响了学生,甚至铸就了学生。[2] 对于乡村振兴战略中的新乡贤而言,道德素养非常重要。良好的道德素养能使乡村教师在扎根乡村立德树人的同时,还热情服务于乡村振兴,且在新乡贤角色担当中服膺乡民。

"我觉得成为一名令乡村老百姓敬佩的乡村教师,首先要关心乡村孩子,爱护乡村孩子,用心教育乡村孩子。同时要为人正直,作风正派,甘于奉献。只有口碑好的乡村教师,才能为乡村老百姓称道,乡村老百姓有事才会请我们。品行欠佳的老师,老百姓首先是不敢请,结果只能是不会请。"(RCZR 老师个人访谈,2019 年 1 月 7 日)

"名声对于我们教师是十分要紧的,若是哪位老师声名狼藉,譬如教学工作敷衍塞责、生活不检点、违纪乱收费等,那么他(她)的名声在乡间是很臭的,乡民非常瞧不起

---

[1] 任兆麟.有竹居集[A](卷三)璩鑫圭等.中国近代教育史资料汇编[C].上海:上海教育出版社,1996:355.
[2] 徐梓.传统学塾中塾师的任职资格[J].教师教育研究,2006(7).

他(她),经常会在他(她)背后戳脊梁骨。这样的老师,毋庸说乡民在日常生产生活中请他(她)办事,就是有子弟在他(她)任教的班里,也是老大不愿意,有的家长甚至会到学校反映要求换人。反之,若是哪位老师师德高尚,教学工作认真负责,作风正派,那么他(她)在乡间就有好名声,就非常受乡民称道。这样的老师,若是乡民有子弟在他(她)任教的班里,就绝对是一件十分幸运的事,乡民非常喜欢与他(她)交往,在日常生产生活中遇到一些疑难事,经常会请他(她)帮忙解决。"(RWGX老师个人访谈,2019年12月5日)

"学校很重视我,刚入职就让我当上了班主任。我教三年级,班里仅有三十几个孩子,学校离家里也比较远,所以我就选择住校。尽管现实的工作环境和自己理想的学校是有很大的差距,但每次在课堂上看到乡村孩子们渴望知识的眼睛,感受到乡村家长们对我们这些知识分子的热情,我就想自己一定要当一名好老师,要对得起这份工作。由于我关心爱护乡村孩子,工作认真负责,因此赢得乡村学生家长们的尊敬与爱戴。"(BSGM老师个人访谈,2020年8月9日)

德行是一个人的根本,一个丧失了做人根本的人,是绝对不能充任为人师表的教师的。德行是对乡村教师最优先的要求,也是成为乡村振兴战略中新乡贤的先决条件。乡村教师只有自己具有了良好的品格和风范,才有可能扎根乡村完成立德树人的使命,才有可能在服务乡村振兴战略中获得乡民的认同与称颂。

2. 乡土情怀是乡村振兴战略中乡村教师新乡贤角色担当的动力之源

"情怀是情感态度与理念信念的统一体,它是个体某种情感价值的取向,也是个体行为的催化剂。"[①]乡土情怀对于乡村教师而言不仅仅是他们为乡村服务的情感基础,更是他们在乡村振兴战略中积极担当新乡贤角色的动力源泉。

"我打小就在这里长大,小学、初中、高中都在本地就读。高中毕业后考取天津职业技术师范大学。按照当时温州市教育局的相关政策,毕业后本来是可以分配在下面(位于县城的永嘉电大附属职业高级中学)的,但这里当时紧缺我所学专业(电气技术

---

① 黄俊官.乡村教师"去乡村化"情结及其化解[J].当代教育科学,2020(11).

教育)的专职教师,而且又是我的母校,感情比较深,加之我父母都在本地,我就回家乡任教了。"(NYXK 老师个人访谈,2019 年 12 月 5 日)

"那个时候是工作包分配,所以自己本身也没有选择的权利。后来虽然有机会出去了,但因为学校缺人,自己干得也还行,逐渐被推上学校管理的岗位,先成为教学点负责人,进而成为中心校校长。学校需要自己,自己也放心不下学校,也就不再想离开了。再者自己家就住在这儿,爹娘年岁大了也需要有人照顾,所以就一直选择留在乡村。"(BGSL 老师个人访谈,2020 年 7 月 13 日)

"大梁江是我的家乡,在我刚工作那会儿乡村教育基础非常薄弱,师资奇缺。但总有人需要到艰苦的地方去,更何况是自己的家乡需要自己,所以我就选择留了下来。"(RLWK 老师个人访谈,2020 年 7 月 26 日)

"毕业后我是自愿留在良都村的,其实现在如果再去选择,我仍然想留在村里。因为我就在这里长大,对这里很依赖,换句话说就是故土难离吧。我想一直在熟悉的环境工作与发展,这样压力也不会很大,自己能够协调好工作与生活,所以便留了下来。"(BWBS 老师个人访谈,2020 年 9 月 3 日)

可见,乡土情怀能使乡村教师记住乡愁,守望乡村,是乡村教师愿意扎根乡村立德树人的重要原因,也是乡村振兴战略中乡村教师积极担当新乡贤角色的重要动力源。

3. 政策鼓励是乡村振兴战略中乡村教师新乡贤角色担当的动力之基

国家政策对乡村教师而言不仅仅是鼓励的作用,还起着导向的作用,影响着乡村教师对于乡村工作的选择与坚守,影响着乡村振兴战略中乡村教师新乡贤角色担当的积极性和主动性。如 NZYM 老师谈到乡村特岗教师的政策,吸引她来到乡村工作;BLJH 老师谈到乡村教师的职称评聘和工资待遇的优惠政策,使她更希望留在乡村;BGSL 老师谈到国家政策对于乡村学校所产生的巨大作用,使得他在乡村中的工作更有劲头。

"现在国家政策非常支持乡村教师队伍建设,特岗教师三年后可以直接转正,待遇也不错,而且对乡村教师还有特殊津贴,所以我留在乡村学校工作感到心满意足了。"(NZYM 老师个人访谈,2020 年 7 月 11 日)

"国家一年比一年重视乡村教育,去年国家出台了一个政策,乡村教师教龄达到25年可以直接评为高级职称,所以自己现在的工作也有个奔头,愿意留在乡村学校任教。"(BLJH老师个人访谈,2020年7月12日)

"随着国家越来越重视乡村教育振兴,咱们鸽子岭小学也在不断向好的方面发展,我们的教育设施也在政府帮助下不断完善,现在每个教室里都有多媒体了。我们教师也在不断地学习与改变自己的教学模式,适应新时代发展需要,为乡村教育振兴尽力。"(BGSL老师个人访谈,2020年7月13日)

国家政策重视乡村教师发展,重视乡村教育振兴,这为乡村振兴战略中乡村教师新乡贤角色担当奠基。换言之,乡村教师发展,乡村教育振兴,乡村教师在乡村振兴战略中新乡贤角色示范引领作用的发挥,这一切都需要国家政策兜底。

4. 社区支持是乡村振兴战略中乡村教师新乡贤角色担当的动力之根

乡村教师服务乡村振兴仅凭乡村教师自己的一腔热血是很难长期进行下去的,最重要的是乡村社区能够接纳与认同乡村教师,这样乡村教师才能够感受到投身到乡村振兴的意义与价值,进而积极担当新乡贤角色,更好地、持久地为乡村振兴贡献智慧和力量。如BLJH老师在访谈中谈及与乡村社区的合作对于乡村学校文化丰富有着重要作用,BGSL老师谈及乡村学校的修建也离不开乡村社区的大力支持。

"乡村教师工作需要社区的支持。比如村里和学校一起帮助贫困生就读,落实控辍保学工作等。再有就是村里举办一些文化活动,如社火,会邀请学校学生参加,也会邀请老师们观看。与此同时,学校也会根据乡村的文化特色,相应开设一些校本课程。比如北横口村出过许多文人墨客,当地人也很喜欢诗词,校长就开设了诗词社团,一周一次活动,并把孩子们写的诗词汇编成册,作品还在市里获奖。又比如在南障村小学,开始主要让孩子们学习竖笛,把乡村民歌吹响起来,后来学校又开设了葫芦丝课程,并教孩子们学习舞蹈,这后来也成为这小学的一大办学特色。"(BLJH老师个人访谈,2020年7月12日)

"学校的发展在很大程度上是与乡村社区分不开的,就比如校舍扩建、设备完善等,都需要与村里商量,都需要村里支持。自己在教育上多用心一些,多做出一些成绩,村里就能够更加支持咱们学校的发展;反过来,村里越支持咱们学校的发展,我们工作就会更努力,我们就会更用心为乡村振兴服务。"(BGSL 老师个人访谈,2020 年 7 月 13 日)

综上,乡村社区支持环境和保障机制对乡村振兴战略中乡村教师新乡贤角色担当有很大影响。基于此,在全面推进乡村振兴战略的进程中,要充分发挥乡村教师新乡贤角色的示范引领作用,就需要构建社会支持体系。

三 乡村振兴战略中乡村教师新乡贤角色认同问题的表现与成因

担当新乡贤、助力乡村振兴是乡村教师义不容辞的文化责任,但是受诸多因素的影响,有一部分乡村教师对乡村振兴中新乡贤这一角色感到陌生甚至抵触,因而不能很好地服务于乡村振兴战略。本部分对乡村振兴战略中乡村教师新乡贤角色认同问题的表现及成因进行描述与分析。

(一) 乡村振兴战略中乡村教师新乡贤角色认同问题的具体表现

面对新时代所赋予的乡村振兴战略中新乡贤角色,一些乡村教师能够主动抓住机遇,积极担当新乡贤角色,满足乡村振兴战略的时代需求,在实行角色转型的同时实现自己的人生价值。但仍有一部分乡村教师或是受制于外部条件,或是受制于自身的意愿、知识和能力,表现出对乡村振兴战略中新乡贤这一角色的消极逃避或被动担当。

1. 乡村教师对乡村振兴战略中新乡贤角色的消极逃避

对乡村振兴战略中的新乡贤这一角色,有一些乡村教师表现为消极逃避。他们认为自己要完成的是学校教育教学工作,乡村振兴战略中新乡贤这一角色与自己的工作任务没有太大的联系,因而没有必要去担当这一新角色。

"咱们教师的工作任务是教书育人,我们大部分时间呆在学校里,对村里的事务不了解，所以参与的就比较少，况且我们也没有权利去管理村里的事务。"（BGSL 老师个人访谈，2020 年 7 月 13 日）

"因为咱们教师大部分的时间其实都在学校，对于乡村文化的探索尚且需要一定的兴趣和热情，更不要说处理乡村事务了。很多老师都是喜静不喜闹的，不愿意让自己卷入复杂的事务中去。再者，教师们时间和精力也有限，我们更多的是专注于教学业务，只有有闲暇时光的教师才有可能参与到乡村具体事务中去，这个时间在现实中对教师们来说是比较难得的。我们更愿意将这少量的时间留给自己和家庭。"（BSJM 老师个人访谈，2020 年 8 月 9 日）

有些乡村教师则是从自身能力出发，认为乡村教师无论从财力还是能力方面都很难担当起乡村振兴战略中的新乡贤这一角色。如 BGYM 老师所谈及的，乡村教师的现状就是既没有义务也没有财力，因而很难为乡村做些实事。又如 BWBS 老师所言，自己即使参与乡村振兴中，但是对于一些乡村事务的解决实在是力不从心。

"对于参与乡村振兴，我们教师一无权利二无财力，所以即使想去帮助乡村解决一些问题也会显得力不从心，因此大多教师都把劲儿使在学校教育教学工作上。"（BGYM 老师个人访谈，2020 年 7 月 14 日）

"处理村里的事儿是比较复杂的。记得那次村里修路，正好是周末，我就回老家帮忙，毕竟这也涉及自家门口街道的整修工作，所以就回去看一看。有一户人家，在整修工作进行的时候，非要拦着工作人员，告诉他们不许再整修了，原因是他觉得道路整修路面抬高会影响到自家雨天院里的排水。周围的人无论怎么劝说，那户人家就是不松口。后来我想了个办法就是让修路工作用仪器测量一下他们家院子和路面高度差距，最后显示路面修复肯定不会影响到他家排水的。可是那家还是不让修，最后的结果就是那条街因为这么一户人家，路到现在都没有修成。这只是我见过的一件小事，村里的事情其实不是谁说说理就能够解决的了的，所以许多老师也不愿卷到村里纷繁的事务之中。"（BWBS 老师个人访谈，2020 年 9 月 3 日）

通过访谈还了解到，乡村振兴战略中乡村教师新乡贤角色的逃避，还与乡村教师的离乡（包括工作离乡和思想离乡）有直接关系。正如 BLJH 老师所言，乡村对于教师而言发展空间较少,待遇与薪资不及城市,因而影响乡村教师的工作积极性和参与乡村振兴的热情。

"现代人与过去观念不同了,只要有更好的发展机会,大多乡村教师尤其是乡村青年教师还是希望去的。就比如我现在所在的梅庄小学吧,稳定下来的只有9位老师。如今青年教师的观念不如以前的了,以前的教师干劲十足,愿意琢磨与研究,即使在当时没有特别的物质奖励也愿意奉献,如今的青年教师一方面期待较高的工资待遇,另一方面钻研能力不够。我作为教导主任,平时给他们提的建议也比较多,但是青年教师就会觉得有些苛刻,总觉得工作做得差不多就行了,没有必要努力工作,更不用说参与乡村振兴了。"(BLJH老师个人访谈,2020年7月12日)

2. 乡村教师对乡村振兴战略中新乡贤角色的被动担当

在访谈中不难发现,一些乡村教师在谈及自己为乡村所做的事务时存在着一定的被动与无奈。如BLJH老师谈及的,由于乡村学校师资力量薄弱,许多乡村教师的工作都是超负荷运转,因此不得不被动完成一些"面子"任务。又如BSJM老师所言,有些事情原本不属于他们的分内活,但又必须去完成,因而只能是被动应付了。

"我是一线教师,除了教育教学工作实际上还要每天处理许多与教学并不相干的事情。我不仅教语文课,同时兼任教导主任。在学校的领导阶层,干的工作多而且比较杂,比如扶贫排查、听上级讲座、看视频截图后汇总材料并上交、组织学校各类活动并撰写方案和总结等,这些面子上的工作会挤掉我们很多时间。一些规模比较小的学校,师资不够,但工作量却一点都不少。规模大一些的学校,师资齐备,人员齐全可以各司其职、各尽所能。而在师资不足的小规模学校,校长主任既是领导又是干事,既是老师又是后勤,既管理教学又要管理德育,既要保证学校安全还要负责教师上课质量……这样,我们哪有功夫关注村里的事儿?"(BLJH老师个人访谈,2020年7月12日)

"我们乡村教师很累,有时并非因为教学工作累,而是有很多原本不属于我们的工作也不得不去做,这样就加重了我们的负担。久而久之我们就倦怠了,甚至想一有机会就调离学校。"(BSJM老师个人访谈,2020年8月9日)

乡村教师的被动担当还体现在他们不得不承担更重的教学负担。如 BGS 老师所说的,由于乡村中很多家长外出打工,学校中留守儿童很多,许多乡村教师在承担学校教育教学的同时,还要承担起对留守儿童实施家庭教育的责任。

"还有一个问题是咱们村里的家长对孩子的关注不够,家长基本上把孩子全权托付给了学校老师进行管理。村里有很多孩子是爷爷奶奶隔代照看,家长有很多到外地务工,所以乡村孩子在家庭教育这方面是比较缺失的,因此咱们乡村教师要承担的任务就更多了。"(BGSL 老师个人访谈,2020 年 7 月 13 日)

在谈及参与乡村治理话题时,也有老师分享了相关经历,但皆是协助政府工作人员,表现为被动参与。比如 BXBB 老师说道:

"我们鹤盛镇之前一直有许多享受国家低保津贴的贫困户,但是实际情况是有的享受低保津贴的农户其实已经不符合享有国家低保津贴的标准了,有的贫困户住上了大房子,有了固定的收入,理应进行排除。所以去年我们学校老师,包括我自己都被抽调出去,协同地方政府工作人员进入这些贫困户家中进行排查。他们政府工作人员牵头,我们老师就负责登记信息、拍照等这些协助性工作。有的贫困户知道我们是来登记信息的,当然不会给我们好脸色看,甚至与我们发生争执,我们也只能硬着头皮继续登记、协调。说句心里话,做这些工作挺破坏我们老师与乡民的关系的,但我们没办法呀,我们是被地方政府抽调过去的嘛。"(BXBB 老师个人访谈,2021 年 6 月 22 日)

综上,一方面由于乡村学校人手相对较少,乡村教师工作千头万绪,少有时间参与乡村事务。另一方面,许多乡村教师对于参与乡村振兴的文化责任认识不到位,认为参与乡村事务不是分内活,因而没有必要参与。基于此,乡村教师对乡村振兴战略中新乡贤角色担当就表现出被动与无奈。

(二)乡村振兴战略中乡村教师新乡贤角色认同问题的成因分析

乡村振兴战略中乡村教师新乡贤角色认同问题有多方面因素使然。正如有学者所言:"导致角色冲突的原因,一是社会缺乏统一、明确的角色期望,个人在扮演角色时很容易陷入迷茫和混乱;二是个体对角色期望缺乏相应的认知,因而在担当角色时没有真正履行角色规范。"①通过对乡村教师的个案访谈发现,导致乡村振兴战略中乡村教师新乡贤角色认同问题的成因有如下以下三个方面。

1. 乡村振兴战略中乡村教师新乡贤角色认同问题的个人原因

通过对乡村教师的个案访谈,进一步证实了前面问卷调查中发现的乡村振兴战略中乡村教师新乡贤角色认同问题产生的个人层面原因。

一是乡村教师新乡贤角色担当的意愿不强。乡村教师的社会属性是专业性与公共性的统一。对于乡村振兴战略中的乡村教师而言,其公共性越高,则其新乡贤角色担当的意愿越强;反之,其公共性越低,则其新乡贤角色担当的意愿越弱。通过对乡村教师的访谈,反映出乡村教师作为知识分子存在专业性与公共性的分裂。许多乡村教师公共性旁落,乡村振兴战略中新乡贤角色担当的意愿低迷。

"参与村里的事务,个人觉得这不在我工作职责范围之内。教师的工作任务本来就是教书育人,多关注其他的事儿肯定会影响我们本职工作的,所以我们教师一般不主动参与到村里的事务中去。对个人而言,我对自己的职责认识是很明确的,做好学校教育教学工作,这是我的本分!"(BZY 老师个人访谈,2021 年 6 月 22 日)

"参与乡村振兴,联系老百姓我觉得都是乡镇干部的事情,不是我们老师分内的事情。老百姓也只是把我们当成一名普通的教师存在,他(她)只是在自己孩子学习方面有事儿才来找我们。我们也只能在学习方面能够帮助乡村孩子。"(NCSQ 老师个人访谈,2021 年 6 月 22 日)

"对于乡村振兴,说句心里话,我真的没有认真思考过和亲身实践过,我觉得我们老师将课上好就万事大吉了。培养学生是我们的天职,对于乡村振兴跟我们好像没有直接的关系,发展乡村、振兴乡村,应该是政府的事情。"(NXAN 老师个人访谈,2021 年 6 月 22 日)

"我们乡村教师实际上并未真正了解什么是乡村振兴。在我们的认识里,乡村振兴就是要把乡村建设越来越好。但对我们教师而言,这件事情是比较模糊和遥远的,

---

① 边燕杰,陈皆明.社会学概论[M].北京:高等教育出版社,2013:99.

似乎与我们自身工作并没有什么直接的联系,我们只知道做好自己教书育人的本职工作就好了。"(BZJC老师个人访谈,2021年7月22日)

由此可见,许多乡村教师对其公共属性认知程度偏低,认为自己的工作只要将书教好就行了,而村里的事务,不在其工作职责范围之内。乡村振兴只是政府的工作,跟自己没有直接的关系,因而其乡村振兴战略中新乡贤角色担当的意愿十分低迷。

二是乡村教师新乡贤角色担当的知识和能力不足。乡村振兴包括乡村产业振兴、乡村人才振兴、乡村文化振兴、乡村生态振兴、乡村组织振兴,作为乡村知识分子群体,乡村教师在乡村振兴背景中不仅仅需要具备专业化的知识与能力,更需要具备服务乡村振兴的地方性知识和特殊能力。唯有如此,才能够参与到乡村的振兴中去,真正为乡村振兴贡献自己的智慧和力量。通过访谈不难了解到,当今的乡村教师相比过去而言,虽然在其工作的专业性方面有所增强,但是服务振兴的地方性知识和特殊能力不足。正如BSJM老师所谈及的,现在的乡村教师不仅不了解乡村事务,而且不具备解决乡村具体事务的能力。BWBS老师更是坦言自己不具备相应的知识和能力来解决乡村产业振兴方面的事务。

"以前私塾里的先生还能帮助村里人写状子,调解纠纷,一方面是村里人都十分敬重这样有文化有知识的人物,另一方面私塾里的先生对乡村生活也有着十足的了解。而现在的乡村教师并不太了解乡村具体事务,尚不具备解决乡村事务的能力。"(BSJM老师个人访谈,2020年8月9日)

"乡村产业这块,我自己没有涉及。自己工作本身与乡村产业这块联系很少,所以一方面是不了解,另一方面是不具备相应的知识和能力,所以难以在乡村产业振兴这方面出力。"(BWBS老师个人访谈,2020年9月3日)

"我本生在县城、长在县城,前年大学毕业考编到这里。我家住县城,上了课就匆匆驱车赶回家里。我是乡村社会的陌生人,对于乡村,我真的是不了解!因为对乡村不了解,村里的事情说不上话,怎么能够参与乡村事务呢?"(NLJQ老师个人访谈,2021年6月22日)

"我们乡村事务与日常教育教学活动中的事务存在很大的差异性。我们在日常生活中接触到的人员大部分是乡村教师和乡村学生,接触的人群思想都比较单纯,往往学校布置一项任务,教师和学生就会立即动员起来,大家齐心协力完成任务。但在乡村振兴中所涉及的事情可就复杂多了,因为在乡村这个地域和资源有限的地方,乡民们难免比较看重个人利益。处理乡村事务,其实需要协调许多利益关系的。因此,我们如果要处理乡村事务,就远不止像处理学校事务那样单纯的了。这对于我们乡村教师而言,是很大的挑战,因为我们缺乏处理复杂的乡村事务的能力。"(BZJC老师个人访谈,2021年7月22日)

由于乡村教师不了解乡村,解决乡村事务的地方性知识和特殊能力不足,因而难以助力乡村振兴。由此,乡村振兴战略中乡村教师在专业发展的同时,还需要累积乡村社会的地方性知识,提升服务乡村的综合能力,进而更好地参与到乡村振兴中去。

三是乡村教师新乡贤角色担当的时间不济。乡村振兴战略中乡村教师新乡贤角色担当要具备一定的条件,除了要具备担当新乡贤角色的主观意愿、地方性知识和特殊能力外,还需要乡村教师有一定的时间参与。然而,乡村学校大多缺编,尤其是乡村小规模学校人手更少。许多乡村教师的工作任务已经超负荷了,参与乡村事务,服务乡村振兴,那就成为空谈。

"我们乡村小学老师几乎要包班上课,上完一天的课,还要完成批改作业、辅导学生、安排课外活动等工作。我们每天忙得像陀螺一样转,哪有闲暇的时间参与乡村振兴?"(BXD老师个人访谈,2020年1月8日)

"时间不允许我们参与乡村事务呀!一方面教师们的时间是有限的,平时我们忙于备课、上课、改作、开会、教研、培训等,这些活动基本上占据了我们大量时间,所以少有时间去参与乡村事务。另一方面,教师们的业余时间更多愿意留给学生和自己的家庭生活,主动助力乡村的积极性还是有待提高的,所以如果上级没有硬性要求,很少有老师主动去奉献乡村。"(BQYP老师个人访谈,2020年7月20日)

"我很少参与村里的事务,也不是自己不想参与,只是实际情况不允许我们老师参与。因为我们中学是寄宿制学校,我们老师们周一到周五都在学校里工作,一日三餐也都在学校解决。周末离家比较远的教师就会选择留在学校,离家近的也会趁着周末陪陪家人,再加上我们中学不像小学,还有升学的任务,所以工作压力也比较大,很少有教师有闲功夫去关照村里的事情。"(BZXY老师个人访谈,2021年6月22日)

"我不是本地人,我是通过考编才当上了这边的乡村教师,所以这里对于我而言比较陌生,我对这里的了解仅限于学生的学习和家庭两个方面。因为我平时是住校,只有周末的时候才能回家,时间安排得都比较满。可以说周一到周五我是把自己交给学校和学生,周末把自己交给家庭,连属于个人的时间都很少,所以几乎没时间去顾及其他的事情。"(BYYY老师个人访谈,2021年6月22日)

"我们老师们对乡村里其他的事情不关注也是有原因的,因为乡村学校的工作量是比较大的。虽然我们的工作时间看起来与城镇里没什么区别,但是实际上我们工作的时间界限非常模糊,比如下午下班本来应该是在四点钟,但有时候不得不在学校里备课、批作业,所以真正的下班时间可能在晚上六点。再者,乡村的孩子与城里的孩子不一样,他们很多都是留守儿童,需要我们付出更多的精力和时间去陪伴,这边的家长们对孩子们也很少监督,所以我们在孩子们身上费心就比较多了。"(BZHJ老师个人访谈,2021年6月22日)

众所周知,参与乡村事务,服务乡村振兴,需要必要的时间保障。由于乡村教师教育教学工作繁忙,因而无暇顾及乡村事务,服务乡村振兴即使心有余而时间也不济。

2. 乡村振兴战略中乡村教师新乡贤角色认同问题的社会成因

从社会方面考察,乡村振兴战略中乡村教师新乡贤角色认同问题是由于乡村教师的社会地位偏低和乡村振兴战略中乡村教师新乡贤角色担当的政策支持力度不足使然。

一是乡村教师的社会地位偏低。经济地位是乡村教师社会地位高低最直接的表现。尽管我国乡村教师工资水平在逐年提高,但是其实际工资水平远不如城市教师,乡村教师的经济地位仍低于城市学校教师。有研究指出我国乡村教师中有80%以上对自己的工资不满意。[①] 在对乡村教师的访谈中,关于经济地位偏低问题多次被提

---

① 邓亮,万文涛.乡村教师队伍建设的现状调查与对策[J].教学与管理,2020(33).

及。另外,又有乡村教师提及,他们在乡村社会威望偏低,缺少话语权。

"咱们乡村教师的工资待遇跟城市教师相比还是有很大的差距。就拿发给教师的精神文明奖来说吧,市里每位教师每年精神文明奖和目标奖加起来有3万元,而我们乡村教师仅拿到8千元。"(BLJH老师个人访谈,2020年7月12日)

"我们从事教师行业的虽然也会得到大家的尊重,但相比之下人们对于其他职业的向往程度与教育行业是不同的。……的确咱们乡村教师在薪资待遇上比不上城里教师,干的工作是一样的,但因为地域的不同导致薪资待遇不一,难免会让乡村教师产生心理上的落差,导致乡村学校教师'引不来''留不住'。"(BGSL老师个人访谈,2020年7月13日)

"我们乡村老师地位不高,尤其是我们这些年轻老师,在乡村社会没有话语权,在乡民心里没什么权威。要是我们去给他们做生产和生活指导,他们根本不会听我们的。"(BGHP老师个人访谈,2021年6月22日)

"村子里一直流传着'家有五斗粮,不当孩子王'这一俗话,在乡民眼中乡村教师充其量是个孩子王。因此乡村教师在村里实际上是没有什么社会地位的。尽管当今社会提倡尊师重教,但事实上乡村教师的社会地位并没有国家期待的那么高,因为工资与发展前景就在那明摆着,乡村教师在社会上仍旧处于弱势群体。"(BZJC老师个人访谈,2021年7月22日)

无论是跟自己同行业的城市教师相比,还是与其他不同职业相比,当下乡村教师的待遇都还处于劣势。这无疑导致乡村教师心理失衡,难以坚守乡村,乡村振兴战略中新乡贤角色的担当无从谈起。再者,乡村教师在乡村社会的地位及话语权是影响其能否成功担当乡村振兴战略中新乡贤角色的重要影响因素。由于乡村教师的社会地位偏低,在乡村社会缺少话语权,导致其在乡村振兴战略中新乡贤角色的认同危机问题。

二是政策支持力度不足。政策的鼓励是乡村教师奉献乡村社会的动力,是乡村教师开展相关工作的导向。然而,通过对乡村教师的访谈发现,尽管近年来国家非常重视乡村教师发展,但其政策支持力度还是不足,乡村振兴战略中乡村教师新乡贤角色担当缺失政策托底。

"我们为乡里做贡献的热情,与政府是否对我们的关心与支持有很大的关系。像我工作了一辈子了职称还是小教中级,本来按自己的工作业绩和能力,职称会更高一些的,其实这一直是自己退休后觉得有些遗憾和寒心的地方。职称关联着教师个人的晋升、待遇问题,一旦职称没评上,教师的付出和收获没能够成正比,久而久之教师的教学热情就会渐渐泯灭,这自然而然会影响我们为乡里做贡献的热情。"(RJJD老师个人访谈,2020年8月25日)

"退休后,我想为村里做些什么,在实际操办的时候的确有些力不从心。比如我想出版关于乡村文化的书籍,那个时候无论是村里还是相关单位对我的支持也仅仅是精神上的鼓励,最后是我自己出钱自己出版的。后来村里旅游业发展起来后,自己的讲解被更多人认可,书籍的出版经费才有着落。"(RLWK老师个人访谈,2020年7月26日)

"我们也懂得乡村振兴战略的社会意义,我们觉得理应为乡村振兴做些事儿。但是上头没有出台指导我们参与乡村振兴的具体政策和条例,我们既不知道应该为乡村振兴做些什么,也不知道如何为乡村振兴服务。另外,即使我们去做了,上头在考评教师业绩时也不会考虑乡村教师为乡里所做的贡献。"(BGHP老师个人访谈,2021年6月22日)

"我觉得目前对乡村教师鼓励方面,缺少有关参与乡村振兴方面的奖励制度。目前我们学校设置的奖金大部分是关于教学方面的,尽管奖金并不多,但也能够起到一定的激励作用。对于乡村振兴而言,虽然乡村教师理应主动参与,但缺乏一定的外部激励,仅凭提升教师的觉悟还是不能够调动他们的行动力的。"(BLJH老师个人访谈,2021年7月22日)

目前,虽然国家注重乡村教师新乡贤的引领示范作用,但是地方政府和教育行政部门尚无出台支持乡村教师参与乡村振兴的具体政策和鼓励措施,因而严重制约了乡村振兴战略中乡村教师新乡贤角色的担当。故此,国家在赋予乡村教师文化使命和文化责任的同时,需要地方政府和教育行政部门在政策方面给予一定的鼓励与支持。

3. 乡村振兴战略中乡村教师新乡贤角色认同问题的文化成因

从文化方面考察,乡村振兴战略中乡村教师新乡贤角色认同问题是由于传统乡村文化的疏离、传统教学文化的羁绊、现代都市文化的冲击和当今网络文化的影响使然。

一是传统乡村文化的疏离。乡村是生产空间和生活空间相融合的共同体,乡村成员在长期的生产生活中形成并逐步发展起来的一套心理、思想、观念和行为模式,以及表达这些所生产出来的种种成品,即为乡村文化。① 它是乡村场域中人与人、人与自然长期互动的产物,是一种历时性文化系统,主体部分形成于过往的即为传统乡村文化。传统乡村文化规范着乡村成员的生产生活方式,维系着传统乡村社区的秩序格局,哺育着乡村成员的物质与精神生活需要。地大物博的自然地理条件、低水平的生产力和自给自足的小农经济模式、"大传统文化"(儒家文化)和国家政治结构三者相互作用,共同铸就了我国传统乡村文化。② 随着城镇化进程的快速推进,现代文明以强势的姿态侵入乡村地区,稳定静谧的乡村生活秩序和道德秩序被打破,过往以家风宗训、村规民约、乡俗习惯等为表现实体的传统乡村道德伦理日益消解,颇具权威的传统乡村文化的话语权日益失落,丰富的乡土自然资源和以乡村精英为主的人力资源相结合的传统乡村文化资源日益流失,传统乡村文化因创生力不足而日渐式微。乡村教师与传统乡村文化疏离使得乡村教师始终未能嵌入乡村文化的意义之网,难以对传统乡村文化产生认同。虽肉身处于乡村社会,但其自我存在的精神之根却始终难以落地,乡村振兴战略中乡村教师新乡贤角色担当的动力不足。③

"过去我们与老百姓日常生活联系很紧密,乡村老百姓没几个人识字,他们写书信多要请我们代笔。我们在村子里的威信很高呢,村里边许多民间纠纷,也要请我们调解,因为乡民认为我们是知识分子,说的话有分量,他们准听。而现在完全不同了,乡

---

① 张中文.我国乡村文化传统的形成、解构与现代复兴问题[J].理论导刊,2010(1).
② 赵玉祥,金晓秋.中国传统乡村文化的形成析要[J].行政论坛,2000(6).
③ 肖正德,谢计.新生代乡村教师之乡村"局内人"文化身份建构——基于地方性知识教学的视角[J].中国教育学刊,2021(11).

村教师每天都是与学校里的人打交道,尤其是'走教'老师一下课就急着回城,所以现在是乡村教师不了解乡民,乡民也不了解乡村教师,乡村教师的威望在乡民心目中就很难树立起来。"(RCZR 老师个人访谈,2020 年 1 月 7 日)

"我虽然在乡村,可是学校是学校,乡村是乡村,学校与村里除了在孩子们上学的问题上有联系之外,其他的联系是比较少的。作为乡村教师,我们对乡村传统文化的了解不够,与乡民关系疏离,所以我们的确没能为乡村振兴做些什么。"(NZYM 老师个人访谈,2020 年 7 月 11 日)

"关于乡村传统文化,我们年轻老师确实不了解;关于乡村社会事务,我们基本不参与,其实也参与不进去,因为我们与乡村传统文化之间存在一定的疏离感。学校相对于外界其实就像一个封闭的小社会一样,我们关紧学校的大门,很少与乡民打交道,所以我们与乡民之间基本上不认识彼此,更不要说参与人家的事儿了。"(BYYY 老师个人访谈,2021 年 7 月 27 日)

"我不是土生土长的,我是来自外地的,对本地传统文化了解得太少,我们对学校所在的村庄并不熟悉,对乡民本身就存在一定的距离感,这怎么能够很好地参与乡村振兴呢?"(BSJM 老师个人访谈,2021 年 6 月 22 日)

乡村学校是乡村教师与乡村社区联系的天然通道。然而在现实中,这一通道不仅没有打开,反而使乡村教师与乡村社区的间隔日渐日远,乡村传统文化日益式微。在乡民看来,现代的乡村教师只是在自己孩子想学点知识时才有用,并不会成为所有乡民的精神依赖,乡村教师的社会地位大大下降,与传统乡土文化愈加疏远与对立[①],乡村振兴战略中乡村教师新乡贤角色陷入认同危机。

二是传统教学文化的羁绊。文化具有历史传承性和强大的弥散性。长久以来,源远流长的中国传统文化深刻地影响着我国社会文化的发展,学校作为传承、发展文化的组织,发生于其中的各项活动极易受到传统文化的影响,传统文化就为传统教学提

---

① 陈华仔,黄双柳."磨盘"中的乡村教师自我的丢失[J].上海教育科研,2013(11).

供了生长的背景,决定了其本质的特点。① 传统教学文化是根植于传统文化,形成于长期的教学活动中关于教与学的思想观念及相应的行为方式。现实的经验表明,在乡村教师的教学活动中依然随处可见传统教学文化的魅影。尤其是传统教学文化功名化的价值取向给我国乡村孩子的读书观蒙上了浓厚的功利主义色彩,通过读书求学成了逃离乡村、远离农业、改变农民身份、改变家庭面貌的唯一路径。缘此,乡村学校在某种程度上比城市学校更注重教学的升学功能,考试成绩成为评判教学质量的唯一标准,通过考试升学,摆脱贫寒出身成为众多乡村学子的人生追求。

"虽然我们地处乡村,但是上级、学校及乡民还是以分数为唯一指标来评价我们的教学工作!如果学生考试成绩不佳,哪怕你为乡村振兴做出多大的贡献,也是白搭!所以,我们学校不鼓励我们去参与乡村事务,我们自己也不愿不敢去参与乡村事务。说一千道一万,就是怕影响学生的考试成绩。"(BLZD老师个人访谈,2019年12月6日)

"现在对我们教师的评价都是考核制,考核的内容最主要的还是看学生的成绩,可以说学生成绩的好坏与我们的工资和绩效紧密相关。但服务乡村对于我们教师而言非常模糊,什么算是服务乡村?服务乡村对于我们乡村教师而言有没有实际的奖励?这些都是很现实的问题。所以与我们教师切身利益相关不大的事情,的确很难吸引我们的注意。"(NTXX老师个人访谈,2021年6月22日)

"乡村振兴实施中乡民没有诉求我们一定要为村里做些什么,他们最大的期待还是自己的孩子在升学考试中能取得好成绩,将来考上大学以逃离乡村。因此,他们对乡村教师最普遍的认识是:某某老师书教得好,他(她)是一位好老师;某某老师书教得不好,他(她)是一位孬老师!"(BYYY老师个人访谈,2021年6月22日)

"尽管现在的教育越来越注重培养学生的核心素养,但在实际中,考试是教师和学生必须要面对的。所以,我们很是无奈,我们别无选择,现实迫使我们必须将大量的时

---

① 肖正德.农村中小学教学改革中的文化冲突问题研究[D].兰州:西北师范大学博士学位论文,2008:132.

间和精力花费在教学工作上。作为乡村知识分子的一员,我们理应积极参与到乡村的振兴中去,但倘若我们将大量的时间投入乡村事务,不仅会影响到教学工作和学生成绩,而且还会被乡村孩子的家长看成是不务正业。"(BSJM 老师个人访谈,2021 年 7 月 27 日)

从某种程度上来说,乡村教师对某一种文化的固守可以看作是其跨文化生存的信心与能力的缺乏,因而他们只能将自己完全封闭起来或者在自己已经适应的文化中寻找精神寄托。① 传统教学文化功名化的价值取向深刻地割裂了乡村教师、乡村儿童与乡土文化的情缘,动摇他们理应坚守的振兴乡村文化的信念,在一定程度上羁绊乡村振兴战略中乡村教师新乡贤角色担当。

三是现代都市文化的冲击。城市化是推进入类社会发展的主要形式,作为一种人类生活方式的都市生活俨然占据主导地位。与乡村相比,城市是以非农业活动和非农业人口为主,具有一定规模的建筑、交通、绿化及公共设施用地的聚落,是一定范围内政治、经济和文化的中心,最大功能就在于以更快捷的速度和更迅猛的方式吸纳着各种物质精神文化,从而不断地发展、壮大。② 城市文化则是城市成员在城市发展过程中所创造的以及从外部吸纳的思想价值观念及其表现形式。③ 从城市社会学的视角来看,都市是人类城市发展的高级空间形态,都市文化则是形成于这一空间中、代表着人类城市文化发展的高级精神形态和当代世界精神生产与消费的话语中心。④ 在现代都市文化的冲击下,乡村文化价值体系分崩离析,利益的驱动几乎淹没一切传统乡村社会文化价值,而成为乡村社会的最高主宰。⑤ 人们已经习惯傲居在以现代都市文化堆积的高台上俯瞰乡村文化世界,乡土文化似乎逐渐沦为都市文明的比照与补充。亲历过现代都市文化浸染、置身于城乡文化碰撞之间的乡村教师很难不被都市文化的强势性所左右,很难不为发达的都市生活所动容。城乡比照下形成的巨大文化落差

---

① 高小强. 乡村教师的文化困境与出路[J]. 教育发展研究,2009(7).
② 单霁翔. 关于"城市"、"文化"与"城市文化"的思考[J]. 文艺研究 2007(5).
③ 杨章贤,刘继生. 城市文化与我国城市文化建设的思考[J]. 人文地理,2002(4).
④ 刘士林. 都市与都市文化的界定及其人文研究路向[J]. 江海学刊,2007(1).
⑤ 刘铁芳. 乡村的终结与乡村教育的文化缺失[J]. 书屋,2006(10).

使他们往往心有不甘,在情感上产生对乡土社会的抵触情绪,迷失在对都市现代性的无限想象之中,现代都市文化对乡村教师新乡贤角色担当产生了巨大的文化冲击力。①

"其实像我们年轻的教师不如老一代的人对村里的事情那么上心,是因为我们看似在村里工作,实际上对乡村的事情没有什么概念。我们对于乡村的记忆其实仅有小时候的那点,因为高中毕业以后,村里的年轻人要么就考出去念书,一读就读好几年才回来,要么就在比较繁华的城市里工作,在这期间接受的东西大部分与乡村没有什么关联,而且城市对于我们而言各方面又很有吸引力,所以就算我们回来了心思也都在乡外,很少有主动愿意留在乡村的。我们这些通过考编过来的老师,尽管工作在乡村,但实际上有十几年都是在城市里渡过的。村里这十几年肯定也在发生着变化,但我们对这些变化基本上一无所知,回来只能够看到乡村现有的样子,乡村里的人和事对于我们而言是既熟悉又陌生,我们可以说是村子里的陌生人。"(BZXY 老师个人访谈,2021 年 6 月 22 日)

"我是本地人,想当年考大学主要是为了跳出'农门',成为国家干部,脱掉'农村人'的帽子,梦想着在城市找到自己的归宿。然而,大学毕业后考公务员四处碰壁。在现实面前,我只得回乡考中学教师编制,这对于我来说是无可奈何的选择!我原本想通过考大学,逃离贫穷落后的乡村。而如今又回到这凋敝的乡村社会、成为一名乡村教师,对于我来说简直是失望甚至是耻辱!在一些乡民的眼里,我回流到乡村,那是没本事!"(NLJQ 老师个人访谈,2021 年 6 月 22 日)

"我们成为城市文化与传统乡土文化的边缘人,在城市人看来,我们仍然是一个乡巴佬,因为我们生活的环境与城市有着天壤之别;而在乡村人看来,我们又像城里人,因为我们不干农活,远离乡村的事物,不关心乡村生活,我们的言行举止都学着城里人的一套。就这样,我们被看成是生活在乡下的城里人,我们的文化生存状态好尴尬

---

① 肖正德,谢计. 新生代乡村教师之乡村"局内人"文化身份建构——基于地方性知识教学的视角[J]. 中国教育学刊,2021(11).

哦!"(NCYP 老师个人访谈,2021 年 6 月 22 日)

城镇化过程带来乡村生活的凋敝,严重打击了受过城市文明熏陶但留在乡村学校为乡村孩子播撒城市文明的乡村教师的文化自信,引发了乡村教师对乡村文化和新乡贤角色的认同危机。诚像有学者所言,"在他者规训异化和与自我统整迷失的双重交构下,乡村教师的文化符号象征意义几近丧失、内在根本质素遭致否定、社会身份角色日益游移不定。"①

四是当今网络文化的变革。当今网络已经成为社会人们生活中不可或缺的重要部分,甚至潜移默化地改变了人们的工作与生活。网络文化是以网络信息技术为基础、在网络空间形成的文化活动、文化方式、文化产品、文化观念的集合。网络文化是现实社会文化的延伸和多样化的展现,同时也形成了其自身独特的文化行为特征、文化产品特色和价值观念和思维方式的特点。随着移动智能终端设备的快速普及,乡民的行为习惯被迅速改变,这种改变影响到了乡民生活的方方面面,可以说网络文化颠覆了乡民延续几千年的传统生活方式和行为习惯。

"过去不识字的乡民找我们乡村老师代写书信或读信是常事,这也是老一辈乡村教师联系乡民、服务乡民的主要方式。随着互联网的普及,网络逐渐取代了书信成为了人们沟通交流的主要方式。现在乡民与远在千里的亲人联系,只用发一下微信就行。即使不识字的,也可以发语音,现在乡民根本无需找我们乡村老师代写书信或读信了。"(RWGX 老师个人访谈,2019 年 12 月 5 日)

"过去乡村交通不便,乡民很少进城。我们乡村教师每次进县城开会,许多乡民都会嘱托我们帮他们代购一些生活必需品。现在乡村都开有小超市,快递几乎也能送到村里,乡民足不出户就能购物,根本不需要我们帮他们代购生活必需品了。"(RWGX 老师个人访谈,2019 年 12 月 5 日)

"我感觉我们自身与乡民的沟通和日常的交集太少了,这也是我们难以参与到他

---

① 容中逵. 他者规训异化与自我迷失下的乡村教师——论乡村教师的自我身份认同危机问题[J]. 教育学报,2009(5).

们生活中去的一个原因。因为现在科技也比较发达了,随着网络文化的普及,乡民们在生产和生活中有什么疑难问题,一般都能够通过查电脑和手机自行解决,所以不需要请我们帮他们去解决了。"(BLJH 老师个人访谈,2021 年 7 月 24 日)

  互联网的日益兴起,根本上改变了乡民的生活方式,极大地改变乡村社会关系,深刻地解构了乡村教师的传统乡贤角色。乡村振兴战略中,如何重建乡村教师与乡民的关系,如何形塑乡村教师的新乡贤角色,成为互联网时代一个值得深思的问题。

第六章

乡村振兴战略中的乡村教师新乡贤角色之建设策略

第六章 乡村振兴战略中的乡村教师新乡贤角色之建设策略

乡村教师是乡村知识分子的重要组成部分,是乡村经济社会发展的承载者和创造者,是乡村社会发展不可或缺的力量。[①] 当前,我国正处于全面推进乡村振兴的关键时期,按照党中央提出的产业兴旺、生态宜居、乡风文明、治理有效、生活富裕的总要求,加快推进乡村振兴战略步伐。乡村振兴战略中的乡村教师要重新找回公共身份,回归乡村教育者与乡村建设者的双重角色,主导乡村教育现代化的同时助推乡村社会经济现代化,在乡村振兴战略中发挥着积极的行为示范作用和价值引领功能,彰显乡村教师之于乡村振兴的重要意义。[②] 当前,要制定乡村振兴战略中乡村教师新乡贤角色规范、强化乡村振兴战略中乡村教师新乡贤角色意识,形塑乡村振兴战略中乡村教师新乡贤角色形象,构建乡村振兴战略中乡村教师新乡贤角色机制,促进乡村振兴战略中乡村教师新乡贤角色的成功担当。

一 制定乡村振兴战略中乡村教师新乡贤角色规范

为了给乡村教师新乡贤角色担当提供强硬的后台支撑,同时又给乡村教师新乡贤角色担当把握正确的方向,新时代乡村振兴战略中既需制定乡村教师新乡贤角色担当的支持政策,又需建设适当的角色行为规范。

(一)制订支持政策,提供乡村教师新乡贤角色担当的强硬后台

新时代乡村教师"走向"新乡贤的国家政策空间,是乡村振兴战略中乡村教师新乡

---

① 吴桂翎.乡村教师:乡村知识分子的消解与回归[J].学术界,2016(5).
② 闫闯.走向"新乡贤":乡村教师公共身份的困境突破与角色重塑[J].教育科学,2019(4).

贤角色担当的强硬后台。2018年1月，中共中央国务院颁布的《关于实施乡村振兴战略的意见》中强调，优先发展农村教育事业，通过教育助力农村思想道德建设、移风易俗行动、新型职业农民培育、农村专业人才队伍建设。嗣后中共中央、国务院颁布的《关于全面深化新时代教师队伍建设改革的意见》和教育部等六部门颁布的《关于加强新时代乡村教师队伍建设的意见》两份文件，虽为乡村振兴战略中乡村教师新乡贤角色担当提供了一定的政策依据，但仔细分析会发现，国家层面的乡村振兴战略中乡村教师新乡贤角色担当政策缺乏系统性，多数只是作为一种辅助性的政策内附于其他政策文件中，缺少具体、可操作的政策条例，且由于分散和简短，它们更多地作为一种改革的口号和原则来提倡，现实指导性不强。国家层面专门文件的缺乏，弱化了乡村振兴战略中乡村教师新乡贤角色担当的合法性，致使乡村教师新乡贤角色担当缺失强硬的后台支撑。大多数乡村教师认为，自己担当新乡贤角色无章可循、无法可依。故此，要通过制订具体、可操作的政策条例，给乡村教师新乡贤角色担当提供行动的指南和建议。一是各地方政府要制订适合本地区实际的注重乡村教师新乡贤角色示范引领作用发挥的政策条例，形成必要的政策扶持机制，为促进乡村教师新乡贤角色担当托底。二是各地方政府要自觉采取配套措施，保障落实乡村教师新乡贤角色担当相关政策，让政策切实"落地"；三是要建立各级督促机构以保证乡村教师新乡贤角色担当相关政策得到科学执行，让政策执行得到"监督"。[①] 立足于支持性政策，乡村振兴战略中的乡村教师更加能以"新乡贤"身份登上公共性的舞台，[②]在完成乡村学校教书育人工作的同时，积极发挥新乡贤的示范引领作用。

(二) 规定行为规范，确保乡村教师新乡贤角色担当的正确方向

角色行为规范，是指角色担当者在享受权利和履行义务过程中必须遵循的行为规范或准则。角色的基本特征来自每一类角色都有一组由社会为之规定的、由角色行为

[①] 唐智松,高娅妮,王丽娟.乡村教师如何助力乡村振兴——基于职业作用的调查与思考[J].现代远程教育研究,2020(3).
[②] 闫闯.走向"新乡贤"：乡村教师公共身份的困境突破与角色重塑[J].教育科学,2019(4).

规范模式决定的,并与其所处地位、身份、职位相符合的特殊行为。不同角色相互区别的关键,就在于它们各自具有一组特殊的行为,这些特殊的行为共同构成行为规范模式。行为规范是角色的基本要求。角色行为规范保证角色权利的运用和角色义务的履行,防止角色担当行为越轨;限制与约束个人的行为,使之成为能为社会所接受的行为,在社会影响个人中起中介作用;使社会规范落实为个人社会模式,保持社会生活的稳定有序。① 角色行为规范是调节人类个体行为使之符合社会需求的指示器,在人类社会生活中具有重要的功能。因此,新时代乡村振兴战略中,要规定乡村教师新乡贤角色的行为规范,以便于乡村教师能够更快地适应新乡贤角色,确保乡村教师新乡贤角色行为的正确方向,使之符合乡村振兴战略的现实需求。

二 强化乡村振兴战略中乡村教师新乡贤角色意识

前面已经专门阐述,角色意识是指社会成员在社会交往中,对社会规定的自己所担当的角色行为模式的认识。② 乡村振兴战略中乡村教师新乡贤角色意识是指乡村教师在服务乡村振兴战略中,对乡村振兴战略规定的自己所担当的角色行为模式的认识。认识决定行动,行动决定结果。故此,乡村振兴战略中乡村教师向新乡贤角色转型,是要强化乡村振兴战略中新乡贤角色意识。③

(一) 强化公共意识,提升乡村教师新乡贤角色担当的主观意愿

乡村振兴战略期待乡村教师在奠定专业性基础之上发挥公共性,积极参与乡村社会的公共事务。教育乡村学校里的儿童固然是乡村教师的天职,但作为乡村社会的天然领袖,乡村教师的使命则不仅在此,而是要以全体乡民为施教对象,担负起提升整个

---

① 丁水木,张绪山.社会角色论[M].上海:上海社会科学院出版社,1992:51—57.
② 丁水木,张绪山.社会角色论[M].上海:上海社会科学院出版社,1992:123.
③ 肖正德.乡村教师新乡贤角色担当支持条件的问题考察与系统构建[J].教育发展研究,2021(8).

乡村文化的使命。① 梁漱溟曾提出,乡村学校教员"不能单以教书为足,且不能单以教校内学生为足,也应以阖村人众为教育对象,而尤以推进社会工作为主"。② 乡村教师不仅是乡村学校里儿童的教师,还是乡民的教师,这份文化责任是乡村教师作为乡村振兴战略中新乡贤角色的重要内容。为此,在实施乡村振兴中,要强化乡村教师的公共意识,提升新乡贤担当的主观意愿。一是在农村小学全科教师和农村特岗教师培养中,要增加公共意识教育这一部分的考核内容,明确乡村教师的职业特殊性,培育的公共意识。二是在乡村教师培训课程中增加公共意识教育这一部分内容,时刻提醒乡村教师明确自己的职业定位,明确自己肩负的文化责任,增强服务乡村振兴的公共意识。三是发挥乡村学校老党员老教师的带头作用,引领乡村教师参与乡村社会公共事务,充盈服务乡村振兴的公共意识。通过强化公共意识,促使乡村教师积极承担国家使命和公共教育服务的职责,增强服务乡村振兴的意愿。

(二) 强化情怀意识,促进乡村教师新乡贤角色担当的社会融入

乡村教师立足乡里,懂乡民之需,解乡民之难,报乡民之效,造乡民之福,在乡村振兴战略中要将承担国家使命和公共教育服务之责置于乡土情怀滋润之下。其一,对乡村儿童怀有真挚之爱。尽管乡村学校的教学条件艰苦,但乡村教师守望着三尺讲台,乐于给乡民子弟传授知识。乡村教师要拥有热爱乡村教育以及热爱乡村儿童的一种"乡村感",并在"乡村感"的催化下促使他们在教育教学中具有炽烈的情感和充沛的动力,将自己的心血、才智、温馨和激情凝聚在对乡村儿童的关爱中,点亮一双双呼唤未来的眼睛,塑造一个个美好、健康的心灵,引导乡村儿童学习知识、发展能力、健康成长。其二,对乡民怀有赤子之心。乡村教师要深植乡土,记住乡愁,加强与乡民的日常对话,深度融入乡村社会;加大对乡民生活、生产的关心与呵护,表达对乡民的一片赤子之心。其三,对乡村社会怀有深沉之情。乡村教师要突破自身的职业功能,积极参

---

① 任仕君.论乡村教师与乡土伦理传承[J].教育研究与实验,2016(2).
② 梁漱溟.梁漱溟全集(第一卷)[M].济南:山东人民出版社,1989:680.

与乡村社会的各项活动当中,加深对乡村风土人情的了解,从中获得自己的感知和体验,借此来建立自己的乡土情怀,培养热爱乡村、扎根乡村的热情。要言之,新时代乡村振兴战略中要加大对乡村教师乡土情怀的培育,促成乡村教师对乡村社会怀有真挚之爱,对乡村民众怀有赤子之心,对乡村儿童怀有爱恋之情,促成这些情愫萦绕在自己的心头,转变为对乡村振兴战略的责任感和使命感,并成为热心服务于乡村振兴的动力之源。

(三) 强化服务意识,保障乡村教师新乡贤角色担当的质量水平

服务意识是服务人员自觉主动做好服务工作的一种观念和愿望,它存在于服务人员的思想认识中,只有服务人员增强了服务意识,提高了在服务过程中的主观能动性,搞好服务才有思想基础。乡村振兴战略中,乡村教师要有主动服务乡村振兴的观念和愿望,才能担当新乡贤角色。一个没有服务意识的乡村教师,是不可能具有较强的服务乡村振兴能力的,当然也就担当不好乡村振兴战略中的新乡贤角色。对于提升乡村振兴战略背景下乡村教师的服务意识而言,就是要求乡村教师立足乡土大地,砥砺奋进,积极担当,围绕立德树人这一根本任务,提升教育教学质量水平,不断满足广大乡民对高质量教育的新需要,办好乡民满意的教育;就是要面向农业现代化、农村现代化、农民现代化培养人,不断提高人才培养质量,更好地服务农村经济与社会发展;就要走进乡村生活,积极参与乡村生态文明建设、乡风文明建设和乡村社会治理,无私奉献乡里;就要联结乡民进行家校共育,领导乡民进行生活改造,不断提升服务乡民的质量水平,增进乡民的福祉,以新时代的新气象新作为助力乡村振兴战略。

三 形塑乡村振兴战略中乡村教师新乡贤角色形象

乡村振兴战略中乡村教师向新乡贤角色建设,除了强化新乡贤角色意识、增强参与乡村振兴战略服务的主观意愿之外,还要形塑新乡贤角色形象。所谓乡村振兴战略

中乡村教师的新乡贤角色形象,是指乡村振兴战略中乡村教师作为新乡贤角色担当者的思想品德、理想信念、知识水平、科技素养等方面的综合。这个"总和"中,既包括思想品德、价值观念、理想信念等内在的方面,也包括知识水平、科技素养、行为方式等外在的方面。只有内外兼修,才能形塑乡村振兴战略中乡村教师的新乡贤角色形象。①

(一) 坚持立德树人,彰显乡村教师新乡贤角色担当的自我认同

乡村教师是发展乡村教育的第一资源和关键要素,是乡村振兴不可或缺的知识力量。乡村教师应勇担立德树人的职业使命,恪守师德规范,身正为范,以"四个引路人标准"严格要求自己。在满足个体发展需求的同时,以社会价值为自身发展的永恒追求,做到自身利益和社会责任的统一,实现个人价值和社会价值的双赢。然而,由于我国乡村教师群体队伍庞大,素质良莠不齐。个别乡村教师未能较好地遵守社会规范,因而出现一些负面事件,导致乡村教师污名化形象产生。亦即,社会公众对某一个体乡村教师的不良印象泛化至整个乡村教师群体,从而产生对整个乡村教师群体消极的刻板印象。这一公众污名在不断深化的同时也使乡村教师产生了自我贬损心理,即产生了自我污名。在他者污名和自我污名双重作用下,影响了乡村振兴战略中乡村教师的新乡贤角色形塑与担当。缘此,在乡村振兴战略中乡村教师在面对他者施加污名时仍保持清醒的自我认知,积极抵制公众污名的干扰,阻断公众污名向自我污名的转化,以避免自我污名的产生。乡村教师应认识到自身角色的崇高和神圣,认识到参与乡村教育振兴的伟大意义。乡村教师不仅为乡村学生带来了基本的知识文化,也为其生命成长和阶层流动提供了方向和动力,为乡村教育的振兴和乡村社会的发展贡献了极大的力量。在乡村振兴战略中乡村教师应具有高度的职业荣誉感及其对新乡贤角色自我认同感,坚持立德树人,积极担当乡村振兴战略中的新乡贤角色,以更加负责的态度和更务实的努力为乡村振兴贡献自身的力量。

---

① 肖正德. 乡村教师新乡贤角色担当支持条件的问题考察与系统构建[J]. 教育发展研究,2021(8).

(二) 守望职业信念,赢取乡村教师新乡贤角色担当的社会认同

教师的职业信念是指"教师在对自己所从事的职业有了一定认识的基础上在自我人生价值追求方面所产生的坚信不疑的态度,它是通过教师对实现自我人生意义和价值选择的判断而确立的,决定教师人生的价值追求和自我理想"①。由于受诸多条件的影响与制约,当下乡村学校的教学条件还比较落后,乡村教师的工资待遇还比较低,生活还比较艰苦,但乡村教师依然以一颗柔软的师者之心,快乐地、温暖地、执着地行走在乡村教育的大道上。陶行知先生曾经对教师职业特征做过这样的分析:"教育者应当知道教育是无名无利且没有尊荣的事。教育者所得的机会,纯系服务的机会,贡献的机会,而无丝毫尊荣可言。"②教师职业是服务与奉献的职业,是无名无利也无炫耀资本的职业,"捧着一颗心来,不带半根草去"是教师职业的真实写照。因而,选择这一职业并且无怨无悔地守望自己的职业信念,便是一种伟大精神的展现。③ 乡村教育振兴是乡村振兴的基础,而乡村教育振兴需要千千万万对教育的价值怀抱理想主义的期待、对教师职业有着神圣的自尊感、对乡村孩子和乡村生活充满热爱的乡村教师,诉求乡村教师守望职业信念,悉心培育乡村孩子成长,赤心启迪乡村民众智识,躬身参与乡村振兴,积极发挥新乡贤的社会功能。也唯有如此,乡村振兴战略中乡村教师的新乡贤角色才能赢取乡村社会的认同。

(三) 立足乡土实际,累积乡村教师新乡贤角色担当的地方知识

无论是传统乡贤,还是新乡贤,具备渊博的学识是其必备的条件之一。作为在乡村社会拥有知识分子地位的乡村教师,在乡村振兴战略中是新乡贤群体的重要组成部分,是乡村稳定与发展不可或缺的知识力量。乡村教师除了拥有胜任学校教书育人任务的扎实专业知识外,还要拥有丰富的直接服务于乡村振兴战略的地方性知识。地方性知识是地方居民为适应当地环境而创制并积淀下来的一套行之有效的意义系统和

---

① 肖正德. 基于教师发展的教师信念:意蕴阐释与实践建构[J]. 教育研究,2013(6).
② 华中师范学院教育科学研究所. 陶行知全集(第1卷)[M]. 长沙:湖南教育出版社,1984:256.
③ 叶澜,白益民,王枬,陶志琼. 教师角色与教师发展新探[M]. 北京:教育科学出版社,2001:88.

生存智慧。① 掌握地方性知识是乡村教师新乡贤角色担当的重要文化资本。"教师作为社会代表者,其角色的基本特征便是'社会规范性',它'迫使'教师不仅必须示明何谓符合社会要求的文化,而且自身必须成为这些文化的范型,以保证有效的文化引导和熏陶。"② 乡村教师要立足乡土实际,累积服务乡村振兴战略所需的地方性知识,满足社会和公众的合理期待,努力成为实施乡村振兴不可或缺的知识力量。依据现实的需求,乡村教师地方性知识的累积需从教师教育的整个过程着手,聚焦于职前教育、入职培训、在职研修三个阶段,分别实现感知地方性知识、勾勒地方性知识和深描地方性知识的累积之路。

(四) 掌握现代科技,培养乡村教师新乡贤角色担当的现代能力

乡村振兴战略需要乡村教师除了具备扎实的专业知识和丰富的地方性知识外,还要掌握乡村振兴战略所需的现代科学技术,具备乡村振兴战略所需的现代能力。乡村振兴,本质上是农业农村现代化的过程,而农业现代化关键在科技进步。以互联网、云计算、大数据、人工智能、物联网技术为特征的新一轮科技革命为乡村振兴创造了条件,为乡村发展带来了前所未有的机遇。③ 这就诉求乡村教师在新一轮科技革命背景下,运用现代科技武装自己,实现人的认识、观念、技能、素质协同全面发展,发挥科技知识创新在农业供给侧结构性改革中的关键性和引领性作用,为推进农村农业现代化提供扎实的人力资源保障和现代技术保障。这样才能胜任传播现代农业科技知识,培养好乡村振兴人才,建设好美丽乡村,引领先进文化,实现乡民生活富裕,才有资格担当乡村振兴战略中的新乡贤角色。

---

① 潘洪建. 地方性知识及其对课程开发的诉求[J]. 教育发展研究,2012(12).
② 吴康宁. 教育社会学[M]. 北京:人民教育出版社,1997:204.
③ 吴忠权. 基于乡村振兴的人力资本开发新要求与路径创新[J]. 理论与改革,2018(6).

四 构建乡村振兴战略中乡村教师新乡贤角色机制

乡村振兴战略中的乡村教师新乡贤角色形塑是一项内外各要素之间相互影响、相互作用的复杂系统性工作,需要以人为中心,获得乡村教师的自我认同,增强其文化自觉。同时,还要获得他者认同,重构与乡村社区、地方政府和乡村学校之间的关系,构建一个良好的社会支持系统。

(一) 树立文化自觉,构建乡村教师新乡贤角色担当的认同机制

在我国快速城市化进程中,随着现代文明以强劲的姿态侵入乡村,乡村教师的社会角色面临着严重的自我文化认同危机。故此,乡村振兴战略中乡村教师要及时转变社会角色,树立文化自觉,增强对乡村振兴战略中新乡贤角色的认同,以崇高的情怀和饱满的热情参与到乡村振兴战略之中,努力践行新时代的社会文化责任。因而,进行主体层面的文化自觉,构建新乡贤角色担当的认同机制,培养对乡村地区及其文化的正确认知和浓厚情感是促进乡村振兴战略中乡村教师新乡贤角色担当的首要前提。文化自觉即文化的自我觉醒,自我反省,自我创建。费孝通先生明确表示:"文化自觉这一概念可以从小见大,其意义在于生活在一定文化中的人对其文化有自知之明,明白它的来历、形成的过程,所具有的特色和它的发展趋向。"[①]自知之明有利于取得决定适应新环境、新时代文化选择的自主地位。据此,从微观角度来说,乡村振兴战略中乡村教师新乡贤角色担当的文化自觉,可以理解为乡村教师对其所处的乡村地区文化有自知之明,知晓地方性知识的来历、形成历程以及相应的特色等,这要求乡村教师从"情感——认知——行为"三个方面自主强化对乡村文化的认同,进而激发乡村振兴战略中新乡贤角色担当的内源动力。[②] 具言之,首先要厚实乡土文化情感。"乡村教师"中"乡村"二字意义重大,肩负新时代振兴乡村的文化使命。作为乡村新知识分子群

---

① 费孝通.关于"文化自觉"的一些自白[J].学术研究,2003(7).
② 肖正德,谢言.新生代乡村教师之乡村"局内人"文化身份建构——基于地方性知识教学的视角[J].中国教育学刊,2021(11).

体,乡村教师要正视当前乡村社会及文化的发展危机,自觉担当服务乡村振兴的文化使命,坚守扎根乡村立德树人的信念,在增进乡村生命理解中不断厚实乡土情感;其次要增强乡土文化认知。乡土文化情感是建筑于对乡土文化认知的基础之上,这要求乡村教师对地方性知识抱有浓厚的好奇心和求知欲,在教学研讨、生活交往中加强对乡村地区的生产生活知识、民俗艺术知识、历史地理知识的了解与掌握;最后要践行乡土文化行为。乡村教师既要在日常教学中发挥乡土文化的教育功能,还应积极参与乡村振兴人才培养、乡村生态文明建设、乡风文明建设、乡村治理、乡民生活改造等实践活动,发挥乡土文化的生产效应。乡村教师理应从自我主体出发,主动加深对乡土的情感,自觉增强对乡土文化的认知,积极参与乡村文化活动,在思想与实践层面消解与乡村社区间的文化隔阂,激发乡村振兴战略中新乡贤角色担当的内生动力,增强乡村振兴战略中新乡贤角色担当的自觉性。

(二) 增进地方联动,构建乡村教师新乡贤角色担当的协同机制

乡村社会是乡村教师新乡贤角色担当的广阔天地,要使乡村振兴战略中乡村教师新乡贤角色担当切实有效,还得给乡村教师提供广阔的用武之地。因此,需要增进社区互动,构建乡村教师新乡贤角色担当的协同机制,搭建乡村教师新乡贤角色担当的交流平台和施展舞台,促使他们有效发挥新乡贤的示范引领作用,真正为乡村振兴战略贡献自己的智慧和力量。[①]

1. 依托地方组织载体,构筑乡村教师新乡贤角色担当的交流平台

乡村教师新乡贤角色担当需要融入地方,需要构筑一个与地方组织沟通与交流的平台。农村基层党组织和村民自治委员会是乡村自治的重要组织载体,也是国家和政府权力与村民自治权力有效互动的组织平台。在国家治理体系中,新乡贤具有充当国家与社会、政府与公民之间沟通桥梁的优势,起到"上情下传,下情上达"的作用。[②] 作

[①] 肖正德. 乡村教师新乡贤角色担当支持条件的问题考察与系统构建[J]. 教育发展研究,2021(8).
[②] 钱再见,汪家焰."人才下乡":新乡贤助力乡村振兴的人才流入机制研究——基于江苏省 L 市 G 区的调研分析[J]. 中国行政管理,2019(2).

为乡村基层社会自治的领导力量,农村"两委"应注重有效利用乡村教师新乡贤的示范引领这一功能优势,通过建立民主协商会、情况通报会、意见征求座谈会等常态化的工作机制,构筑乡村教师新乡贤角色担当的交流平台,使乡村教师能够真正有效参与到乡村振兴战略中来。同时,乡镇政府也需构筑乡村教师与所在社区、乡民、家长的交流平台,给予乡村教师新乡贤角色担当以更多的协助,在制定乡村发展规划、开展乡土文化建设时有必要听取乡村教师的意见,鼓励他们参与其中,①发挥乡村教师在乡村振兴战略中的文化影响,引领乡村在地文化的发展。

2. 基于命运共同体,搭建乡村教师新乡贤角色担当的施展舞台

乡村教师与乡民是你中有我、我中有你的命运共同体。乡村教师长期与乡土环境、乡村社会相互依存,他们掌握着丰富的乡土文化知识,对乡村少年的发展境遇十分清楚,对乡民的需要、忧患与快乐相当明确,这些构成了乡村教师与乡村社会共同发展优势。在乡村系统中,经济贫困、土地硬化、资源安全等各类共同性问题日益突出,任何教师都不可能独善其身。② 因此,要基于命运共同体,搭建乡村教师新乡贤角色担当的施展舞台,寻找各类本土性问题的解决方案。这就需要:一是要求地方政府和教育行政部门拨付专项资金,给予乡村教师新乡贤担当财力方面的支持;乡村社区提供必要的物资和场地,给予乡村教师新乡贤担当资源方面的支持。二是要求乡民要理性地处理家庭与学校的关系,理解、尊重、相信乡村教师的新乡贤示范引领作用。三是乡村教师应主动地向乡民宣传党与国家乡村振兴战略实施的相关政策,积极参与乡村社区的经济建设、生态文明建设、乡风文明建设、社区治理、乡民生活改造等活动。乡村教师只有在乡村振兴战略中大有作为,方能赢得乡民的理解、认同与支持。

3. 建设文化互动关系,疏通乡村教师新乡贤角色担当的渠道

从历史维度来考查,我国的乡村社会是以地缘关系、血缘关系为基础形成的一种"差序格局"。在注重关系和谐的乡村地区,乡村教师只有与乡村民众和乡村儿童进行

---

① 吉标,刘擎擎.乡村教师乡贤形象的式微与重塑[J].当代教育科学,2018(5).
② 唐松林,姚尧.乡村振兴战略中教师的使命、挑战与选择[J].湖南师范大学教育科学学报,2008(4).

亲密的文化互动，建立和谐的地缘关系，才能真正地融入乡村社会，形塑新乡贤角色。然而，长期以来乡村教师一直缺乏与乡村经济社会应有的互动，身在乡村却背离乡村。这不仅是我国乡村教育资源的浪费，而且是我国乡村主要文化资源的巨大浪费。① 故此，乡村振兴战略中乡村教师理应与乡村社会构建良好的文化互动关系。一方面，应与乡民构建"互动型"关系。乡村教师不是旅居乡村的客人，而是乡村社会的一员，他们应当在日常的家校交流、志愿帮扶以及其他乡村文化活动中发挥自身在知识技能方面的优势，为乡民提供相应的生活生产指导，提升他们的文化素养，丰富他们的精神生活，同时要以谦卑的心态学习他们的生活智慧，在生活交流中缩小文化间隙，构建"互动型"关系。另一方面，应与乡村儿童构建"关爱型"关系。乡村儿童是乡村家庭、乡村社会的希望和未来，他们身上保有乡土的"野气"，也兼具接纳万象的朝气。作为乡村儿童的引路人，乡村教师要抱有仁爱之心，对其施以足够的关爱。在学习中，要尊重他们特有的乡土文化背景和思维，塑造他们踏实勤劳的文化品格，培养他们心系乡土、报效家乡的信念；在生活中，要关切他们的生活起居，引导他们养成健康的生活习惯，构建"关爱型"关系。② 通过与乡村民众和乡村儿童进行关系层面的文化互动，在自古讲究人际和谐的乡村世界建立融洽的人际关系，从而走进乡村民众和乡村儿童的精神世界、情感世界，疏通乡村教师新乡贤角色担当的情感渠道和关系渠道，在亲密和谐的情感氛围中发挥新乡贤的引领示范作用。

（三）推进改革创新，构建乡村教师新乡贤角色担当的长效机制

构建乡村振兴中乡村教师新乡贤角色担当的长效机制，既要乡村学校开放办学空间，打破与乡村社会之间的藩篱，又要完善现有教育管理制度，将乡村教师从超负荷的工作状态中解放出来，以提供他们担当新乡贤角色的必要时间。同时，要变革教师评价制度，充分认识乡村教师之于乡村振兴战略的独特贡献，提供体现人文关怀的绩效

---

① 张济洲. 乡村教师的文化冲突与乡村教育改革[J]. 河北师范大学学报（教育科学版），2008(9).
② 肖正德，谢计. 新生代乡村教师之乡村"局内人"文化身份建构——基于地方性知识教学的视角[J]. 中国教育学刊，2021(11).

考评制度,使之成为增强乡村教师新乡贤角色担当安全感和认同感的有力保障。①

1. 秉持开放办学理念,开拓乡村教师新乡贤角色担当的广阔空间

乡村学校是乡村文化的传播站和引领台,也是连接乡村教师与乡村社会的桥梁。乡村学校要秉持开放办学的理念,打破乡村学校与乡村社会之间的藩篱,沟通教育与生活的联系,开拓乡村教师新乡贤角色担当的广阔空间。乡村学校要利用各种途径,引导乡村教师走进乡村生活,热情服务于乡村振兴战略,无私奉献乡里。乡村教师要以更加宽阔的眼界,聆听时代声音,审视新时代乡村振兴战略的现实基础和实践需要,坚持以乡村社会经济文化发展为中心,推动乡村学校同乡村振兴战略的具体实际相结合,共享乡村学校资源,让当代乡村教育走进一个全民的、开放的、终身的教育新境界,②发挥自己在乡村振兴战略中的重要知识力量,放射出更加灿烂的智慧之光。

2. 改善教育管理制度,提供乡村教师新乡贤角色担当的必要时间

时间是乡村教师担当好乡村振兴战略中新乡贤角色的重要保证。要为乡村教师新乡贤角色担当提供必要时间,不仅要着力于宏观层面制度的完善,还要在微观层面进行教学管理制度的创新。在宏观层面,完善乡村学校教师编制标准,将"生师比"与"班师比"结合起来配备教师,并且适当地向乡村学校倾斜。唯有完善乡村学校编制标准,从制度上减轻乡村教师的工作量,避免当前乡村教师工作量超负荷的问题,才能让乡村教师有更多的时间参与乡村公共活动,在乡村振兴战略中担当新乡贤角色。在微观层面,创新教学管理制度,适度消弱教学管理制度对乡村教师新乡贤担当的束缚。教学管理创新是乡村教师新乡贤角色担当的必要条件。乡村学校在建章立制时要敢于创新、善于创新,各项教学规章、制度应有一定的宽松度,保障乡村教师在完成教学工作的同时,能有切实的时间服务于乡村振兴战略。

3. 变革教师评价制度,体现乡村教师新乡贤角色担当的乡里贡献

构建科学合理的评价体系是促进乡村学校发展的根本,也是促进乡村教师担当好

---

① 肖正德. 乡村教师新乡贤角色担当支持条件的问题考察与系统构建[J]. 教育发展研究,2021(8).
② 唐松林,姚尧. 乡村振兴战略中教师的使命、挑战与选择[J]. 湖南师范大学教育科学学报,2008(4).

乡村振兴战略中新乡贤角色的根本。因此,要变革当下教师评价制度,不能仅以教学业绩作为唯一的评价内容,还应当将乡村教师服务乡村振兴战略的贡献适度纳入评价体系;不能仅以乡村学校领导、教师作为评价的主体,还应当将广大的乡村民众作为评价的主体。① 乡村学校应当建立符合乡村教育的、多元的、促进乡村教师专业发展和人生价值提升的评价体系,建立公正合理的绩效考核制度,充分认识乡村教师之于乡村振兴战略的乡里贡献和独特价值,鼓励乡村教师探寻与乡村生活相融合的路径、方法和措施②,激发乡村教师参与乡村振兴战略的热情,提升乡村教师服务乡村振兴战略自我效能感,调动乡村教师新乡贤角色担当的意识,增强乡村教师新乡贤角色担当的信心和认同感,充分发挥乡村教师在乡村振兴战略中的示范引领作用。

---

① 李义胜,廖军和.论基于公共文化服务的乡村教师的身份认同——以 GH 镇 XS 村为例[J].教师教育研究,2019(1).
② 曹二磊,张立昌.新时期乡村教师"文化使命"的式微及重塑[J].新疆社会科学,2019(3).

参考文献

一、中文论文部分

[1] 胡家健.乡村学校教师问题[J].教育杂志,1928(4).

[2] 陶行知.地方教育与乡村改造[J].地方教育,1929(1).

[3] 梁漱溟.山东乡村建设研究院设立旨趣及办法概要[J].村治,1930(11).

[4] 志超.乡村教师之责任是什么[J].农村月刊,1930(13).

[5] 华洪涛.一个乡村小学教师的十四封信[J].地方教育,1930(13).

[6] 文子.乡村学校教师教课以外的义务[J].民众周刊,1933(19).

[7] 鸡肋.乡村小学教师生活的回忆[J].民众周刊,1933(43).

[8] 张巩伯.乡村教师的生活[J].民众周刊,1934(37).

[9] 李里安.从1931年改为乡师后五年来毕业统计[J].乡村改造,1936(5).

[10] 任福山.小学教师的精神陶练[J].基础教育月刊,1936(11).

[11] 孙廷莹.国家兴衰与小学教师[J].师大月刊,1936(29).

[12] 谢鹤松.非常时期的乡村小学教师的几种任务[J].更生,1937(8).

[13] 吴成材.乡村教师劳动生产服务一例[J].进修,1941(12).

[14] 杨太清.农村教育的脊梁——"健风杯"全国优秀民办教师评奖活动侧记[J].中国教育学刊,1994(5).

[15] 王灿明.农村教师与农村精神文明建设[J].江苏教育学院学报(社会科学版),1996(1).

[16] 韩凝春.明清塾师初探[J].中国社会经济史研究,1997(3).

[17] 项光勤.戈夫曼的角色距离理论及其意义[J].学海,1998(3).

[18] 张彬,秦玉清.近代浙江的私塾改良[J].浙江大学学报(人文社会科学版),2001(3).

[19] 贾学政.近代私塾教育与宗族社会[J].理论月刊,2005(3).

[20] 张玉林.关于当代中国乡村教师的边缘化问题[J].华南师范大学学报(社会科学版),2006(1).

[21] 徐梓.传统学塾中塾师的任职资格[J].教师教育研究,2006(4).

[22] 古土.建设社会主义新农村之一——中国共产党建设社会主义新农村的探索历程[J].中国党政干部论坛,2006(4).

[23] 陈洪生.当代中国乡村治理中政府主导力量嵌入乡村社会的政治逻辑[J].求实,2006(7).

[24] 刘铁芳.乡村的终结与乡村教育的文化缺失[J].书屋,2006(10).

[25] 肖正德.文化视野中的农村教师专业发展[J].教育理论与实践,2006(11).

[26] 秦玉清.传统私塾的历史变迁[J].寻根,2007(2).

[27] 马连奇,唐智松.农村学校与新农村建设[J].江西教育科研,2007(7).

[28] 雷家军,阎治才.乡村知识分子与社会主义新农村建设问题论纲[J].江汉论坛,2007(9).

[29] 肖正德.新农村建设中农村学校的文化使命及其变革[J].国家教育行政学院学报,2008(3).

[30] 杨齐福.科举制度废除后私塾与塾师命运散论[J].徐州师范大学学报(哲学社会科学版),2008(4).

[31] 王健,吴磊.新农村建设背景下农村教师角色定位的研究[J].江西理工大学学报,2008(4).

[32] 唐松林.公共性:乡村教师的一个重要属性[J].大学教育科学,2008(5).

[33] 王鸿生.中国的王官文化与儒学的起源[J].文史哲,2008(5).

[34] 杨运鑫.平民精神:乡村教师公共性回归之所[J].大学教育科学,2008(5).

[35] 刘铁芳.重新确立乡村教育的根本目标[J].探索与争鸣,2008(12).

[36] 李彦花.成为文化人:乡村教师公共性回复的关键[J].大学教育科学,2008(5).

[37] 张乐天.我国农村教育政策30年的演进与变迁[J].南京师大学报(社会科学版),2008(6).

[38] 张济洲.乡村教师的文化冲突与乡村教育改革[J].河北师范大学学报(教育科学版),2008(9).

[39] 刘昶.革命的普罗米修斯:民国时期的乡村教师[J].中国乡村研究,2008(13).

[40] 容中逵.他者规训异化与自我迷失下的乡村教师——论乡村教师的身份认同危机问题[J].教育学报,2009(5).

[41] 杨伟宏,惠晓峰.20世纪二三十年代乡村建设运动的启示[J].探索与争鸣,2009(10).

[42] 阮成武,李子华.新中国农村教师培养制度:历史、现状与未来[J].高等教育研究,2009(10).

[43] 高小强.乡村教师的文化困境与出路[J].教育发展研究,2009(7).

[44] 娄立志,张济洲.乡村教师疏远乡村的历史社会学解释[J].当代教育科学,2009(21).

[45] 刘晓东."君师治教"与明代塾师的社会角色——兼及中国近世士人职业群体整合的内在障碍[J].社会科学辑刊,2010(2).

[46] 张济洲.历史人类学视野下乡村教师的社会功能重释[J].鲁东大学学报(哲学社会科学版),2010(4).

[47] 魏峰.从熟人到陌生人:农村小学教师的角色转变[J].南京师大学报(社会科学版),2010(5).

[48] 肖正德.美国多元文化教学及对我国乡村学校教学的启示[J].当代教育与文化,2011(1).

[49] 李长吉.农村教师:改造乡村生活的灵魂——兼论农村教师的知识分子身份[J].教师教育研究,2011(1).

[50] 冯君莲,唐松林.现代农村教师的责任和追求[J].教师教育研究,2011(2).

[51] 蒋威.论清代的塾师与乡村杂事[J].历史教学(下半月刊),2011(7).

[52] 吴惠青,王丽燕.新农村文化建设中农村学校的使命[J].教育发展研究,2011(19).

[53] 高水红.乡村学校教育变迁与时空意识的变革[J].北京大学教育评论,2012(4).

[54] 申国昌.明清塾师的日常生活与教学活动[J].教育研究,2012(6).

[55] 唐松林.理想的寂灭与复燃:重新发现乡村教师[J].中国教育学刊,2012(7).

[56] 潘洪建.地方性知识及其对课程开发的诉求[J].教育发展研究,2012(12).

[57] 唐松林,丁璐.论乡村教师作为乡村知识分子身份的式微[J].湖南师范大学教育科学学报,2013(1).

[58] 岳红廷.20世纪二三十年代华北乡村小学教师学历背景的考察[J].吉林师范大学学报(人文社会科学版),2013(1).

[59] 肖正德.基于教师发展的教师信念:意蕴阐释与实践建构[J].教育研究,2013(6).

[60] 王勇.当代乡村教师的社会角色困境与公共性的建构[J].当代教育科学,2013(7).

[61] 陈华仔,黄双柳."磨盘"中的乡村教师自我的丢失[J].上海教育科研,2013(11).

[62] 姚荣.从"嵌入"到"悬浮":国家与社会视角下我国乡村教育变迁研究[J].清华大学教育研究,2014(4).

[63] 陈新,曾耀荣.中央苏区文化建设中乡村学校和教师地位分析[J].江西师范大学学报(哲学社会科学版),2014(5).

[64] 蒋纯焦.从私塾到学校:中国基础教育机构现代转型的史与思[J].华东师范大学学报(教育科学版),2015(2).

[65] 徐继存,高盼望.民国乡村教师的社会形象及其时代特征[J].教师教育研究,2015(4).

[66] 张会会.明代乡贤祭祀与儒学正统[J].学习与探索,2015(4).

[67] 胡艳.中国当代乡村教师身份认同中的困境研究——基于一位乡村教师的口述历史[J].教师教育研究,2015(6).

[68] 李建兴.乡村变革与乡贤治理的回归[J].浙江社会科学,2015(7).

[69] 李森,崔友兴.新型城镇化进程中乡村教师专业发展现状调查研究——基于对川、滇、黔、渝四省市的实证分析[J].教育研究,2015(7).

[70] 吴锦.乡村教师精英地位的瓦解及其重塑[J].当代教育科学,2015(20).

[71] 肖正德,邵晶晶.农村初中教师的闲暇生活境遇与闲暇教育路径[J].教育研究,2016(1).

[72] 邹奇,苏刚.建国后我国农村教师政策变迁及应然走向[J].东北师大报(哲学社会科学

版),2016(1).

[73] 付翠莲.我国乡村治理模式的变迁、困境与内生权威嵌入的新乡贤治理[J].地方治理研究,2016(1).

[74] 周兆海.农村教师社会地位变迁及其深层致因——基于改革开放以来的总结与反思[J].河北师范大学学报(教育科学版),2016(2).

[75] 吴惠青,郭文杰.新农村建设中农村教师的文化责任[J].浙江社会科学,2016(2).

[76] 任仕君.论乡村教师与乡土伦理传承[J].教育研究与实验,2016(2).

[77] 赵鑫.新型城镇化进程中乡村教师乡土情感的缺失与重塑[J].西南大学学报(社会科学版),2016(3).

[78] 赵浩."乡贤"的伦理精神及其向当代"新乡贤"的转变轨迹[J].云南社会科学,2016(5).

[79] 吴桂翎.乡村教师:乡村知识分子的消解与回归[J].学术界,2016(5).

[80] 杜亮,何柳.社会空间及新一代乡村教师的社会定位过程分析——基于云南两县的案例研究[J].教育学报,2016(5).

[81] 汪明帅,郑秋香.从"边缘人"走向"传承者"——回归乡土的乡村教师发展研究[J].教育发展研究,2016(8).

[82] 张霞英,车丽娜.民国时期乡村教师的社会角色研究[J].当代教育科学,2016(11).

[83] 申卫革.乡村教师文化自觉的缺失与建构[J].教育发展研究,2016(22).

[84] 胡鹏辉,高继波.新乡贤:内涵、作用与偏误规避[J].南京农业大学学报(社会科学版),2017(1).

[85] 高盼望.民国乡村教师生命形态探微[J].教师发展研究,2017(2).

[86] 闫巧,车丽娜.城镇化进程中乡村教师的社会认同研究[J].教育研究与实验,2017(4).

[87] 时伟.乡村教师形象:他者认知与自我建构[J].中国教育学刊,2017(5).

[88] 李宁.乡贤文化和精英治理在现代乡村社会权威和秩序重构中的作用[J].学术界,2017(11).

[89] 马多秀.乡村教师的乡土情怀及其生成[J].教育理论与实践,2017(13).

[90] 孙迪亮,宋晓蓓.新乡贤参与乡村社会治理的理据分析[J].科学社会主义,2018(1).

[91] 杜育红,杨小敏.乡村振兴:作为战略支撑的乡村教育及其发展路径[J].华南师范大学学报(社会科学版),2018(2).

[92] 李晓斐.当代乡贤:理论、实践与培育[J].理论月刊,2018(2).

[93] 宋圭武.乡村振兴与新乡贤文化建设[J].学习论坛,2018(3).

[94] 唐松林,姚尧.乡村振兴战略中教师的使命、挑战与选择[J].湖南师范大学教育科学学报,2018(4).

［95］胡艳,郑新蓉.1949～1976年中国乡村教师的补充任用——基于口述史的研究[J].北京师范大学学报(社会科学版),2018(4).

［96］吉标,刘擎擎.乡村教师乡贤形象的式微与重塑[J].当代教育科学,2018(5).

［97］舒隽.乡村治理变迁与新乡贤的当代表达[J].浙江工商大学学报,2018(5).

［98］吴忠权.基于乡村振兴的人力资本开发新要求与路径创新[J].理论与改革,2018(6).

［99］邓晓莉.民国时期乡村教师文化的流变与选择[J].教育观察,2018(14).

［100］周琴,赵丹,李娜.基于知识图谱分析的国内外乡村教师研究热点及知识基础比较[J].当代教育科学,2018(9).

［101］沈晓燕.城镇化背景下乡村教师知识分子身份的式微与重构[J].教育发展研究,2018(20).

［102］蒲实,孙文营.实施乡村振兴战略背景下乡村人才建设政策研究[J].中国行政管理,2018(11).

［103］刘丽华,林明水,王莉莉.新乡贤参与乡村振兴的角色感知与参与意向研究[J].福建论坛·人文社会科学版,2018(11).

［104］温涛,何茜.新时代中国乡村振兴战略实施的农村人力资本改造研究[J].农村经济,2018(12).

［105］李义胜,廖军和.论基于公共文化服务的乡村教师的身份认同——以GH镇XS村为例[J].教师教育研究,2019(1).

［106］马多秀.我国乡村教师队伍本土化培养及其实践路径[J].中国教育学刊,2019(1).

［107］吉标,刘擎擎.民国时期乡村教师的乡贤精神探微——基于民国乡村小学教员的自我叙事[J].教师发展研究,2019(2).

［108］钱再见,汪家焰."人才下乡":新乡贤助力乡村振兴的人才流入机制研究——基于江苏省L市G区的调研分析[J].中国行政管理,2019(2).

［109］曹二磊,张立昌.新时期乡村教师"文化使命"的式微及重塑[J].新疆社会科学,2019(3).

［110］闫闯.走向"新乡贤":乡村教师公共身份的困境突破与角色重塑[J].教育科学,2019(4).

［111］冯璇坤,刘春雷.失落与纾解:论乡村教师的公共精神[J].教育理论与实践,2019(4).

［112］刘玉堂,李少多.论新乡贤在农村公共文化服务体系建设中的功能——基于农村公共文化服务供需现状[J].理论月刊,2019(4).

［113］席红梅.新中国成立70年乡村教师历史价值探析[J].当代中国史研究,2019(5).

［114］丁学森,邬志辉,薛春燕.论我国乡村教育的潜藏性危机及其消解——基于在地化教育视角[J].教育研究与实验,2019(6).

［115］吴晓燕,赵普兵.回归与重塑:乡村振兴中的乡贤参与[J].理论探讨,2019(4).

[116] 张晓文,吴晓蓉.乡村教师生活世界遮蔽与回归——基于教育人类学生命价值的视角[J].教师教育研究,2019(4).

[117] 杜志强,陈怡帆.中国乡村教师研究的可视化分析——基于2000—2018年CSSCI刊载文献计量研究[J].教育学术月刊,2019(8).

[118] 时伟,王艳玲.乡村教师乡村生活的式微与重构[J].教师教育研究,2019(5).

[119] 容中逵.新时代乡村教师发展的逻辑起点[J].教育发展研究,2019(20).

[120] 顾玉军.乡村振兴中乡村教师助力乡村文化传承路径探析[J].教育理论与实践,2019(13).

[121] 王艳玲,陈向明.回归乡土:我国乡村教师队伍建设的路径选择[J].教育发展研究,2019(20).

[122] 车丽娜.空间嵌入视野下乡村教师社会生活的变迁[J].西北师大学报(社会科学版),2020(2).

[123] 唐智松,高娅妮,王丽娟.乡村教师如何助力乡村振兴——基于职业作用的调查与思考[J].现代远程教育研究,2020(3).

[124] 孔养涛.乡村振兴战略中乡村教师队伍的本土化建设[J].教学与管理,2020(12).

[125] 沈费伟.传统乡村文化重构:实现乡村文化振兴的路径选择[J].人文杂志,2020(4).

[126] 马宽斌.新时代乡村教师乡土情怀认同的失落与回归[J].内蒙古社会科学,2020(5).

[127] 李广海,杨慧.迁徙与守望.乡村振兴背景下乡村教师治理角色的重塑[J].中国教育学刊,2020(5).

[128] 程良宏,陈伟.迁徙与守望:"候鸟型"乡村教师现象审思[J].教育发展研究,2020(15).

[129] 肖正德.传统乡村塾师的乡贤角色及当代启示[J].社会科学战线,2020(11).

[130] 肖正德.论乡村振兴战略中乡村教师的新乡贤角色[J].教育研究,2020(11).

[131] 沈伟,王娟,孙天慈.逆境中的坚守:乡村教师身份建构中的情感劳动与教育情怀[J].教育发展研究,2020(15—16).

[132] 谷亚,肖正德.我国乡村教师乡贤角色的百年嬗变[J].教育研究与实验,2021(3).

[133] 卢尚建.乡村教师服务乡村振兴战略的能力结构问题调查研究[J].当代教育与文化,2021(3).

[134] 肖正德.乡村振兴战略中乡村教师新乡贤角色担当意愿的相关影响因素分析[J].华东师范大学学报(教育科学版),2021(7).

[135] 肖正德.乡村教师新乡贤角色担当支持条件的问题考察与系统构建[J].教育发展研究,2021(8).

[136] 肖正德.乡村振兴所需人才培养与大农村教育体系构建[J].新华文摘,2021(13).

二、中文专著部分

[137] 卢绍稷. 乡村教育概论[M]. 上海：大东书局，1932.

[138] 郭人全. 乡村教育[M]. 上海：黎明书局，1932.

[139] 张宗麟. 乡村教育[M]. 上海：世界书局，1933.

[140] 余家菊. 乡村教育通论[M]. 上海：中华书局，1934.

[141] 杨效春. 乡村教育纲要[M]. 上海：中华书局，1934.

[142] 甘豫源. 乡村教育[M]. 上海：中华书局，1935.

[143] 张宗麟. 乡村教育经验谈[M]. 上海：世界书局，1935.

[144] 廖泰初. 动变中的中国农村教育——山东省汶上县教育研究[M]. 北平：燕京大学社会学系，1936.

[145] 俞子夷. 一个乡村小学教员的日记[M]. 北京：商务印书馆，1937.

[146] 刘百川. 乡村教育实施记[M]. 上海：黎明书局，1937.

[147] 刘百川. 乡村教育的经验[M]. 北京：商务印书馆，1937.

[148] 陈礼江. 乡村教育及民众教育[M]. 南京：正中书局，1938.

[149] 徐天武. 基础学校教师生活计述[M]. 桂林：民团周刊社，1938.

[150] 庄择宣. 乡村建设与乡村教育[M]. 上海：中华书局，1939.

[151] 张宗麟. 乡村教育及民众教育[M]. 北京：商务印书馆，1940.

[152] 吴晗，费孝通. 皇权与绅权[M]. 上海：观察社，1948.

[153] 舒新城. 中国近代教育史资料（上册）[M]. 北京：人民教育出版社，1981.

[154] 李友芝，等. 中国近现代师范教育史资料（第2册）[M]. 北京：北京师范学院内部资料，1983.

[155] [日]横山宁夫. 社会学概论[M]. 毛良鸿，等，译. 上海：上海译文出版社，1983.

[156] 华中师范学院教育科学研究所. 陶行知全集（第1卷）[M]. 长沙：湖南教育出版社，1984.

[157] 费孝通. 乡土中国[M]. 北京：三联书店，1985.

[158] 陶行知. 陶行知文集[M]. 南京：江苏教育出版社，1986.

[159] [美]西奥多·舒尔茨. 改造传统农业[M]. 梁小民，译. 北京：商务印书馆，1987.

[160] [苏]M. 安德列耶娃. 西方现代心理学[M]. 李翼鹏，译. 北京：人民教育出版社，1987.

[161] [美]乔纳森·H. 特纳. 社会学理论的结构[M]. 吴曲辉，等，译. 杭州：浙江人民出版社，1987.

[162] [苏]M. 安德列耶娃. 西方现代社会心理学[M]. 李翼鹏，译. 北京：人民教育出版社，1987.

[163] 南京师范大学教科所，教育系. 农村教育学[M]. 北京：人民教育出版社，1988.

[164] 郑杭生. 社会学概论新编[M]. 北京：中国人民大学出版社, 1989.
[165] 梁漱溟. 梁漱溟全集(第一卷)[M]. 济南：山东人民出版社, 1989.
[166] 梁漱溟. 梁漱溟全集(第二卷)[M]. 济南：山东人民出版社, 1990.
[167] [加]欧文·戈夫曼. 日常接触[M]. 徐江敏, 丁晖, 译. 北京：华夏出版社, 1990.
[168] 国家教委农村教育综合改革办公室. 农村教育改革大思路[M]. 北京：人民教育出版社, 1991.
[169] 奚从清, 俞国良. 角色理论研究[M]. 杭州：杭州大学出版社, 1991.
[170] 丁水木, 张绪山. 社会角色论[M]. 上海：上海社会科学院出版社, 1992.
[171] 王明达. 当代国际农村教育发展和改革大趋势[M]. 北京：教育科学出版社, 1993.
[172] 张传燧. 中国农村教育学[M]. 重庆：西南师范大学出版社, 1994.
[173] 郑杭生. 社会学概论新修[M]. 北京：中国人民大学出版社, 1994.
[174] 郑杭生. 当代中国农村社会转型的实证研究[M]. 北京：中国人民大学出版社, 1996.
[175] 周大鸣. 中国农村都市化[M]. 广州：广东人民出版社, 1996.
[176] 王春光. 中国农村社会变迁[M]. 昆明：云南人民出版社, 1996.
[177] [美]杜赞奇. 文化、权利与国家：1900～1942年的华北农村[M]. 王福明, 译. 南京：江苏人民出版社, 1996.
[178] 余家菊. 余家菊景陶先生教育论文集(上册)[M]. 台北：慧炬出版社, 1997.
[179] 吴康宁. 教育社会学[M]. 北京：人民教育出版社, 1997.
[180] [法]布尔迪厄. 文化资本与社会炼金术：布尔迪厄访谈录[M]. 包亚明, 译. 上海：上海人民出版社, 1997.
[181] 陆学艺, 王春光. 中国农村现代化道路研究[M]. 南宁：广西人民出版社, 1998.
[182] 周晓虹. 传统与变迁——江浙农民的社会心理及其近代以来的嬗变[M]. 北京：三联书店, 1998.
[183] 费孝通. 乡土中国生育制度[M]. 北京：北京大学出版社, 1998.
[184] 顾明远. 民族文化传统与教育现代化[M]. 北京：北京师范大学出版社, 1998.
[185] 罗斯. 变化中的中国人[M]. 北京：时事出版社, 1998.
[186] [美]班克斯. 多元文化教育概论[M]. 李苹绎, 译. 台北：心理出版社, 1998.
[187] [美]明恩溥. 中国乡村生活[M]. 午晴, 唐军, 译. 北京：时事出版社, 1998.
[188] 李书磊. 村落中的"国家"——文化变迁中的乡村学校[M]. 杭州：浙江人民出版社, 1999.
[189] 孟旭, 马书义. 中国民办教师现象透视[M]. 南宁：广西教育出版社, 1999.
[190] 谢维和. 教育活动的社会学分析[M]. 北京：教育科学出版社, 2000.
[191] 徐辉, 黄学溥. 中外农村教育的发展与改革[M]. 重庆：西南师范大学出版社, 2000.

[192] 余永德. 农村教育论[M]. 北京：人民教育出版社, 2000.

[193] 李少元. 农村教育论[M]. 南京：江苏教育出版社, 2000.

[194] 袁桂林. 农村基础教育改革的理论与实践[M]. 长春：东北师范大学出版社, 2000.

[195] 袁桂林, 洪俊. 农村中小学课程改革的探索[M]. 长春：东北师范大学出版社, 2000.

[196] 马戎, [加] 龙山. 中国农村教育问题研究[M]. 重庆：福建教育出版社, 2000.

[197] [波] 弗·兹纳涅茨基. 知识人的社会角色[M]. 郑斌祥, 译. 南京：译林出版社, 2000.

[198] 杨懋春. 一个中国村庄：山东台头[M]. 南京：江苏人民出版社, 2001.

[199] 叶澜, 白益民, 王枬, 陶志琼. 教师角色与教师发展新探[M]. 北京：教育科学出版社, 2001.

[200] 程晋宽. "教育革命"的历史考察：1966～1976[M]. 福州：福建教育出版社, 2001.

[201] 马和民. 新编教育社会学[M]. 上海：华东师范大学出版社, 2002.

[202] [英] 麦克·F. D. 杨. 知识与控制（教育社会学新探）[M]. 上海：华东师范大学出版社, 2002.

[203] [美] 爱德华·W. 莎义德. 知识分子论[M]. 北京：生活·读书·新知三联出版社, 2002.

[204] 刘世民. 错位与抉择——论农村学校教育的主导功能与路向[M]. 重庆：西南师范大学出版社, 2003.

[205] 童星. 现代社会学理论新编[M]. 南京：南京大学出版社, 2003.

[206] 贺雪峰. 新乡土中国——转型期农村社会调查笔记[M]. 南宁：广西师范大学出版社, 2003.

[207] 庞守兴. 困惑与超越——新中国农村教育忧思录[M]. 桂林：广西师范大学出版社, 2003.

[208] 费孝通. 乡土中国生育制度[M]. 北京：北京大学出版社, 2004.

[209] 陆学艺. 当代中国社会流动[M]. 北京：社会科学文献出版社, 2004.

[210] 周运清, 等. 新编社会学大纲[M]. 武汉：武汉大学出版社, 2004.

[211] 徐茂明. 江南士绅与社会(1368—1911)[M]. 北京：商务印书馆, 2004.

[212] 苗春德. 中国近代农村教育史[M]. 北京：人民教育出版社, 2004.

[213] 余秀兰. 中国城乡教育差异——一种文化再生产现象的分析[M]. 北京：教育科学出版社, 2004.

[214] [美] 莫琳·T. 哈里楠. 教育社会学手册[M]. 上海：华东师范大学出版社, 2004.

[215] [加] 迈克尔·富兰. 变革的力量：透视教育改革[M]. 中央教育科学研究所, 加拿大多伦多国际学院, 译. 北京：教育科学出版社, 2004.

[216] 陈成文. 社会学[M]. 长沙：湖南师范大学出版社, 2005.

[217] 黄书光. 中国社会教化的传统与变革[M]. 济南：山东教育出版社, 2005.

[218] 唐松林.中国农村教师发展研究[M].杭州:浙江大学出版社,2005.

[219] [美]巴兰坦.教育社会学:一种系统分析方法[M].南京:江苏教育出版社,2005.

[220] 廖其发.中国农村教育问题研究[M].成都:四川教育出版社,2006.

[221] 刘云杉.从启蒙者到专业人——中国现代化历程中教师角色演变[M].北京:北京师范大学出版社,2006.

[222] 费孝通.中国绅士[M].北京:中国社会科学出版社,2006.

[223] 李世众.晚明清士绅与地方政治:以温州为中心的考察[M].上海:上海人民出版社,2006.

[224] 铁军.中日乡土文化研究[M].北京:中国传媒大学出版社,2006.

[225] [美]沃尔特·范伯格,等.学校与社会[M].北京:教育科学出版社,2006.

[226] 蒋纯焦.一个阶层的消失——晚清以降塾师研究[M].上海:上海世纪出版集团,2007.

[227] 李水山.农村教育史[M].南宁:广西教育出版社,2007.

[228] 岑大利.中国历代乡绅史话[M].沈阳:沈阳出版社,2007.

[229] [美]史蒂文·瓦戈.社会变迁[M].王小黎,等,译.北京:北京大学出版社,2007.

[230] 王兆成.乡土中国的变迁[M].济南:山东人民出版社,2008.

[231] 康来云.中国农民价值观的变迁研究[M].郑州:河南人民出版社,2008.

[232] 陶孟和.社会与教育[M].福州:福建教育出版社,2008.

[233] 张鸣.乡村社会权力和文化结构的变迁(1903—1953)[M].西安:陕西人民出版社,2008.

[234] 刘铁芳.乡土的逃离与回归:乡村教育的人文重建[M].福州:福建教育出版社,2008.

[235] 费孝通.中国士绅[M].北京:三联书店,2009.

[236] 王尔敏.明清社会文化生态[M].桂林:广西师范大学出版社,2009.

[237] 刘明珠.社会角色意识新论[M].北京:北京出版社,2009.

[238] 李强.城市化过程中的重大社会问题及其对策研究[M].北京:经济科学出版社,2009.

[239] 刘中一.村庄里的中国[M].太原:山西人民出版社,2009.

[240] 刘明珠.社会角色意识新论[M].北京:北京出版社,2009.

[241] 王先明.变动时代的乡绅:乡绅与乡村社会结构变迁(1901~1945)[M].北京:人民出版社,2009.

[242] 翁乃群.村落视野下的农村教育[M].北京:社会科学文献出版社,2009.

[243] 张惠芬.中国古代教化史[M].太原:山西教育出版社,2009.

[244] 王嘉毅,等.西北地区农村基础教育课程改革研究[M].北京:教育科学出版社,2009.

[245] 唐晓腾.中国农村的嬗变与记忆[M].北京:中国社会科学出版社,2010.

[246] 刘晓东.明代的塾师与基层社会[M].北京:商务印书馆,2010.

[247] 李庆刚.抗日根据地开明士绅研究[M].北京：中共中央党校出版社,2010.

[248] 奚从清.角色论——个人与社会的互动[M].杭州：浙江大学出版社,2010.

[249] 徐荣晖,徐志辉.陶行知论乡村教育[M].成都：四川教育出版社,2010.

[250] 钱民辉.教育社会学概论[M].北京：北京大学出版社,2010.

[251] 肖正德.冲突与调适：农村中小学教学改革的文化路向[M].杭州：浙江大学出版社,2010.

[252] 容中逵.传统与现代的交锋：百年中国农村教育变迁的实践表达[M].杭州：浙江大学出版社,2010.

[253] [英]斯图亚特·霍尔,保罗·杜盖伊.文化身份问题研究[M].庞璃,译.开封：河南大学出版社,2010.

[254] [法]古斯塔夫·勒庞.乌合之众：大众心理研究[M].戴光年,译.北京：新世纪出版社,2010.

[255] 费孝通.乡土中国·生育制度·乡土重建[M].北京：商务印书馆,2011.

[256] 秦启文,周永康.角色学导论[M].北京：中国社会科学出版社,2011.

[257] 张世英.中西文化与自我[M].北京：人民出版社,2011.

[258] 林惠祥.文化人类学[M].北京：商务印书馆,2011.

[259] 司马运杰.文化社会学[M].北京：华夏出版社,2011.

[260] 王嘉毅.多维视野中的农村教师[M].北京：北京师范大学出版社,2011.

[261] 刘铁芳.乡村教育的人文重建——乡土的逃离与回归[M].福州：福建教育出版社,2011.

[262] 张济洲.文化视野下的村落、学校与国家——一个地方社区基础教育变迁的历史人类学考察[M].北京：教育科学出版社,2011.

[263] 李长吉.教科书的农村适切性研究[M].北京：科学出版社,2011.

[264] 费孝通.乡土重建[M].长沙：岳麓书社,2012.

[265] 禹平.两汉儒生的社会角色[M].北京：社会科学文献出版社,2012.

[266] 徐杰舜,刘冰清.乡村人类学[M].银川：宁夏人民出版社,2012.

[267] [美]马克·D.雅各布斯,南希·韦斯·汉拉恩.文化社会学指南[M].刘佳林,译.南京：南京大学出版社,2012.

[268] 王兴亮.清末民初乡土教育研究[M].成都：四川大学出版社,2013.

[269] 费爱华.话语交易：乡村社会及其治理中的人际传播[M].杭州：浙江大学出版社,2013.

[270] 张济洲."乡野"与"庙堂"之间——社会变迁中的乡村教师[M].北京：中国社会科学出版社,2013.

[271] [英]托马斯·索维尔.知识分子与社会[M].张亚月,梁兴国,译.北京：中信出版

社,2013.

[272] 肖正德,林正范,等.农村教师的发展状况和保障机制研究[M].杭州:浙江大学出版社,2014.

[273] 尚海涛.当代中国乡村社会中的习惯法[M].厦门:厦门大学出版社,2014.

[274] 阳信生.乡镇体制改革与现代乡村社会重建研究[M].北京:光明日报出版社,2014.

[275] 黄书光.变迁与转型:中国传统教化的近代命运[M].上海:上海教育出版社,2014.

[276] 黄书光.中国社会发展变迁的教育动力[M].上海:上海教育出版社,2014.

[277] 田秀云,等.角色伦理——建构和谐社会的伦理基础[M].北京:人民出版社,2014.

[278] 王中江.儒家的精神之道和社会角色[M].北京:中华书局,2015.

[279] 周洪宇.全球视野下的陶行知研究(第7卷)[M].北京:北京师范大学出版社,2015.

[280] 袁灿兴.中国乡贤[M].北京:新星出版社,2015.

[281] 尤琳.中国乡村关系:基层治理结构与治理能力研究[M].北京:中国社会科学出版社,2015.

[282] 邓辉,陈伟.乡贤文化的前世今生[M].湘潭:湘潭大学出版社,2016.

[283] 姜朝晖.民国乡村教师社会角色研究[M].北京:人民出版社,2016.

[284] 吴惠青.农村学校服务新农村文化建设研究[M].杭州:浙江大学出版社,2016.

[285] 陈旭峰.乡村社会转型对教育转型影响的机制与路径研究[M].杭州:浙江大学出版社,2016.

[286] 李庆真.社会变迁中的乡村精英与乡村社会[M].杭州:浙江大学出版社,2016.

[287] 谭同学.双面人:转型乡村中的人生、欲望与社会心态[M].北京:社会科学文献出版社,2016.

[288] [英]梅因.东西方乡村社会[M].刘莉,译.北京:知识产权出版社,2016.

[289] 任映红.城市化进程中村落变迁的特征概括与规律分析[M].北京:中国社会科学出版社,2017.

[290] 张良.乡村社会的个体化与公共性重建[M].北京:中国社会科学出版社,2017.

[291] 章毅.理学、士绅与宗族:宋明时期徽州的文化与社会[M].杭州:浙江大学出版社,2017.

[292] 王露璐.乡土伦理[M].北京:人民出版社,2018.

[293] 施由明.明清江西乡绅与县域社会治理[M].北京:中国社会科学出版社,2018.

[294] 杨银权.中国古代士绅之养成出处职责:以清代甘肃地域为例[M].北京:中国社会科学出版社,2018.

[295] 胡艳.泥土上的脚印——第二代乡村教师口述史[M].南宁:广西教育出版社,2018.

[296] 徐继存,等.中国乡村教化百年嬗变[M].北京:中国社会科学出版社,2019.

［297］李长吉.农村教师的地方性知识研究［M］.徐州：中国矿业大学出版社，2019.

三、西文部分

［298］Linton，R. *The Study of Man* ［M］. New York：Appleton-Centruy，1936.

［299］Jane E. Mcallister. A Venture in Rural-Teacher Education Among Negroes in Louisiana ［J］. *the Journal of Negro Education*，1938(2).

［300］Mabel Jessaa. Thailand：UNESCO Rural teacher Education Project［J］. *United National Educational，Scientific and Cultural Organization*，1958(9).

［301］John W. Thibaut，Harold H. Kelley. *The Social Psychology of Groups* ［M］. New York：John Wiley & Sons，1959.

［302］Association for Supervision and Curriculum Development. *Balance in the Curriculum* ［M］. Washington. DC：ASCD，1961.

［303］Erving Goffman. *Interaction Ritual：Essays on Face to Face Behaviar* ［M］. Garden City，NY：Anchor，1967.

［304］Erikson，E. H. *Identity：Youth and crisis* ［M］. New York：Norton，1968.

［305］Duncan Mitchell. *The Sociology of Science* ［M］. New York：Free Press，1970.

［306］Curtis Van Alfen，Ivan Muse. *Rural Teacher Training Program* ［M］. Brigham Young University，Provo，Utah. 1975.

［307］Allen，Vernon L. &·van de Vliert. *Role Transitions：Explorations and Explanations* ［M］. New York：Plenum Press，1984.

［308］Banks. J. A. *Multicultural Education：Theory and Practice* ［M］. 1988.

［309］Sleeter，C. and Grant，C. *Making Choices for Multicultural Education：Five A Approaches to Race，Class and Gender* ［M］. New York：Wiley，1988.

［310］Ford，Donna y. *Multicultural Gifted Education* ［M］. New York：Teachers College Press of Columbia University，1989.

［311］Spuhler Lee. *Rural Teacher Education Improvement Project*［M］.. Montana：Western Montana College，1989.

［312］Burke，P. J. & Reitzes，D. C. An identity theory approach to commitment ［J］. *Social Psychology Quarterly*，1991(3).

［313］Peter P. Grimment，Lonathan Neufeld，Michael Fullan. *Teacher Development and the Struggle for Authenticity：Professional Growth and Restructuring in the Context of Change* ［M］. New York：Teachers College Press，1994.

[314] Hayes, David. *In-service Teacher Development: International Perspectives* [M]. Hemel Hempstead, Hertfordshire: Prentice Hall, 1997.

[315] Woodrow D., Verma G. K., Rocha-Trindade M. B. Campani G., &Bagley C. *Intercultural Education: Theories, Policies and Practice* [M]. Farnham: A shgate Publishing Company, 1997.

[316] Alan l. Reiman. *Mentoring and Supervision for Teacher Development* [M]. New York: Longman, c. 1998.

[317] Richard P. Lipka, Thomas M. Brinthaupt. *The role of self in teacher development* [M]. Albany: State University of New York Press Company, 1999.

[318] Xin Wei, Mun C. Tsang, Weibin Xu and Liang-Kun Chen, Education and Earnings in Rural China [J]. *Education Economics*, 1999(2).

[319] Brewer, M. B. The many faces of socialidentity: implications for political psychology [J]. *Political Psychology*, 2001(1).

[320] Lanet Soler, Anna Craft, Hilary. *Teacher Development: Exploring Our Own Practice* [M]. London: Paul Chapman in association with the open University, 2001.

[321] Bill Green, Jo-anne Reid. Teacher Education for Rural-regional Sustainability: Changing agendas, ChallengingFutures, Challenging Chimeras? [J] *Asia-Pacific Journal of Teacher Education*, 2004(3).

[322] Alvin C. Proffit, R. Paul Sale, Ann E. Alexander, Ruth S. Amdrew. The Appalachian Model Teaching Consortium: Preparing Teachers for Rural Appalachia[J]. *The Rural Educator*, 2004(3).

[323] Wong, Siu Man. *An Arts-based Narrative Approach to Understanding Curriculum Teacher Development in a Hong Kong* [M]. Canada: University of Toronto, 2005.

[324] Patricia Cahape Hammer. *Rural Teacher Recruitment and Retention Practices: A Review of the Research Literature, National Survey of Rural Superintendents, and Case Studies of Programs in Virginia* [M]. Appalachia: Educational Laboratory, 2005.

[325] David H. Monk. Recruiting and Retaining High-Quality Teachers in Rural Areas [J]. *The Future of Children*, 2007(1).

[326] CU Qing. *Teacher Development: Knowledge and Context* [M]. London, New York: Continuum, 2007.

[327] Bill Green. *Spaces & Places: The NSW Rural (Teacher) Education Project* [M]. New South Wales: Charles Sturt University, 2008.

[328] Richard N. Apling, Jeffrey J. Kuenzi. *Rural Education and the Rural Education Achievement Program (REAP): Overview and Policy Issues* [R]. Washington D. C.: Library of Congress, Congressional Research Service, 2008.

[329] Allan C. Ornstein, Francis P. Hunkins. *Curriculum: Foundations, Principles and Issues* [M]. Boston: Pearson Education, Inc., 2009.

[330] Groenke, Susan. *Critical Pedagogy and Teacher Education in the Neoliberal Era: Small Openings* [M]. Dordrecht: Springer, 2009.

[331] Camilla A. Mahan. *Home-Grown Teachers: Will Their Rural Roots Keep Them in Virginia's Rural Schools* [M]. Virginia: Virginia Commonwealth University, 2010.

[332] Titien Soebari & Jill M. Aldridge. Investigating the differential effectiveness of a teacher professional development programme for rural and urban classrooms in Indonesia [J]. *Teacher Development*, 2016(5).

[333] Damian Maher, Anne Prescott. Professional development for rural and remote teachers using video conferencing [J]. *Asia-Pacific Journal of Teacher Education*, 2017(5).

[334] Maxwell Peprah Opoku, Peter Asare-Nuamah, William Nketsia, et al. Exploring the factors that enhance teacher retention in rural schools in Ghana [J]. *Cambridge Journal of Education*, 2020(2).

[335] Yuling Chen, Tianhai Lin, BalaAnand Muthu, et al. Study on ethical dilemmas faced by teaching professionals in rural environments [J]. *Current Psychology*, 2020.

后记

乡村教师作为乡村社会的知识分子,一方面是乡村儿童智识的启蒙者、教育者,另一方面又是乡村社会文化的象征和代表,对乡村社会文化发挥着无可替代的重要作用。党的十九大报告明确提出,要紧扣我国社会主要矛盾变化,坚定实施乡村振兴战略。而实施乡村振兴,教育是关键。因此,振兴乡村教育是实施乡村振兴战略的必由之路。作为乡村教育主体的乡村教师,在乡村振兴战略中理应担当何种角色?践行哪些文化责任?由于对上述问题的深入思考及其在乡村教师发展研究领域的长期积累,2018年我成功申报了国家社会科学基金(教育学类)国家一般课题"乡村振兴战略中的乡村教师角色转型研究"(BHA180122)。

经过将近三年的深入研究,本课题顺利通过全国教育科学规划领导小组办公室的结题鉴定,并获优秀等次。在此对群策群力、和衷共济的课题组成员表示由衷的感谢!台州学院卢尚建教授系我学术生涯中的"老战友"。卢兄为人正直厚道,提倡"君子之交谈如水"。他思维缜密,擅长数理统计。在本课题研究中,发挥他数理统计之长补我之短,对乡村振兴战略中乡村教师新乡贤角色担当的当下情状和突出问题进行客观全面、数据详实的统计分析,与我共同撰就本书第四章。爱徒谷亚刻苦钻研,善于思考,喜攻教师教育史和教材发展史,毕业后考取浙江大学教育学院博士研究生。在本课题研究中,他搜集了我国乡村教师乡贤角色历史演进的大量史料,与我共同撰就本书第二章。爱徒张琦,勤奋好学,乖巧懂事。在本课题研究中,她不辞辛苦,深入实地对乡村振兴战略中乡村教师新乡贤角色个案进行田野考察,对乡村振兴战略中乡村教师角色认同问题作立体式白描式的叙述与分析,与我共同撰就本书第五章。王振宇、谢计二位爱徒,分别跟我做乡村教师教学之"乡村属性"和乡村教师地方性知识教学研究,在本课题研究中也承担了许多实地调研与资料整理工作。在课题研究顺利完成之际,真诚地对上述诸君道一声"谢谢"!此外,浙江、河北、甘肃三个样本省的许多地方教育行政部门领导、乡村中小学校长和老师们在实地调研中给予大力支持,在此一并致谢!

同时,对本著顺利出版提供关心、帮助与指导的有关人员,致以真挚的谢意!首先感谢东北师范大学研究生院院长、教育部人文社会科学重点研究基地东北师范大学中国农村教育发展研究院院长邬志辉教授在百忙之中为本著撰写序言！再次要对本著的责任编辑——华东师范大学出版社朱小钗女士认真负责乐为我们"做嫁衣"深表谢忱！最后还要对本著在撰写过程中引用过文献的作者们致以由衷的谢意！

本著系我主持的国家社会科学基金(教育学类)国家一般课题"乡村振兴战略中的乡村教师角色转型研究"的最终研究成果，由课题组成员共同撰就。我对写作的内容、思路和方法提出指导性意见，搭建了本书的写作框架，然后由课题组成员分头撰写。各章撰稿人如下：第一章：肖正德(杭州师范大学教授、博士)；第二章：谷亚(浙江大学博士生)、肖正德；第三章：肖正德；第四章：卢尚建(台州学院教授、博士)、肖正德；第五章：张琦(杭州师范大学硕士生)、肖正德；第六章：肖正德。全著由肖正德统稿、修改、定稿。

鉴于我水平有限，著中肯定存在着不少纰漏和错误，恳请各位国内外同行学者和读者不吝指教。

肖正德

2021 年 12 月 16 日于杭州余杭白云深处凝香居